The Internationalization of Japanese SMEs and
Local for Global Innovation

中小企業の国際化と現地発イノベーション

アントレプレナーシップ、人材育成、
マーケティング、技術の活用

吉田 健太郎 著
Yoshida Kentaro

同友館

目次

序論……1

1. はじめに　1
2. 研究の方法　10
3. 本書の構成　13

第1章　問題意識と研究背景……21

1. 問題意識　21
2. 研究背景　23
3. 日本中小企業の特性と海外展開の目的　26
4. 日本中小企業の国際化目的の変化　29

第2章　先行研究……32

1. 国際経営に関する先行研究　32
   (1) 直接投資論的アプローチ：変遷の境界線（～80年代前半）　32
   (2) 組織論・戦略論的アプローチ：変遷の境界線（80年代後半～）　34
2. イノベーション論に関する先行研究　39
   (1) イノベーション論の概念の拡張　39
   (2) イノベーションの発生メカニズムの変化　43
   (3) イノベーション・プロセスの変化　44
3. イノベーションの視角の反転　46
   (1) 現地発イノベーションの台頭　46

(2) イノベーションの担い手　48
(3) リバース・イノベーション論の重要な論点　49
4. 日本中小企業が「しがらみ」を脱却することの意味　50
(1) 中小企業の存立論と日本的経営がもたらした「しがらみ」　50
(2) ソーシャル・キャピタル論と埋め込み概念からの「しがらみ」の定義　53
(3)「しがらみ」からの脱却と新たな関係性の構築　57
(4) 産業集積論と中小企業の知識創造　60
5. ナレッジマネジメントに関する先行研究　63
(1) ナレッジマネジメントの本質と知識創造プロセス　63
(2) グローバル化の知識移転と暗黙知の範疇　65
(3) 地域ベースの知識創造プロセス　68
6. 中小企業のリバース・イノベーションの実態：アンケート調査の分析　70
(1) 海外進出時と進出後のイノベーション　71
(2) 主力拠点進出時のイノベーション　72
(3) 海外進出以降，現在までのイノベーションの実施状況　73
(4) 現地市場向け開発・改良製品の販売状況　75
(5) 現地進出時に開発した製品の日本での販売状況　76
(6) 実証分析およびその結果　78
7. 先行研究とアンケート調査結果からの包括的示唆と解釈　79

第3章 リサーチクエスチョンと分析視角……81

1. リサーチクエスチョンと研究目的　81
2. 分析視角　84
(1) 優位性要素としてのマーケティングと技術　84
(2) 推進要素としての人材育成とアントレプレナーシップ　86
(3) 知識移転とイノベーション能力からの分析視角　87
(4) イノベーション活動の弊害を減らすための法的リスク管理　88
3. 小括　89

第4章 米国ハワイで第二創業したC社の事例……91

1. 本章の目的　91
2. ハワイの選定理由と事例企業Cの概要　92
(1) 米国ハワイの経済概況　92
(2) ハワイの選定理由　94
(3) 事例企業C社の概要　94
3. ケーススタディ―現地発イノベーションはどのように起きたのか　98
(1) 現地発イノベーションの転機と着想　98
(2) 新たな優位性の構築と実行　99
(3) 認知浸透，成長と新たな挑戦　102
4. 要因分析―現地発イノベーションは何が要因となって起きるのか　103
(1) ハワイに持ち込まれたY氏の強み「技術」と「マーケティング力」　103

(2) アントレプレナーシップ　105
(3) 人材育成　107
5. 実現の仕組み　108
(1) イノベーターを育てる人材育成の仕組み：定量と定性の人事評価　108
(2) ハイブリッド経営の定着：暗黙知の共同化　110
(3) ローカル・コミュニティとの関わり：学習と実践の機会　111
(4) マネジメント・コントロールから紐解く現地発イノベーション　113
6. 小括　115

第5章 タイに進出したM社の事例 …… 117

1. 本章の目的　117
2. 選定理由とM社の概要　118
(1) タイの選定理由　118
(2) M社の選定理由　120
(3) M社の概要　122
3. ケーススタディ―海外進出における技術優位性の活用と脱下請戦略　123
(1) 海外進出の契機　123
(2) 進出形態と戦略　124
(3) ビジネスモデルの変化　125
(4) タイ現地拠点の概要　126

4. 要因分析―現地発イノベーションの実現条件　127
(1) 技術の活用　127
(2) 経営者（企業幹部）のアントレプレナーシップ　128
(3) 現地人材の活用・育成　129
5. 実現の仕組み　130
(1) ビジネスモデルのイノベーション　131
(2) 組織のイノベーション　134
6. 小括　139

第6章 イタリアに進出したF社の事例 ……………………………… 141

1. 本章の目的　141
2. 事例選定理由と事例企業F社の概要　142
(1) イタリアの選定理由　142
(2) F社の選定理由　143
(3) 事例企業F社の概要と海外展開の経緯　143
3. ケーススタディ―海外展開とマーケティング戦略　145
(1) 確かな伝統技術と海外展開（再開）の契機　145
(2) 海外拠点の戦略と新製品開発　148
(3) 現地発イノベーションと国内販路開拓　152
(4) 海外展開を契機とした多角化　155
4. 要因分析―現地発イノベーションを引き出すマーケティング　158
(1) セグメンテーション，ターゲティング，ポジショニング（STP）　158

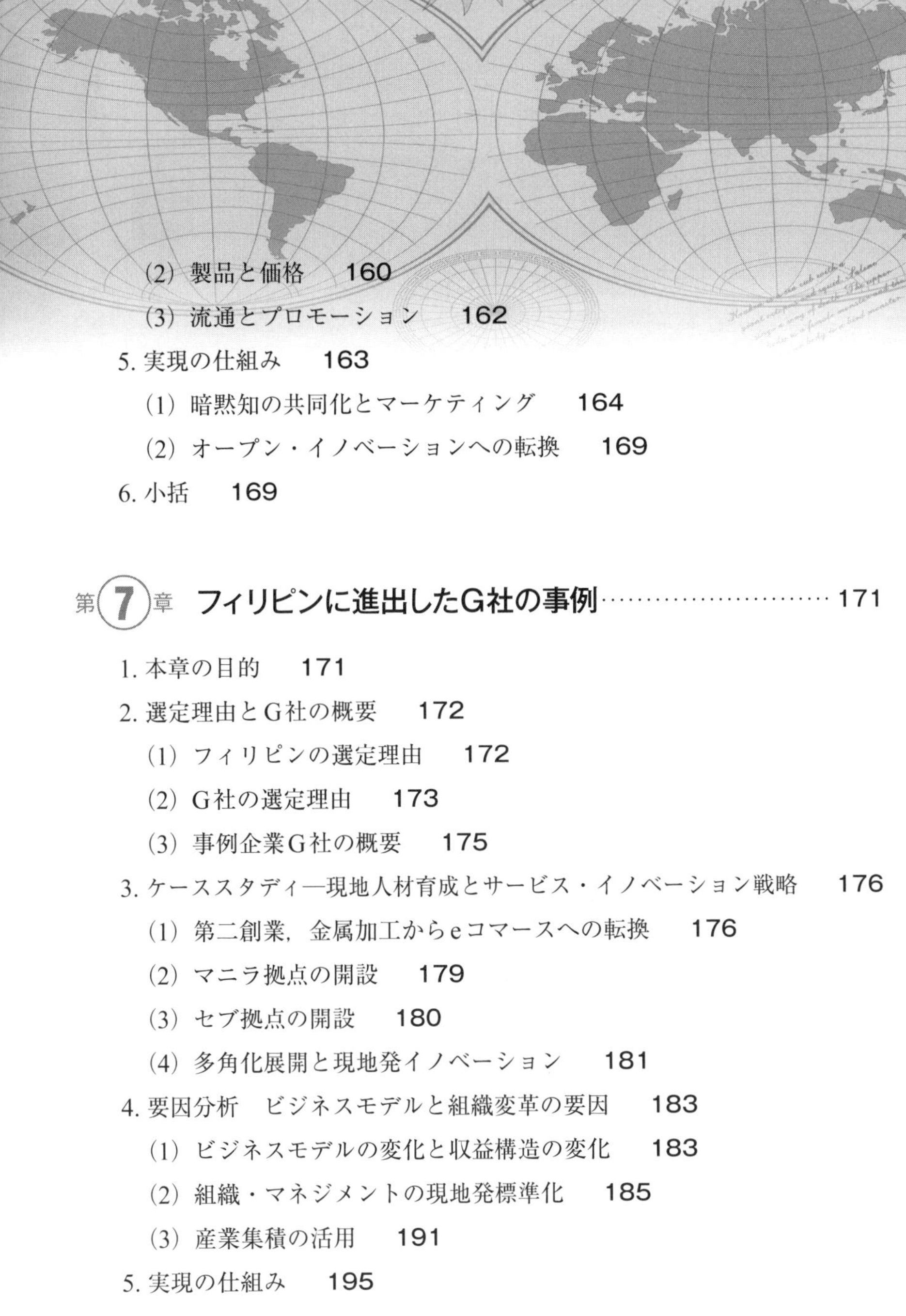

(2) 製品と価格　160

(3) 流通とプロモーション　162

5. 実現の仕組み　163

(1) 暗黙知の共同化とマーケティング　164

(2) オープン・イノベーションへの転換　169

6. 小括　169

第7章 フィリピンに進出したG社の事例 …… 171

1. 本章の目的　171

2. 選定理由とG社の概要　172

(1) フィリピンの選定理由　172

(2) G社の選定理由　173

(3) 事例企業G社の概要　175

3. ケーススタディ—現地人材育成とサービス・イノベーション戦略　176

(1) 第二創業，金属加工からeコマースへの転換　176

(2) マニラ拠点の開設　179

(3) セブ拠点の開設　180

(4) 多角化展開と現地発イノベーション　181

4. 要因分析　ビジネスモデルと組織変革の要因　183

(1) ビジネスモデルの変化と収益構造の変化　183

(2) 組織・マネジメントの現地発標準化　185

(3) 産業集積の活用　191

5. 実現の仕組み　195

(1) 知識移転とイノベーション能力　195
(2) 知識移転と現地発イノベーションにおける橋渡し人材の機能　196
6. 小括　198

第8章 中国に進出する日系中小企業の法的リスク管理 ……200
—中国天津の事例—

1. 本章の目的　200
2. 労働法務の検討の重要性と事例都市の選定理由　201
3. 先行研究と調査方法　202
(1) 先行研究　202
(2) 調査方法　205
4. 事例都市の概要　210
(1) 天津の概要　210
(2) 天津の日系企業進出状況　211
5. 中国の法制度と日本中小企業の労働実務問題　213
(1) 中国の法制度における労働法規の位置づけと労働法関連法規の特徴　213
(2) 天津で起こっている法的経営課題の実態　215
6. 要因分析とリスク管理対策　222
(1) 労働実務問題の発生要因と問題の所在　222
(2) リスク管理体制と対策の分析　225
(3) 高橋（2018b）のリスク管理対策の検証　229
7. 小括　232

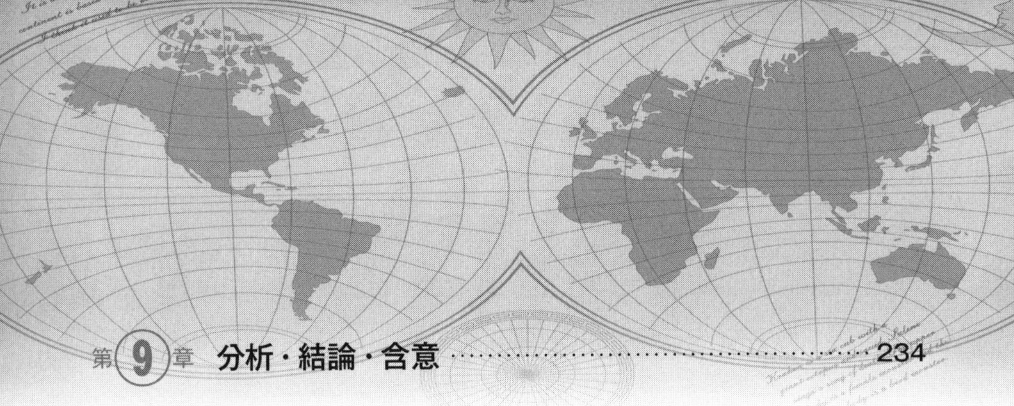

第9章 分析・結論・含意 ……………………………… 234

1. 現地発イノベーションを引き起こす要因 234
2. 現地発イノベーションの要因分析 236
(1) 技術とマーケティング 239
(2) 人材育成とアントレプレナーシップ 244
(3) 産業集積への「埋め込み」の重要性 252
(4) 4つの事例の共通点から導出する現地発イノベーションのメカニズム 255
(5) 現地発イノベーション戦略の有効性とリバース・イノベーションへの拡張可能性 259
3. 結論 262
4. インプリケーション 275
(1) 理論的含意 275
(2) 政策的含意 278
5. 残された課題 280

謝辞 284
参考文献 287
索引 300

序論

本章では，本研究のオーバービューを紹介する。まず，本研究に至った着想の経緯，研究課題の核心をなす学術的問い，本研究のキーコンセプトとなる「リバース・イノベーション論」に対する内在的批判，それをどのように発展させていく研究なのか，そのために何を明らかにするための研究なのか，の解題を論じるとともに，本研究で扱う「現地発イノベーション」の定義を明示する。その上で，研究の方法および本書の構成について述べる。

1. はじめに

社会環境の変化と国内における産業の空洞化に伴い，打開策を見出せず疲弊する中小企業は多い。打開策を求めて海外展開する中小企業の数は増加し続けているが，海外市場で「イノベーション」を起こし，それを現地市場のみならずグローバルに展開することで成長に繋げる，「Local for Global（グローバルに発展する現地発イノベーション)」ができている日本の中小企業は，まだ少ない。そもそも，現状，日本中小企業の海外展開の目標の多くは本国の製品・サービスを「現地仕様に微修正」し，「市場開拓」「販路開拓」を展開していくことにとどまり，ゼロベースからの「イノベーション創出」の機会にしようとする発想そのものが一般に広まっていないものと思われる。一方で，海外市場でゼロベースからイノベーションを起こし，それをグローバルに展開できている企業は，不確実性の高い現代社会にあっても，企業規模を問わず持続的に成長できている。これが，筆者自身が過去9年間にわたって，海外展開の現場に足を運び，200社以上の企業を実際に見てまわって話を聞いてきた実感である。

イノベーションとは，知識と知識を結合し（新結合を創り出し)，事業機会を新しいアイデアに転換し，さらにそれらが広く実用に供せられるように育てていく過程（プロセス）である。実用に供せられる，市場の課題解決の従来の仕組み（あるいは技術そのもの）を刷新するゆえに，刷新した企業は急成長し，新たに創出された市場全体の非連続な成長とともに経済発展がもたらされる（Shumpeter, 1942）。そして，場所，対面，暗黙知を共有化しながら新結合は創られ，革新を起こしていく（浅川，2011）。イノベーションのこの定義（原理原則）は変わらないが，我々を取り巻く社会環境の変化に伴って，イノベーションの「概念」には，確実に変化が起きている。従来は，先進国の大企業が優良な経営の下で，豊かな経営資本を武器に，既存市場のマーケティングと社内の優秀な研究開発チームが本社内部でハイエンドな「技術革新」を起こすことが「当然」とされてきた（Cristensen, 1997）。それを先進国の国内で普及したのちに，後発国などの海外市場に展開させていくことで，さらなる成長を遂げるといった国際経営（プロダクトサイクル）が一般的であった（Vernon, 1966）。しかし，近年のイノベーションには，必ずしも新しい複雑な技術の開発を必要とせず，顧客や市場の直接的な課題解決に繋げる「ビジネスモデル」の創出のパターンが出現するようになった（小川，2000）。それも開発を行うのは大企業の開発チームに限らず，近年では個人企業家や小企業が，産業集積（大学，ベンチャー企業，関連支援産業などのインフラ）と企業家コミュニティ（人的ネットワーク）を巧みに活用することで，新たなイノベーションを起こし，新たな市場を創出している（長山，2012）。進歩させるはずの技術を敢えて後退させたり，機密情報を扱う内部の研究開発を敢えてオープンに外部資源を活用したり，これまでとは全く「視角を逆にした戦略」が現代のイノベーション戦略の一つとなった（Chesburough, 2006）。

イノベーション活動の視角のもう一つの変化が「ロケーション」である。近年，新興国固有のニーズに対応した，技術の新しい使い方や工夫によって先進国市場の開拓に繋げる新たなイノベーションが台頭した（Govindarajan, 2012）。イノベーション活動の取り組みの視角が従来とは反転していることから，このイノベーションは「リバース・イノベーション」と呼ばれる[(1)]。これは，新興国市場の重要度の高まりとともに，スペックや機能の水準を敢えて落とした「型落ち技術」のイノベーションである。型落ちといっても，単に機能を落としサイズを小さくして，その分，廉価にする（グローバル製品をローカライズする）だけではなく，現地の課題解決に直結するアイデアを現地発で起こし，その結果，要する技術やスペックが「型落ち」することがポイントだ。そして，その「型落ち技術」によって新たに開発されたアウトプットが結果として，先進国でも通用する新製品・サービスに仕上がることが，このリバース・イノベーションの特徴である。つまり，リバース・イノベーションとは，新興国の現地発のゼロベースの開発から起こるグローバル水準のイノベーションである。リバース・イノベーションは，新興国ゆえのインフラ，環境，貧困等の悪条件が起因となって，これらの課題を乗り越えたブレークスルーによって起こる。すなわち，「現場のニーズ発」あるいは「現場の課題発」といったように，「現場発」の着想が開発のきっかけとなって起こるものである。新興国の現場に内在する課題は，通常，先進国に比べ困難であることから，その課題を乗り越えるには，先進国で採用されていた従来の方法より斬新な方法が採用されるケースがある。そして，その結果，新たに刷新された製品・サービスが，巨大な成長市場である新興国市場に十分に浸透することで，イノベーションを起こした企業は急成長できる。例えば，インドのタタ・モーターズは，こうした新興国ゆえの困難な条件を乗り越えるブレークスルー（低所得者向けの低スペック低価格の自動車）を生み出し，急速に成長するマーケットの追い風に乗って，新たな市場を創造した（これをフルーガル・イノベーションという）（Radjou et al., 2012）。近年，このような新興国発の成長企業が出現するようになり，先進国の大企業を脅かす事態となっている。母国が成熟化する先進国企業にとって，新興国の急成長市場での成功は魅力的である。しかも，困難な課題を乗り越え，ひと手間加えたブレークスルーは，先進国市場であって

（1）榊原（2012）p.19参照。

も通用する場合がある。なぜならば，単に廉価でスペックが低いだけではなく，悪条件から利便性と価格を追求した新製品・サービスは，先進国の利用者にとっても既製品・既成サービスより使い勝手がよいと感じる市場が存在するからである。例えば，先進国大手企業GEは，持ち運びできるPCサイズの，機能を必要最低限に落とした簡単に操作可能な「超音波診断装置」をインドで開発し，この製品の先進国市場の新たな販路（新規開業したばかりの開業医や移動の多い地域医療従事者など）の開拓に成功した。新興国の現地でイノベーションを起こすものがフルーガル・イノベーションであるのに対して，この新興国・現地発イノベーションをグローバル市場に発展させたものがリバース・イノベーションである。

このように，先進国企業の大企業が本国本社で垂直型統合のもとで開発し，その開発されたものが後発国に移転されていく，従来，当然とされてきた本国優位性を前提とした直接投資論の理論（詳細は第2章で後述する）では，説明ができない実態に対して，本社中心のトップダウン型の階層構造から，海外子会社の役割が再定義され，本国本社と海外拠点すべてが互いに連結し合うネットワーク組織構造（Transnational）（Bartlett & Ghosha, 1989）の有効性が主張されるようになった。世界のどこでイノベーションが起こるか分からない不確実な中で，こうしたグローバルな効率追求と現地発イノベーションを同時に追求する戦略（Metanational）（Doz, Asakawa, Santos & Wiliamson, 1997）の有効性（第2章で詳述する）が強調されるようになった。リバース・イノベーション論は，こうした議論から派生して出てきた発展型の枠組みと捉えることができる。

つまり，海外子会社の役割が重要視され，世界中のローカル市場からグローバルなイノベーションを起こしていく有効性が主張される一方で，多国籍企業の間では，現実にその実現方法が難しい[(2)] とされる中で，リバース・イノベー

(2) 浅川（2015）は「イノベーションを起こしグローバルに展開する場合には，グローバルな標準化と，それに伴う効率性を追求することも非常に重要になってくる。その反面，現地にきめ細やかな対応をする。あるいは現地ならではの，知識情報を吸収す

ション論は，本研究分野（現地発イノベーション）の実例を示すものとなっている。すなわち，多国籍企業が新興国のローカルからグローバルへの展開を成し遂げたいくつかの実例を示すことで，その一般化の可能性を示唆した。しかし一方では，ローカルからグローバルへの展開をなぜ可能としたのか，についての説明が十分ではない。リバース・イノベーション論の貢献は，現地で新たに結成されるLGT（ローカルグロースチーム）が主体となることで，現地のゼロベースからの開発（現地発イノベーション）の有効性とマインドセットの転換の必要性を示したことにある。一方で，グローバル活動を展開する企業（とりわけ本国で成功した多国籍企業）にとって，そもそもLGTのようなローカル組織のイノベーション活動そのものが難しく，さらにその子会社発の意見やアウトプットの本国本社（または他の海外子会社）への共有化が通常困難とされる中で，いかにしてそれを可能とするのか，いかにして国境を跨ぐ「場所，対面，暗黙知の共有化をするのか」，という本質的な問いに対する解が示せていない。現地発イノベーションを起こし，それをグローバルに展開し育てていくためには，この問いに対する解が必要になる。すなわち，現地発イノベーションを起こすために，LGTのような機能を果たす子会社組織の構成員がどのように，現地資源を獲得・活用し，暗黙知の共同化を図っていくのか。それをグローバルに（発展）移転させるために，どのような仕組みのもと，どのようなアントレプレナーシップを発揮し，どのような知識の共同化の末に，グローバル・イノベーションへと発展させることを可能とするのか。そのメカニズムに至る説明を明らかする必要がある。このメカニズムを説明するためには，「現地発」の「起点」を新興国に限定するべきではないと筆者は考える。イノベーションの源泉は今や世界中に散在し，どこが起点となるかは誰にも決めつけることはできない。しかし，反転した視角で，イノベーションを捉える

るという現地適応も必要になってくる。ところが通常のイノベーション活動では，グローバル標準化の場合に，現地にきめ細かい対応をすることが難しくなる。反対に，現地でコミットしたイノベーション活動は，どうしてもグローバルな標準化ができない。」としている。浅川（2015），pp.2-6参照。

ことの重要性は，上掲の背景の変化に伴って起きている変遷に鑑み，必要なポイントだと考える。この意味で，「リバース・イノベーション」を，より発展的な研究にするためにも，敢えて本研究では対象国を新興国発に限定しない。母国から離れた「海外発のイノベーション」という捉え方をしている。

筆者は，繰り返し述べてきたイノベーションの視角の「変化」が，日本中小企業の新たな成長をもたらす機会を生み出していると考える。多くの日本中小企業が海外市場で苦戦し，成功できていない中で，数は決して多くはないものの，現地でゼロベースから創出したイノベーションが，グローバルに展開される事例も台頭している。先行研究から紐解いていくと（第2章で詳述する），百戦錬磨の多国籍企業（大企業）でさえも困難とされるローカルからグローバルへの展開が，本来，競争劣位にある中小企業が（まだ数は少ないにしても），なぜそれを可能としたのか，この解を追求すべく，具体的には次の4つの疑問と関心が浮かび上がってくる。(1) Local for Globalなイノベーション活動（現地発イノベーション）を，資源に限るある中小企業がいかにして実現できたのか。(2) 日本中小企業の現地発イノベーションの仕組みは，いかにして構築されるのか。(3) 日本中小企業は，いかにして海外市場（企業家ネットワーク）に介入し，現地発イノベーションへと結び付けていくのか。(4) 日本中小企業は，いかにして必要となる資源を動員し，イノベーション活動へとつなげていくのか。これらの解を探る作業が，「中小企業（ないし企業家）の国際経営におけるイノベーション研究」を発展する上で，重要なポイントだと筆者は考える。

日本中小企業（とりわけ製造業）の多くは，大企業との発注における「従属的関係」のもとで，長らく「しがらみ」の中で，ロックインされた状態のまま存立してきたため，特定分野の技術力や学習能力は蓄積してきたものの，その「能力」を新たな使い道で試せてこなかった。「しがらみ」とは，一般的には，「まとわりついて，引き止めるもの。」「関係を絶ちがたいもの。」と辞典（大辞林）にあるように，何らかの「束縛された関係性」を意味する（第2章で詳述する）。本研究でいう「しがらみ」は，従属的関係に限らず，日本的商慣習の中で，長い時間をかけて構築されてきた単なる物理的取引関係の枠をこえた地域ネットワーク内の慣習がもたらす，「同質化・硬直化された関係性」をも含んで捉えている。つまり，これらの「しがらみ」から解放され，変化の必要性に対峙したとき，日本国内で培ってきた中小企業ならではの，何らかの強み（優位性）が活かされる「場」に参入することで，日本の中小企業あるいは日本人企業家が，画期的なイノベーションを起こし，成長できるのではないかと考える。その具体的な方法として，海外展開が一つの可能性を持ち得ると本研究は考える。なぜならば，海外市場でのビジネスでは，これまでの強みとなる「コア能力」を基盤としつつ，これまでとは違った新たな「ネットワーク」を必要とし，新たな方法や能力開発（学習プロセス）が求められる。それゆえ，新たな価値基準のもとで，日本中小企業にとっては，国内のしがらみから解放され，これまで蓄積されてきた能力を，柔軟かつ迅速に発揮できるチャンスになりえるからである。

そこで，本研究は，大企業(3) ではなく，日本中小企業（日本人企業家を含む）(4) ならではの成長戦略としての「現地発イノベーション」活動と組織の国際化に関わる実態を詳細に分析することで，国外における日本中小企業の「競争優位性の構築」の有効性を解明することを試みる。ここで明らかにしたことから，Govindarajanの「リバース・イノベーション論」の前掲で述べた課題と「現地発イノベーション」発生のメカニズムの概念を補強し，本研究分野の発展に繋げるインプリケーションを導く。ここでいう「リバース・イノベーション」とは，従来のプロダクトサイクルの視角からの反転を意味し，「現地

---

(3) ここでいう「大企業」とは，中小企業基本法が定義する中小企業以外の企業をいう。

(4) ここでいう「中小企業」とは中小企業基本法第2条の定義にする企業をいう。「製造業その他」にあっては，資本金の額又は出資の総額が3億円以下の会社又は常時使用する従業員の数が300人以下の会社及び個人。「卸売業」にあっては，資本金の額又は出資の総額が1億円以下の会社又は常時使用する従業員の数が100人以下の会社及び個人。「小売業」にあっては，資本金の額又は出資の総額が5千万円以下の会社又は常時使用する従業員の数が50人以下の会社及び個人。「サービス業」にあっては，資本金の額又は出資の総額が5千万円以下の会社又は常時使用する従業員の数が100人以下の会社及び個人。

発イノベーション」とは，Local for Globalのイノベーショへ発展する「起点」に起こるイノベーションを意味する。つまり，進出国における「現地発イノベーション」が先立って起きていることが前提条件となり，その発展形としてグローバルに繋がるイノベーション活動をいう。ここでいう「イノベーション」は，Schumpeterの定義に従い，非連続性のイノベーション(5)のことをさす。

なお，本研究では，本国本社―海外拠点―第三国拠点という統合的紐帯の中で「海外拠点」が中心軸となり，現地で独自の優位性を構築する日本中小企業の「現地発イノベーション」が従来の本国本社の主力製品・サービスのみならず，中核となるビジネスモデルや組織までをも抜本的に「変革」させ，その「変革」が世界市場で通用する優位性をもたらす戦略に着目し，日本中小企業（日本人企業家が海外で創業したケースを含む）による，この成長戦略を「現地発イノベーション」と定義する。すなわち，ここでいう「現地発イノベーション」戦略とは，自国優位性と自国バリューネットワーク（しがらみ）から脱却して，新たな優位性を海外拠点から確保することで再構築し，海外拠点主

(5) Schumpeter（1926）は，創造的破壊を起こすために必要となる要素として，(1) 新しい財貨（新製品など）の生産・販売＝製品イノベーション，(2) 新しい生産方法の導入＝新製法イノベーション，(3) 新しい販路の開拓＝新市場イノベーション，(4) 原料あるいは半製品の新しい供給源の獲得＝新素材イノベーション，(5) 活動分野の再組織化＝新組織イノベーション，の5つを提示した。そのうえで，イノベーションを起こすうえで重要となるのが「非連続的変化」であることと指摘した。ここでいう「非連続的変化」が意味するところは，新しい均衡点は，古い均衡点からの微分的な歩みによっては到達しえない，ということである。これをSchumpeterは，「郵便馬車」をいくら連続的に走らせても，それから「鉄道」は生まれないことに例えた。すなわち，レールの上を走るトロッコに蒸気機関車を「結合する組み合わせ＝新結合」が重要となることを示している。これが「イノベーション」の定義のである。本研究では，原則，この定義に基づき「イノベーション」という言葉を用いていくが，とりわけ，企業成長すなわち収益の増加を最終ゴールと見据えた「非連続的変化」を捉えていくことが重要であると考えている。現代における非連続的変化には，例えば，アマゾンが生み出したイノベーションに見られるように「ビジネスモデル」もその範疇に含まれるものと考えられる。したがって，本書では，上記5つの要素に加えて6つめに「ビジネスモデル」を加えたい。

【図0-1】国際経営におけるイノベーション活動の展開プロセス

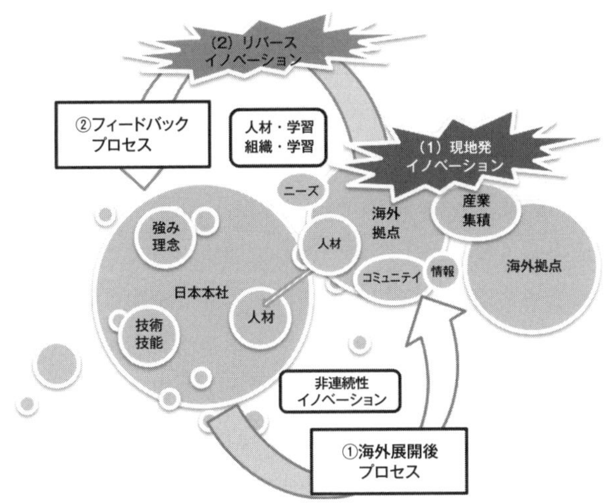

(出所) 筆者作成

導で（世界市場に通用する）抜本的な変化を自律的に起こす現地発のイノベーション活動のことをいう。Govindarajanの提唱した「リバース・イノベーション」と本研究の「現地発イノベーション」の定義における明確な違いは，(1) 調査研究対象を日本中小企業とする点，(2) イノベーションの起点を新興国に限定しない点，(3) 本国への「還流」へのフィードバックプロセスよりも海外展開直後のプロセスとなる「現地発イノベーション」を分析対象としている点（図0-1参照）である。反対に，共通するのは，(1) 全く異なる市場のゼロベースの攻略法が本国の市場でも通用すると捉える点，(2) ローカルからグローバルへと優位性を発展させるイノベーション活動の仕組みと捉える点，(3) 現地主導の柔軟な組織形成が現地発イノベーションを起こす上で欠かせないと考える点である。

2. 研究の方法

本研究は，筆者が2010年から2011年かけに中国天津で実施した「中小企業の海外展開における課題と実態調査」に端を発する。その後，個人研究費の許す範囲で細々とアジア諸国を毎年訪問し，2014年（から2018年まで）に科研費（基盤研究B：課題番号26301025）の獲得，2019年度に（財）産業構造調査研究事業助成事業「日本中小企業の海外展開における産業集積（ローカルコミュニティ）の活用と現地適応化のイノベーション創出による成長戦略に関する研究」の助成を受け，現在に至るまで「中小企業の現地発イノベーション研究」を継続してきた。この間，科研費の獲得により科研の研究グループ（分担研究者ら）とともにアンケート調査（377社回収）も実施できた。これまで海外進出する日本中小企業約200社以上の実態を調査し，この目で確認してきたことになる。訪問した国は8ヵ国に及んだ。

本研究は，これらの現地調査とアンケート調査をもとに構成されている。現地調査に関する情報提供には，ジェトロ（日本貿易振興機構）および日本政策金融公庫から情報収集・資料収集を行った。調査では，まず一次資料，二次資料の広範な探索により分析の枠組みを構築した。分析視角は，科研の研究グループを発足したタイミング（2014年）と本著の執筆をはじめたタイミング（2017年）の2回，改善を加えた。この分析の枠組みに即して，少数の事例を対象とする詳細な定性的研究を主軸としつつ，実態の把握とリサーチクエスチョンの導出に定量的研究を併用した。

多様な中小企業や企業家の国際化に関わる動向が活発化する一方で，この分野の研究には未開拓な領域が残されている。こうした日本中小企業の国際化における理論構築には，定性的アプローチによって明らかにできる，実態における事象への深い理解を出発点とした，地道な実証研究の蓄積が不可欠となる。中小企業の海外展開はチャンスが大きく魅力である一方で，リスクは高く，成功を収めることができたケースはまだ稀である。それゆえ，一見ユニークに見える数少ない成功事例の深く豊富な情報を分析する作業から，事実発見を試み

【表0-1】事例選定理由

	ハワイC社（グラフィックデザイン）	タイM社（金属加工）	イタリアF社（陶磁器）	フィリピンG社（IT系オフショア開発）
地域性・立地優位性	①移民・異文化が交錯する中で発展してきた歴史がある ②日系起業家が地元経済の発展に大きく関わっている ③創業後の競争が激しく，他地域への応用の示唆に富む	①中小製造業の集積地である ②外資系企業の進出が多い ③インフラ・優遇税制等が充実している ④安価な労働力と親日文化がある ⑤現地市場の成長率が高い	①芸術・ファッションの集積地である ②芸術・ファッションの情報発信基地である ③ファッション・インテリア関連企業の競争が激しいため，他地域への応用の示唆に富む	①英語人材の集積地である ②ITエンジニアの集積地である ③安価な労働力と親日文化がある④外資系企業の進出が多い ⑤現地市場の成長率が高い
特徴・選定ポイント	①日系市場とローカル市場両方の顧客獲得に成功した事例 ②第二創業を機に全く新しいビジネスモデルを構築した事例 ③ハイブリッド型の人事評価制度の導入によって現地人材の育成に成功した事例 ④現地の企業家コミュニティを活用することで「能力構築」に成功した事例	①海外進出を機に脱下請に成功した事例 ②海外進出を機に全く新しいビジネスモデルを構築した事例 ③技術学校の設立や人事評価制度の導入によって現地人材の育成に成功した事例 ④現地の企業家コミュニティとの共同開発によって新たな販路開拓に成功した事例	①マーケティング拠点（情報発信・情報収集）で海外進出して販路開拓に成功した事例 ②ローカル企業や人材との共同開発によって新製法・新製品開発に成功した事例 ③現地発イノベーションが日本へのリバースのみならず他国へ横展開した事例	①ハイブリッド経営によって新たな技術とサービスを生み出した事例 ②グローバル人事評価システムの構築によって，知識移転・定着に成功した事例 ③現地発イノベーションが日本へのリバースのみならず他国へ横展開した事例

（出所）筆者作成

る作業が有効になるものと思われる（Yin, 2013）。このような観点から，本研究では，主には4つの成功企業と，複数の失敗企業に対する各社複数回にわたる丹念なインタビュー調査を用いた。

インタビュー調査対象企業の選定については，海外展開する中小企業の現場を実際に見て回り，そこから事例選定に至っている（表0-1）[(6)]。中小企業の国際化が多くの問題を抱えている中で，いかに現地発イノベーション活動に成功する中小企業が少ないかを，フィールドワークの実体験から痛感している。調

(6) 各事例の選定理由の詳細については，各事例章の中で改めて紹介する。

査の実態から導き出せる「成功する」日本中小企業の割合は，既に海外進出しある程度海外経験を積んだ中でも1割にも満たない。ここでの成功とは，「現地発イノベーション」を実際に起こし，成長できた実績を意味する。したがって，取り上げた事例は，ごく一部の成功事例であるが，成功への道筋，ロジックを示すのが本研究の目的であることから，敢えてそのような選定をした。このため本研究における事例は，地域・産業が多岐にわたっている。

演繹的に導出される理論に依拠しつつ，詳細な事例研究と定量的研究を併用する研究スタイルは，「仮説検証」と「仮説発見」の両者の利点を取ったものである。定性的研究では，ハワイに進出（現地で第二創業）する日系中小グラフィックデザイン業（C社）代表・取引業者数社（企業家コミュニティ構成員），タイに進出する日系中小製造業（M社）代表・現地責任者，イタリアに進出する日系中小製造業（F社）代表・現地責任者，フィリピンに進出する日系中小IT業（G社）代表・現地責任者，に対するインタビューにより調査を行った。また，日本においては，M社（代表・海外事業責任者），F社（代表・海外事業責任者），G社（海外事業責任者），各地域のリバース・イノベーションに至らなかった日本中小企業それぞれ数社（いずれも経営者又は海外事業責任者），ならびに本社設置管轄のジェトロ事務所・職員にインタビュー調査および資料収集を行った。定性的分析では，どのような要因と能力によって「現地発イノベーション」を実現可能とするのか，実現要素を明らかにしたうえで，このメカニズムの要因分析を行った（表0-2）。

【表0-2】現地発イノベーションの分析項目

	現地発イノベーション				
イノベーション要素	a	b	c	d	e
イノベーション要因					
実現の仕組み					

（出所）筆者作成

定量研究では，上掲の科研研究会で議論し，海外展開する日本製造業（大企業および中小企業）を対象として，「現地発イノベーション」とその発展形の「リバース・イノベーション」が実在するかの実態と，その活動の相違点を解明するために，海外進出時と進出後に現地市場向けに新商品開発を行ったか，海外進出以降現在までのイノベーション活動の実施状況，開発の工夫，販売状況などに関する設問からなる調査票を設計した。調査票をWeb調査会社に委託し，Webアンケート調査を実施し，377（中小企業：N=186，大企業：N=191）のサンプルを回収した。調査結果は，単純集計およびクロス集計を行った。さらに，定量調査で抽出された実態から浮かび上がってきた課題や疑問点から，インタビュー調査の設計を行い，定量調査の結果を補填する方法論的トライアンギュレーションを採用することで，より精度の高い結果を得られるようにした。

3. 本書の構成

本書の構成は，(1) 理論編（序論，第1章～第3章），(2) 事例分析編（第4章～第8章），(3) 分析・結論編（第9章）の3部構成とした。理論編では文献調査とアンケート調査，統計調査を用いた分析から本研究のリサーチクエスチョン，研究目的，分析視角を提示した。続く第4章から第7章の事例分析では，現地発イノベーションに成功した日本中小企業4社（4ヵ国）を取り上げ，現地調査に基づく定性的手法を用いた実態の分析を行った。第8章では，44社の中国に進出する日系中小企業から日本中小企業の実態における人材育成における法的課題を抽出し，その課題解決のためのリスク管理を分析した。そして，最終章である第9章では，各事例の実態の分析結果から浮かび上がってくる共通事項を整理，成功要因と条件を明らかにした。これらの分析結果結論を示し，現地発イノベーションの有効性を示し，インプリケーションを述べた。各章の概要は次のとおりである。

第1章では，本研究における問題意識と研究背景について記述した。問題意識としては，日本中小企業の国際化が実態では活発化しているものの，その実態は豊かな経営資源を武器に海外展開を行う多国籍企業（大企業）とは異なる点が少なくなく，従来の国際経営論の枠組みだけでは中小企業の海外展開の有効性を必ずしも説明ができるものではないことを挙げた。具体的には，統計データから日本中小企業における国際化の目的が従来の追随型から，近年は，販路開拓型へと変化が見られるようになったことを指摘し，経営資源の制約を乗り越えた販路開拓型の海外展開がなぜ可能であるのか，といった日本中小企業の特性を踏まえた「成長戦略としての国際経営の有効性」を検討することの必要性を述べた。

第2章では，前章で述べた問題意識と関わりの深い先行研究の整理と既存の研究における課題を指摘し，それらを踏まえて本研究の学際的意義を述べた。先行研究のサーベイからは，国際経営論が論じる本国優位性から脱却し，進出国で優位性を再構築し成長を図る「現地発イノベーション」の仕組みが，中小企業にも適用できる可能性がある点を示した。その上で，中小企業は，一般に自社資源の限界を乗り越えるために外部資源に依存する特性を持つことから，産業集積論やオープン・イノベーション戦略が提唱する地域資源の活用が，現地での新たな優位性を再構築する際に（むしろ中小企業の競争劣位を補う形で）有効に働く可能性があることを示した。とくに，現代的産業集積の活用の意義として，オープンに地域資源を有効活用することで得られる学習プロセスが知識創造を促進させることを主張した。このことを踏まえて，現地発イノベーションには，地域資源活用における組織間・国境間を乗り越えたナレッジマネジメントの仕組みづくりが重要となることを論じた。事例研究を進めるにあたって，実際に日本中小企業の現地発イノベーションがどの程度存在するのか定かではなかった。そもそも，そのような事例が実在するのかどうかすら，文献調査からはデータを得ることができなかった。そのため，実際に現地発イノベーション活動やリバース・イノベーション活動を行う中小企業がどの程度実在するのかをアンケート調査によって明らかにし，その結果を示した。

上掲の整理と実態を踏まえ，既存の研究（例えばトランスナショナル経営論やメタナショナル経営論など）がこれまであまり着目してこなかった，自らの資源移転によって経営資源を調達することが困難な「中小企業」の現地への優位性の移転や，現地での優位性の再構築に対して光を当てていくことの意義を確認した。その上で，中小企業が現地発イノベーション活動を実現させるために，いかにして進出先の産業集積から資源を獲得し，現代の集積がもたらす外部経済や社会関係性を有効活用していくのか，その実態を明らかにする必要があることを強調した。既存研究の課題としては，そもそも「現地発イノベーション」の実現のための条件や方法論，実証研究が十分に行われていないこと，さらには，イノベーションを促すためには知識を共有させたり移転させたりするための知識のマネジメントが不可欠となるが，現地発イノベーションにおける知識のマネジメント（組織を越えた知識移転，国境を越えた知識移転）の有効性については十分に検証されてこなかったことを指摘した。リバース・イノベーション論では，リバース・イノベーションへの発展に先立って，そもそもなぜ現地発イノベーションが起きるのか，そのメカニズムとそのための組織づくり・人材育成，知識移転の説明が十分ではない問題点を指摘した。また，それが大企業のみの論理なのか，中小企業にも適用できるものかについても明らかにされていない。このことから，これらの諸問題を克服するための仕組みとメカニズムを解説するための個々のケースを用いた実証研究の必要性を論じた。これらの議論を踏まえ，現地発イノベーションを起こす要素条件，それを動かす仕組みを明らかにする必要性を主張した。

第3章では，前章の先行研究のサーベイを受けて導出した論点と課題を踏まえ，本研究におけるリサーチクエスチョン，研究目的と分析視角を記した。リサーチクエスチョンは，次の2点を挙げた。第一に，中小企業は，その規模的特性から現地イノベーション活動のための資源を（従来とは違う価値基準を持つ）現地資源に依存するため，それだけビジネスモデルもプロダクトも組織も現地の強い影響を受けつつ自社の新たな優位性が構築できるのではないか。第二に，国内より競争環境が厳しくインフラ等の条件の悪い海外市場における現場発の創意工夫が，グローバル水準の思わぬブレークスルーに繋がっていくのではないか。第三に，海外市場は日本国内のしがらみ（従属的関係や日本的商慣習）がなく，新たな販路開拓や新たな挑戦をしやすいことがこれを後押ししているのではないか。それゆえ，中小企業は海外展開を機に劇的な変化を起こすのではないか。これらのリサーチクエスチョンを踏まえ，本書では，日本中小企業がグローバルな事業活動を展開する中で，諸外国の産業集積の構成要員として，集積内のオープンな企業間関係を構築するとともに能動的にその関係性を活用し，どのようにして進出国発の新たなイノベーション創出に結びつけていくのかといった問題意識をもとに，「成長戦略としての日本中小企業ならではのイノベーション活動と組織における国際化」の実態を明らかにすることを本研究目的とすることを示した。そのうえで，日本中小企業の成長の仕組みとしての「現地発イノベーション」の有効性を動態的に解明することを研究目的として設定した。この研究目的を解明する分析視角として，(1) 優位性要素としての技術の活用とマーケティングにおける分析視角，(2) 推進要素としての人材育成とアントレプレナーシップの分析視角，(3) イノベーション能力とナレッジマネジメントからの分析視角，(4) イノベーション活動の弊害を減らすための法的リスク管理，の4つの分析視角を示した。

第4章では，米国ハワイに移住・第二創業した日本人の「移住起業家」が「アントレプレナーシップ」の発揮によって日本人ならではの強みや，日本で培った優位性を活用し現地でトップシェアを占めるまでに上り詰めた成功事例を取り上げた。生まれ育ってきた環境とは異なる海外市場においてスタートアップビジネスを成功させることは容易ではない。本事例では，決して容易ではない海外への「移住起業」を成功させるためのポイントについて「アントレプレナーシップ」と「現地発イノベーション」の関係性に着目しながら分析を行った。分析結果から，進出国で起こす現地発イノベーションを創出させるために，(1) 進出先のローカル・コミュニティや人的ネットワークなどの現地資源を有効活用し，アイデアの着想となる学習に取り組むこと，(2) アイデアを事業コンセプトに落とし込む際には，現地市場における事業機会を慎重に評価し（ニーズを見極め），現地市場発のビジネスモデルを再構築すべく，抜本的な刷新に取り組むこと，(3) 現地人材を大切育てるための人材開発の仕組みと評価制度を採り入れ，活動の基盤となるチャレンジ精神旺盛かつ激しい変化にも適応できる柔軟で盤石な組織を形成すること，が有効となることを示した。そして，企業家本人が持つ「アントレプレナーシップ」がこれらの巧拙を規定することを示唆した。

第5章では，現地発のイノベーション創出を実現することで成長につながった日系中小製造業のタイの事例を取り上げた。本事例は，日本で培ってきた技術力の優位性を武器に，海外拠点主導のイノベーション活動の下，現地で抜本的に新たなビジネスモデルを再構築することに成功した事例である。本事例分析では，優位性としての技術を活用し，新興国タイに海外進出する日本中小企業の現地発イノベーションによる成長戦略の実態を明らかにした。とりわけ，海外進出によって創出された様々なイノベーションを実現させる背景には，どのような仕掛けや仕組みづくりが有効となるのか，現地での優位性の再構築に本国で培ってきた「技術力」をどのように活用していったのか，そもそもどのような変化が起きるのか，といった点に着目し，現地発イノベーションの実現要因の分析を行った。

第6章では，「技術」を活用し現地で優位性を再構築するための「マーケティング」活動に着目しながら，現地発イノベーションの実態と成功要因を示した。具体的には，イタリアでの現地発のイノベーション創出を実現することで成長につながった産地型地場中小企業の事例を取り上げた。本事例は，海外展開を機に，元々日本で培ってきた技術力の優位性を武器に，現地での入念なマーケティングよって新たなイノベーション創出に成功した事例である。さらに，現地発イノベーションが，本国に還流し「標準化」された事例でもある。中小企業の現地発イノベーションにおけるマーケティングの有効性を検討するには，現地でのマーケティング活動諸要素（例えば，製品・流通・プロモーションなど）における「メリハリ」を明らかにする必要がある。そこで，現地での優位性を再構築するために，本国で構築した「技術」の優位性がどのように進出国に持ち込まれ，それがどのように現地で活用され，現地化ないし標準化されていったのか，逆にどの部分が持ち込まれず現地化ないし標準化されなかったのか，マーケティング諸要素の観点から分析した。

第7章では，フィリピンでの現地発のイノベーション創出を実現することで成長につながった日系ITベンチャー企業の事例を取り上げた。本事例は，現地に適した人材育成のシステム開発から現地発イノベーションに成功した事例である。本事例の分析では，現地発イノベーション活動の担い手となる現地人材の育成の仕組みに着目し，イノベーションを促すために必要となる，知識を共有させたり移転させたりするための知識のマネジメントの仕組みや仕掛けを明らかにした。規模的特性から中小企業ならではのイノベーション能力のあり方にも目を配りながら，中小企業に求められるイノベーション能力とそれを補完するための手段としての産業集積の活用と，そのための人材育成の仕組みを検討した。

続く第8章では，中国天津において海外展開を行った日本中小企業44社を対象に，海外進出の際に直面する法的リスクの実態を調査し，イノベーション活動を円滑に推進するための労働実務に関する法的課題に焦点を当てて，リスク管理対策を分析した。具体的には，海外の産業集積の形成が進む中国天津の現地人材の労働問題を取り上げ，日本中小企業が直面する問題とその要因，現地の関連法規を確認した。まず，異文化ゆえの考え方の違い，商慣習の違いなどの理由から，進出国では日本では考えられないような要因で労働問題が発生している実態を示した。こうした要因の傾向は，現地人材の長期雇用を前提としない労使関係が引き起こす共通の課題が背景にあるという事実発見から，長期的雇用関係を前提とした現地人材の育成が，イノベーション活動の要となる人材を積極的に活用する（アクセルの）側面と，そうした人材のリスクを管理する（ブレーキの）側面の両面において，有効な対策となりえることを確認した。その上で，海外展開の際には，事前に現地の文化・商慣習・法制度をよく調べたうえで，これらの対策をあらかじめ盛り込んだリスク管理の基本方針を策定し，それを現地人材育成の研修プログラムの中に取り込んで浸透させていくことが有効な対策となることを論じた。

最終章である第9章では，各事例章の分析内容を序論で述べた分析視角・分析方法から簡潔に整理し・総括することによって，理論編で提起したリサーチクエスチョンに対して応え，結論を示した。まず，各事例で取り上げられた中小企業の海外展開事例のポイントを整理し，各事例のポイントの比較を踏まえて，現地発イノベーションがいかなる要因によって創出されるのか，その条件を示すともに，概念化を行った。その上で，現地発イノベーションの実現条件とリバース・イノベーション論への拡張発展条件を示すとともに，その有効性を検討した。この実態の分析から，理論編で導出したリサーチクエスチョンに応える形で，いかにして「Local for Globalなイノベーション」を創出するのか，いかにして国境を跨ぐ「場所，対面，暗黙知の共有化をするのか」，についての解を示した。以上の議論を踏まえ，海外拠点を起点として「競争劣位」を補う形で優位性を再構築する「日本中小企業の現地発のイノベーション活動」が海外展開を行う日本中小企業の有効な成長戦略となるとの包括的な結論を導いた。その仕組みは，優位性のLocal for Globalにあることを指摘し，そのための資源を現地でのマーケティングによって，現地集積から能動的に獲得し，日本から持ち込む強み（技術・経営管理等）と戦略的に融合することで，現地からイノベーションを起こしていくことが基本構造となることを示した。この戦略モデルの実現には，ビジネスモデルと組織の抜本的な変革を厭わないアントレプレナーシップが強く求められ，現地発イノベーション能力の運用には，社内の重要人物の物理的移動（現地と本国の行き来），現地ニーズと日本から移転される優位性をつなぐローカル人材の育成と現地への権限移譲が不可欠となることを指摘した。以上を踏まえ，本研究から明らかにできたゴビンダラジャンの「リバース・イノベーション」論を発展させるための理論的含意を次のように示した。(1) 現地主導で，海外拠点からのイノベーションを起こす条件と仕組みとして，技術，マーケティング，人材育成，アントレプレナーシップの4つの要素とそのメリハリを利かした「現地発イノベーション」を実証した。この条件を機能させるためには，産業集積の埋め込みが不可欠となることを併せて強調した。(2) リバース・イノベーション論では，LGTへの権限移譲の重要性を指摘していて，その重要性については本研究も支持する立場を取っているが，むしろそれ以上に本研究は，現地発イノベーションの実現に，暗黙知の共同化（重要度の認識ギャップを埋め）プロセスが重要であることを主張した。(3）ゴビンダラジャンの強調するように，現地発イノベーションの出発点が「現地主導の活動」にあることに間違いないが，「現地発」「ゼロベースからの開発」とはいえ，現地での優位性の再構築には，本国（先進国）から何らかの優位性の持ち込みが必要となることを本研究では示した。(4）そもそも現実的には，LGTの設置自体難しく，仮に設置に至ってもLGTを機能させることは現実的に容易ではないため，重要人物（本国の意思決定権を持つトップマネジメントと技術者）に現地で暗黙知の共同化を図る必要性を示した。それも，現地の企業家ネットワーク（つまり，バリューネットワーク）の本国とは異なる価値基準のもとで共同化を図ることで，重要度の認識とマインドセットの更新が効率的に進められることを明らかにした。(5）マーケティングによって明らかになった本国から持ち込むべき暗黙知を進出国の暗黙知と共同化していくプロセスがLocal for Globalイノベーションを創り出す起点となることを示した。この共同化と，そののちに製品・サービスが開発として表出化されるプロセスには，現地人材による「文脈」の「通訳」が必要となり，それゆえ，現地人材と日本人材双方の学習プロセスが重要になることを強調した。

その上で，本研究の結論から導出できる政策的含意として，日本中小企業の海外展開におけるイノベーション活動に対する政策支援拡充の必要性を指摘した。具体的には，第一に，事前準備におけるマーケティング能力と人材育成制度の構築支援，第二に，進出後の進出国におけるマーケティング活動支援，第三に，進出後の法的リスク管理支援への支援拡充の3点を指摘した。

最後に，数多く残された課題のうち筆者が特に重要だと考える課題について述べ，本書をくくった。

第1章 問題意識と研究背景

本章では，本研究の着想を得るに至った筆者の問題意識と研究背景について述べる。

1. 問題意識

近年，日本中小企業のグローバル経営が広がっている。情報量や支援策，物流や移動手段の発展により，日本企業のグローバル化は90年代以降一層進展し，巨大な資本を持たない中小企業やベンチャー企業にとっても容易に海外展開を実現できるようになった。日本が抱える長期的不況に加えて，少子高齢化により国内の市場規模は縮小している。国内の分業構造の中で長年存立してきた「ものづくり」産業を支える下請中小企業は，親企業の海外進出に伴って取引が大幅に減少している。一方では，近隣のアジア圏に目を向けると成長著しい市場の台頭が目立ち，欧米やアジアの富裕層には，日本人固有の感覚が生む質の高いサービスやコンテンツ，食に対する関心は高まるばかりである。

とはいえ，中小企業にとって海外で成功することは容易ではない。その国・地域の商習慣や文化的特徴，法制度の特徴などによる違いに配慮する必要がある。海外の未開拓市場への参入はチャンスも大きいがリスクも高く，決して容易なことではない。経営資源に乏しい中小・零細企業にとってはなおさらのことだ。海外展開をきっかけとして，大きく成長する中小企業もあれば，経営難に陥ったり倒産したりしてしまう中小企業も数多く存在する。中小企業の海外進出は，規模拡大と生産性向上を積極的に進める大企業とは異なり，必ずしも戦略的（あるいは積極的）な理由とは限らない。親企業の要望によるものや，取引関係を継続するためにやむを得ず海外まで追随するケースも少なくない。大企業と中小企業とでは海外進出の要因は必ずしもすべてが一致するわけではない。規模的特性による強みが違えば，当然のことながら優位性や戦略が違ってくるからである。したがって，従来の豊かな資本力を背景に経営資源を国際間で活発に移転させることができる多国籍企業を前提として発展してきた国際経営論を中小企業に適用する際には，規模的特性による強み，弱みの違いを考慮する必要がある。このように，中小企業と大企業とでは，規模的特性ゆえの経営資源の違いから，国際経営の考え方において当然ながら同じ理屈では通じない部分もある。この点を考慮し，中小企業の国際経営戦略を検討する必要がある。

実態としては，中小企業の海外進出の数も多国籍企業に劣らずかなりの蓄積があるものの，異質多元な中小企業の特性を体系的に捉えることの難しさや，そもそも，大企業に比べて成功事例としてのデータが少ないなどの理由もあり，「中小企業」に焦点を当てた国際経営の体系的な理論の構築はまだ少ない(1)。まして，「日本の中小企業」にフォーカスしたものは決して十分とはいえない。

そして，日本の中小企業には，日本的商慣習や日本的経営のシステムを背景に，発展性と問題性を帯びてきた独特の歴史的な特徴を持っている。例えば，ものづくり大国として成長してきた日本の産業発展の背景には，製造業の大企業と中小企業との系列関係による従属的で蜜な関係が存在した。こうした関係のもとでは，個別の契約がなくても，情報交換や試作品の開発，図面の共有などが行われてきた。生産計画と管理は大企業が面倒を請け負い，下請分業構造を支える中小企業が得意な専門分野に特化し「技術」を高めていったのであ

---

(1) 例えば，日本中小企業の海外展開の実態に関する先行研究としては加藤（2011），清・遠山ほか（2016），丹下（2016），浜松（2016），山藤（2014）などがあるが，いずれも空洞化対策や撤退など「日本中小企業の存立問題と対策」に着目した研究が多く海外展開を成長戦略としての視点からの分析は少ない。とりわけ，現地からイノベーションを起こす視点からの研究は筆者が調べた限り見当たらなかった。

る。サービス産業においても同様のことがいえる。日本の文化的背景や日本人の「おもてなし」精神や「わびさび」，徹底した「こだわり」などの「文化+国民性=技能」が強みとなって織りなす独特のサービス（例えば，娯楽宿泊やエステサロン，日本食レストランやラーメン店にみられるサービスなど）は，他国では容易には真似できない日本特有のものといえる。このような独特の従属的関係性やサービスは「日本的経営」の特徴によるものであり，欧米の企業システムにおいて一般的に説明できるものではない。

つまり，欧米の多国籍企業を対象として蓄積されてきた国際経営の理論をそのまま日本の企業，とりわけ，中小企業に適用しようとしてもうまく機能するはずはない。日本中小企業の歴史的特徴と経営特性を踏まえたハイブリッド型の理論の再構築が不可欠となる。さらに，中小企業にとって海外展開を，大企業に追随していくような後ろ向きなものではなく，どうせならば成長するための機会にしたいものである。そのためには，海外展開を「イノベーション」の機会，すなわち成長戦略として捉えることが重要な視点となる。

本研究の狙いは，ここにある。本研究では，日本中小企業が国際化を機に進出国でイノベーションを起こし，そのローカル市場で起こした現地発イノベーションを本国本社や第三国拠点へ還流させることで，世界標準化の価値創造を行い組織全体の持続的成長につなげる，そんな戦略を描けるための実践的な理論構築の一助となるべく実態の解明と提言を試みたい。

2. 研究背景

以上みてきたように，時代の変遷に伴い企業規模問わず海外展開が当たり前となったいま，中小企業の国際経営戦略の理論構築の必要性が高まっている。まずは，データで日本中小企業の国際化の実態をみてみよう。一般に「海外展開」とは，輸出（直接輸出・間接輸出含む），直接投資（対外直接投資）のいずれの形態も含むことをいうが，ここでいう「国際化」は，主には海外に子会

【図1-1】日本企業の「国際化」の推移

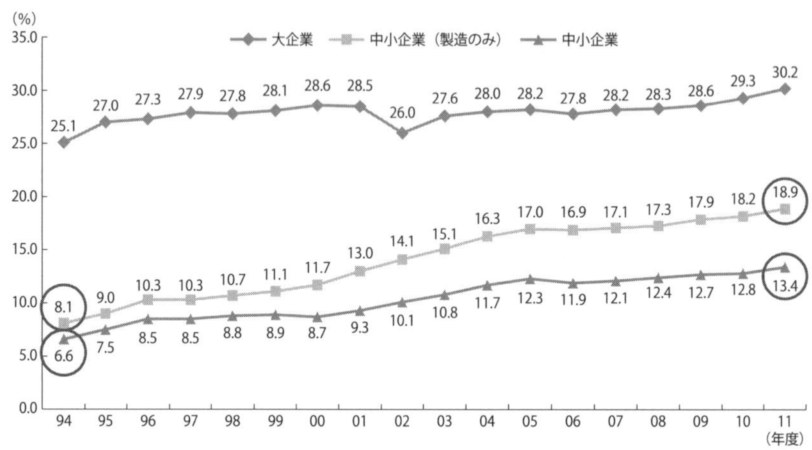

（出所）中小企業白書（2014）

社（拠点）を設置した上で現地に進出して活動を行うこととする[(2)]。

90年代以降，中小企業を含む企業の国際化は右肩上がりで増え続けている（図1-1参照）。その比率は，90年代半ばからおよそ10年の間で2倍に飛躍している。直近の動向を見ても，大企業よりも中小企業の国際化が進んでいる傾向がうかがえる（図1-2参照）。海外子会社を持つ企業の進出先は，先進国のみならず新興国や開発途上国に及んでいる。

80年代以前に比べ，情報量や支援策，物流や移動手段の発展によりグローバル化は進展し，巨大な資本を持たない中小企業やベンチャー企業にとっても，相対的に容易に海外展開を実現できるようになったことを示している。つまり，企業の海外展開は，規模に関係なく企業の持続的成長に必要不可欠な戦略となりつつある。とりわけ，長期的不況に加えて，少子高齢化により国内の市場規模が縮小の一途をたどることや，日本の分業構造を支えてきた親企業が

(2) なお輸入，海外企業との業務提携，外国人観光客の誘致等も海外展開に含まれることもあるが，経済産業省の定義に従い，本書では主としては扱わない。

【図1-2】規模別に見た直接投資企業数の推移

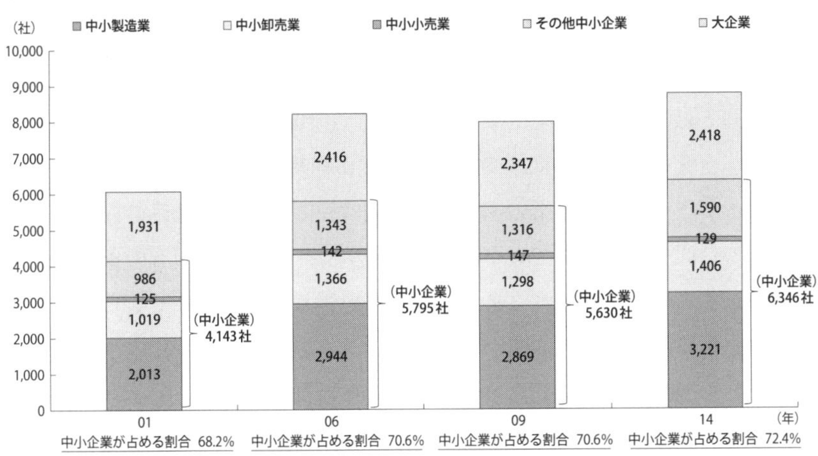

（出所）中小企業庁（2018）

海外進出したことによる国内における取引の減少が，日本中小企業の国際化の必要性を高めている。加えて，冒頭でも述べたように，海外に目を向ければ成長著しい市場や高付加価値市場など多様で魅力的な市場が数多く存在している。日本人固有の繊細な感覚と成熟化社会が育て上げた質の高いサービスが，諸外国で求められる時代になった。とはいえ，海外で成功する中小企業は決して多くはなく，何らかの課題を抱え撤退を余儀なくされる中小企業が多い(3)。経営資源に限りがあるうえ，海外の未開拓市場への参入は，不確実性が高く競争の質・量ともに国内とは異なるため，成功は決して容易なことではないからである。そのため，国際化を契機に成長する中小企業に注目が集まっている。

　このような背景から，近年，中小企業の国際化に関する議論は学術や実務，

(3) 帝国データバンクが約2万3千社の中小企業を対象に実施したアンケート調査結果によれば，「直接進出企業のうち，約4割が撤退または撤退検討の経験がある。」としている。その際には資金回収の困難さや現地従業員の処遇の難しさに直面し，特に中国への進出企業では法制度や行政手続きを課題として挙げる割合が高くなっている。「海外進出に関する企業の意識調査」帝国データバンク，2014年9月参照。

政策の場において活発化している。しかし，日本における中小企業の海外展開は既に70年余りもの長い歴史を持ち，実態において日本の中小企業の海外展開そのものの歴史は長いわりに，データの蓄積の整理や，その評価は必ずしも十分なものとはなっていない(4)。加えて，その研究成果も多いとはいえない。今後，中小企業の国際化に関する研究の発展が期待されるなか，駒形（2016）が指摘するように，中小企業の国際化には経営資源の制約や既存の取引関係などからその目的や進出国までもが左右されやすく，こうした固有の条件をまず出発点として，議論が行われる必要があるものと考える(5)。なぜならば，これらの条件を乗り越えた海外展開がなぜ可能であるのか，といった中小企業の特性を踏まえた国際経営の有効性を検討することに意味があるものと考えるからである。そのような制約のなかで，どのような条件が整えば，日本中小企業の特性と強みを最大限活かし，国際化を契機に成長することが可能となるのか，といった日本特有の中小企業の成長性を踏まえた，国際経営の戦略を検討する必要があるものと思われる。

3. 日本中小企業の特性と海外展開の目的

一般に，国際経営戦略は通常，①間接輸出，②直接輸出およびライセンス，③海外生産の開始，④海外生産の世界的展開，⑤海外拠点での研究開発の開始というように段階的に展開していく（詳細は次章で後述する）。しかし，いうまでもなく中小企業は大企業に比べて，資金力，労働力，市場支配力などに乏しい。そんな経営資源に限りがある中小企業の海外展開は，こうした理論どおりにはならない実態がある。

中小企業庁（2010）によれば，中小企業の国際化の目的として，①コスト削減，②取引先の要請，③取引先の海外移転，④販路開拓，⑤国内の市場縮

(4) 林（2016a），pp.110-111参照。
(5) 駒形（2016），p.40参照。

小，の5点[(6)]を挙げている[(7)]。また，ジェトロがWeb上で公開している，中小企業が国際化する際のチェック項目[(8)]を参考にすると，このほかにも①部品・商品の調達，②新規事業の立ち上げ，③豊富な人材の活用の3点が加えられる。

中小企業は大企業に比べて経営資源に限りがある前提から，大企業以上に外部資源に依存する傾向がある。そのため，外部環境の変化に影響を受けやすく，海外進出の目的そのものに違いが見られる。具体的には，製造業であれば国内での分業体制の中で取引先との関係性に依存し，その取引先の有無次第で倒産につながるリスクを持つ中小企業は少なくない。そうした企業にとって，自社の成長戦略以前に，主要取引先から海外移転要請があった場合それに応じるほか選択の余地がないケースも存在する。すなわち，中小企業の場合，海外進出の背景には市場拡大や成長戦略といった，ポジティブな目的や要因が出発点にあるとは限らない実態がある。

コスト削減についても，「規模の経済」を甘受し成長戦略を講ずる大企業と，存続のためにコスト削減を行う中小企業とではまた別の文脈となる。ニッチな領域で特定の専門性を強みとして市場を獲得していく中小企業の特性から考えると，コスト削減が必ずしも長期的かつ高利潤を生みだす戦略とは限らない。人件費などのコスト削減によって海外で生産した製品の逆輸入をするにしても，輸送費や税金，人材育成や労働問題といった海外で生産するためのコストがそこに上乗せされる。さらに規模の経済による恩恵を受けにくい前提条件を考慮すると，コスト削減のみを主目的とした海外進出は，中小企業（とりわけ

(6) なお輸入，海外企業との業務提携，外国人観光客の誘致等も海外展開に含まれることもあるが，経済産業省の定義に従い，本書では主としては扱わない。

(7) なお，中沢（2012）では，一般に中小企業は，次の点を求めて海外展開を行うと整理している。①コスト削減，②主力取引先の要請，③投資への配当・特許料・技術指導料などの収入，④販路拡大，⑤従業員の確保，⑥高い技術利用の6点である。中沢（2012），pp.90-91参照。

(8) ジェトロ「進出目的の明確化」によれば，チェック項目では次の6点を挙げている。①市場開拓，②生産コストの削減，③取引先からの要請，④部品・商品の調達，⑤新規事業の立ち上げ，⑥豊富な人材の活用。ジェトロホームページ参照。https://www.jetro.go.jp/theme/fdi/basic/purpose.html（情報閲覧日2016年9月3日）

零細企業）にとってコスト削減効果は低く，持続発展的な成長戦略にはなりえない。実際，海外で慣れない生産管理や人材育成のハードルを抱えながら，現地の地場企業との競争にさらされたり，当てにしていた取引先から受注を減らされたりするなど，現地での需要不振によって，かえって苦しい状況に追いやられ撤退するケースが増加している(9)。大量生産するにしても，そもそも国内マーケットは縮小傾向にある。薄利多売の大量生産では持続的成長は見込めない。現地のサプライヤーと価格面で競争することは言わんや得策ではない。

他方では，中小企業ならではの強み，すなわち規模が小さいゆえの強みを発揮し，成長を遂げる中小企業も存在する。中小企業の中には，競争優位を発揮できるニッチな領域で，自らの強みとなっている高付加価値（特定分野の技術やサービス）を認めてもらえる市場を創造したり参入したりするような企業家精神（アントレプレナーシップ）に溢れ，常に学習意欲旺盛な企業も存在する。こうした中小企業は，競争優位獲得や活動の場を国内に限定していない。すなわち，大企業と同様に自らの競争優位を獲得しそれを発揮するために，市場開拓を目的として海外進出を行う中小企業も存在する。

このように撤退の一方で，適正規模を前提としたニッチ市場あるいは規模の小さな高付加価値市場に対して，市場開拓，販路拡大を図っていくことで海外市場に乗り出し成功しているケースがある。加えて市場開拓のプロセスで，現地で獲得できる地域資源を能動的に活用し，足りない資源を最適地から上手に補完することで，すなわち現地でしか得られない「外部経済」を有効利用することでイノベーションを起こすケースも最近になって出現した。このような場合，間接輸出から段階的に現地拠点の研究開発拠点に至るような前掲で述べた展開経路は必ずしも辿らずに，中小企業の現場では，ニッチ領域での競争優位を迅速に構築するために，輸出経験だけで海外に研究開発拠点を設けたりするケースもあれば，輸出経験がなくてもいきなり海外に営業拠点や生産工場を設けたりする実態もある（これらのケースは第4章から第7章の事例研究で詳し

(9) 丹下・金子（2015），pp.24-30参照。

く紹介する)。外部から資源や知識を吸収し，柔軟に対応を図ることで競争優位を獲得していくこうしたやり方は，実は日本における中小企業の発展の歴史からみて大企業よりも得意なはずである。このように考えてみると，現代を逞しく生き抜く革新的な中小企業においては，「現地発イノベーション」の実践が，海外の現場でまさに始まっているものと捉えることができそうである。

以上みてきたように，中小企業には，危機的状況からどちらかといえば存続のため仕方なく海外展開を行う企業と，さらなる成長のために，攻めの姿勢で海外展開を行う企業とが混在している。これは，中小企業が本来持つ「異質多元性」に属性を帯びていることを考えれば，当然のことといえる。したがって，日本の中小企業にはこのような中小企業固有の国際化の事情と実態があることを考慮して，目的や要因を理解し「成長するための中小企業の国際化」を検討する必要がある。

4. 日本中小企業の国際化目的の変化

さて，既述のような実態と条件を考慮し，中小企業庁（2014）を参考に，日本中小企業の国際化前後の目的における近年の変化を見てみると，興味深い傾向が見えてくる。

図1-3は，最も重要な直接投資先について，当初の目的と現在の目的を業種別にその変化を示したものである。製造業では，国際化前後ともに「新規の取引先・市場の開拓」が最も多く，その割合は近年増加していることがわかる。一方で，「既往取引先の随伴要請への対応」「人件費等のコスト削減」の割合は進出後ともに減少している。すなわち，製造業では，当初は既往取引先の随伴要請やコストの削減を目的に直接投資を行った場合でも，直接投資後は新規の取引先や市場の開拓を進めている企業が多いことが分かる[10]。また，図1-4は，

(10) 中小企業庁（2014）第4章第2節「海外展開の成功要因・失敗要因」参照。http://www.chusho.meti.go.jp/pamflet/hakusyo/H26/h26/index.html（情報閲覧日2016年9月7日）

【図 1-3】最も重要な直接投資先の当初の目的と現在の目的

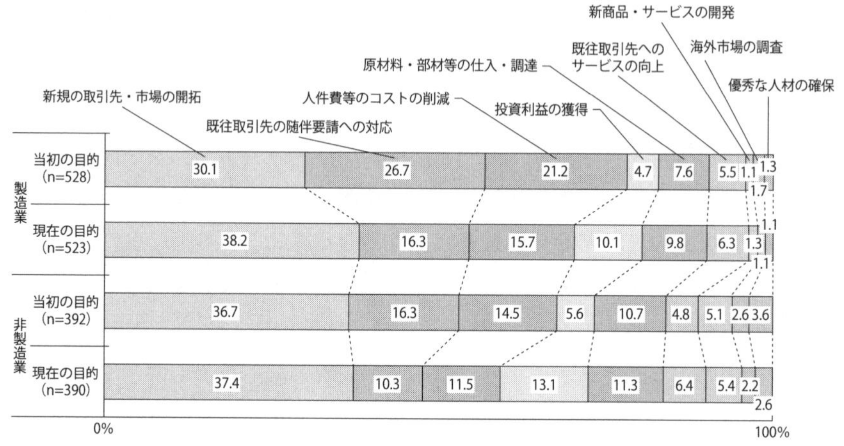

（出所）中小企業庁（2014）

【図 1-4】中小企業が直接投資を決定した際のポイントの推移

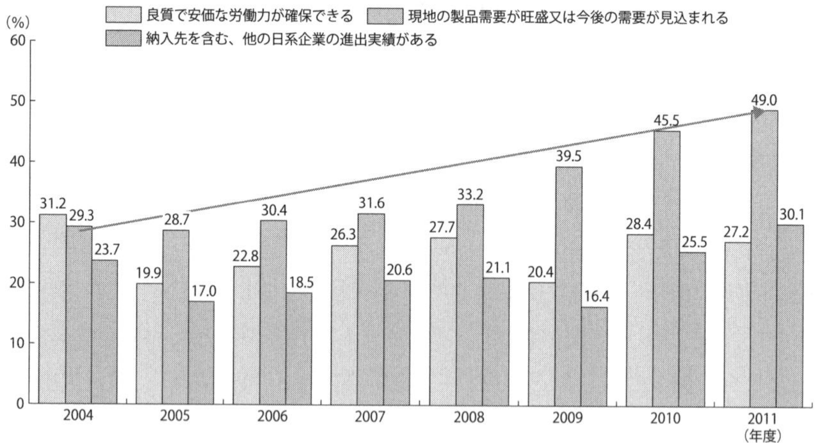

（出所）中小企業庁（2014）

直接投資を決定した際のポイントの推移を示したものである。これを見ると，かつては「良質で安価な労働力を確保できる」の割合が高かったが，最近では

「現地の製品需要が旺盛又は今後の需要が見込まれる」の割合が増加している。すなわち，コスト削減から需要獲得，生産拠点から販売拠点へと直接投資の目的が変化してきていることが分かる(11)。

ここで示した傾向の変化からは，増加する日本中小企業の国際化を背景に，とりわけ，生き残りをかけて国際化する中小企業の中でも，現地で何らかの気づきや商機を得て，市場開拓に挑み，「進化」する中小企業の姿が浮かび上がってくる。国際化後に撤退や倒産するなどの失敗のケースが増えているのも事実であるが，ダーウィンの「進化論」のルールに従えば，変化する環境に適応し数々の厳しい競争の中から生き残ったものが新たな時代を創り上げていく企業となる。そこに大小の規模は問われない。

(11) 中小企業庁（2014）第4章第1節「成長する海外市場，挑戦する中小企業」参照。http://www.chusho.meti.go.jp/pamflet/hakusyo/H26/h26/index.html（情報閲覧日2016年9月7日）

第2章 先行研究

前章でみてきたように，国際化する中小企業の数は増加し続けているが，海外市場で「イノベーション」を起こし，それを現地市場のみならずグローバルに展開することで成長に繋げる「Local for Global（グローバルに発展する現地発イノベーション）」ができている日本の中小企業はまだ少ない。そもそも，現状，日本中小企業の国際化の目標の多くは本国の製品・サービスを「市場開拓」「販路開拓」，あるいは「現地仕様に微修正」する製品・サービス開発にとどまり，ゼロベースからの「イノベーション創出」の機会にしようとする発想そのものが一般に広まっていないものと思われる。成長戦略としての中小企業の国際化を捉えるとき，中小企業の国際化には経営資源の制約や既存の取引関係などからその目的や進出国までもが左右されやすく，これらの条件を乗り越えた国際化がなぜ可能であるのか，といった中小企業の特性を踏まえた国際経営の有効性を検討することに意味がある。本章では，日本中小企業の国際経営に関する先行研究を整理し，先行研究では明らかにされてこなかった点から本研究の意義を考察する。

1. 国際経営に関する先行研究

(1) 直接投資論的アプローチ：変遷の境界線（～80年代前半）

現代における国際経営論の系譜は，1980年代前までとそれ以降で大きく変化がみられる。それゆえ，80年代前半までの国際経営論の代表的な概念を解説したうえで，その後に見られる変化の要因となった時代背景を捉えながら，近年注目される国際経営論の概要をみていく。

国際経営を志向する企業には，輸出，技術供与（ライセンシング），提携（フランチャイズ），海外直接投資（FDI）などいくつかの海外展開における選択肢がある。80年代前半までは，「国境を越えて行われる経営活動」である海外直接投資を中心として，その要因と目的を説明するための理論が経済学者らによって展開されてきた[(1)]。その代表論者は，Vernon（1966）の「プロダクトサイクルモデル」，Knickerbocker（1973）の「寡占的対抗モデル」，Hymer & Kindleberger（1976）の「寡占モデル」，Buckley & Casson（1976），Rugman（1981）等によって展開された「内部化論」である[(2)]。

プロダクトサイクルモデルでは，商品のライフサイクルに応じた経営能力（新製品→成熟商品→標準商品）とそれに適した立地選択（本国→先進国→低開発国）を重視する。寡占的対抗モデルは，寡占産業において同一産業の競争企業に対する対抗行動として海外投資を説明する。これに対して，寡占モデルでは市場の不完全の存在ゆえに，企業が固有に持つ独占的優位性を利用して海外投資を行うことを論じる。内部化論は，市場の不完全性に対して，企業固有の優位性にもとづく「内部化」によって世界的規模で生産・販売を行うことを説明する。すなわち，市場の不完全性に対処する制度として海外生産子会社の設立をとらえ，海外直接投資は企業固有の優位性を失わせないために選択される。

これら諸理論の統合モデル（折衷理論）として位置づけられるのが，経営学者Dunning（1980, 1985）の提唱したOLI（Ownership Locational Internalization）モデルである。OLIモデルは次に挙げる3つの優位性の観点から，企業の海外展開の行動目的を説明する。①本国の企業は受け入れ国の企業よりも技術・ブランド・品質・経営管理上のノウハウなどの相対的優位性を持っている，②本国よりも受け入れ国が優遇政策や安価な労働力などの立地上の優位性を持っている，③事業活動の国際化は市場の不完全性に対して親会社の優位性

(1) 長谷川（2014），pp.44-52参照。
(2) 山倉（2012），pp.95-96参照。

を内部化することの利益を享受する(3)。

すなわち，折衷理論では本国親会社の優位性を前提として，海外直接投資が行われる。逆に，コスト削減やリスク軽減の観点から現地で生産をする利点（内部化優位）がなければ，自国からの製品輸出を選択する。あるいは，現地の企業に技術を（ライセンス）供与することでロイヤリティを受ける選択が行われることになる(4)。

この直接投資論的アプローチにおける包括的な視野は，井原（2009）が指摘するように，複雑な現実が絡み合う企業の国際化を分析する最初の段階で用いるものとしては一定の有効性があるが，これらの議論は海外直接投資の「動機解明」を主な目的としており，企業の組織や戦略を分析しようとする視点は希薄といえる(5)。何よりこれら諸理論は，いずれも親会社と子会社との「一方向の関係」「自国優位性」を前提とした企業の国際化における行動選択基準を一般化したことが特徴となっていて情報技術革新とグローバル化が進展した現代には馴染まない。このように80年代前半までの直接投資論の考え方の根本には，「国際経営の成功には本国親会社の優位性が絶対的な役割を演じる」という認識が根強く存在していたことを示している。

(2) 組織論・戦略論的アプローチ：変遷の境界線（80年代後半～）

次に，グローバル化以降，すなわち80年代半ば以降の議論では，トランスナショナル経営論を代表として組織・戦略の国際化を中心として議論が活発化し，本研究ではここからの先行研究が深く関連する。その代表論者の主張は，序論でも示したとおり，伝統的な「一方向の関係」「自国優位性」から脱却する戦略の必要性を強調し，本社と進出国子会社との「双方向（共同・共創）の

(3) 林（2016a），pp.110-111参照。

(4) 逆に，本国親会社の優位性をライセンス供与せず自社の海外子会社で活用する利点と，自国内ではなく海外の特定国で活用する利点があって初めて海外直接投資をする，との説明もできる。

(5) 井原（2009），pp.3-9参照。

関係性」を構築していくための組織モデルを提示したものである。本研究の貢献は，グローバルな効率追求と現地発を同時に追求する組織モデルを提唱したことにあり，その特徴は従来モデルが本社中心の階層構造で描かれたのに対し，すべてが互いに連結し合うネットワーク構造で描かれることにある。以下に詳細をみていこう。

脱工業化時代から知識集約型時代への変化に伴い，国際経営における企業本社の絶対的役割は現実的に限界を迎えた。一般的に，国際経営論における研究の潮流はこの時代背景の変遷に伴い，1980年代後半から大きく変貌を遂げた。つまり，浅川（2006）によれば，パラダイムシフトを契機に起きた技術革新とグローバル化の進展は，重要な知識・能力の所在を世界規模で流動化，分散化させ続けた結果，それまで常識とされた本国親会社の絶対的な役割に揺らぎが生じることとなった(6)と説明する。

このような背景に伴い，1980年代後半以降，国際経営論に新たな潮流をもたらしたのは，組織論・戦略論的アプローチを特徴とするBartlett & Ghoshal（1989）の「トランスナショナル経営論」およびDoZ & Williamson（2000）の「メタナショナル経営論」である。なぜ，潮流に変化が起きたのか。それは，グローバル化と知識集約型社会への転換に伴って生じたイノベーション活動における「パラドクスとジレンマ」を克服するために，新たな組織や戦略が必要になったからである。企業の競争優位をもたらすイノベーション活動は，イノベーション論の原点にある概念（Schumpeter, 1912）に従えば，Face to Faceの関係によって共有される，模倣が難しいとされる暗黙知・文脈知・経験知（詳細は後述する）といわれる「知識」を生み出す極めてローカルな活動によるものとされてきた。なおかつ，経済に大きなインパクトを与えるほどのイノベーション活動のロケーションは，先進国に限られるものとされてきた。つまり，グローバルとローカルは対極にある概念であり，先進国ローカル（本国本社の内部）からイノベーションを生み出した優位性が，グローバルへ移

(6) 浅川（2006），p.2参照。

転・分散するベクトルは成り立っても，その「逆」のベクトルを示す海外子会社の優位性を，本社に「逆流」させることは一般的に困難とされてきたのである。なぜならば，一度成功を経験している本国本社は，リスクがあって確信（実感）を持てない現地の意見に耳を傾けることはあっても，わざわざリスクを取って，取り入れようとはしてこなかったからである。

しかし，グローバル化は，ヒト・モノ・カネ・情報を世界各地に分散させたことに加え，新興国などのBOP（Base of the Pyramid）の台頭は，ニーズや市場をより一層多様化させ，イノベーションの源泉そのものが世界各地に分散する状況を創り出した（Prahalad, 2004）。その結果，進出先の海外子会社では本国本社の優位性は直ちには発揮できない状況に陥った。一方では，新興国などの後発国の進出先でイノベーション活動を行う企業が，現地でイノベーションを起こす現象が現実となった。そして，その現地発イノベーションが先進国に「リバース（逆流）」する「リバース・イノベーション」の事例までが現実となった（Govindarajan, 2012）。すなわち，海外進出先のローカルからイノベーションが起こる，他方ではそれまでの概念とシステムでは対応が困難（それまでの仕組みではイノベーション活動に限界が生じる），というパラドクスとジレンマが生じた。序論でも論じた通り，このような（これまでの視角を反転させた）Local for Globalなイノベーションへの潮流は，トランスナショナル経営論やメタナショナル経営論からの自然な流れで，台頭してきた理論であると捉えることができる。つまり，これらの理論的枠組みは，そもそも「自国優位性」が通用しなくなった変遷を受けて，それに代わる新しい仕組みとして提唱された。すなわち，「現地優位性」「現地発イノベーション」の活用のために，現地子会社の役割を高めていく国際化のための新たな組織の概念を持ち込んだ（図2-1参照）。

トランスナショナル経営論では，国際経営によって成長し続けるためには，伝統的な「一方向の関係」「自国優位性」から脱却する必要があることを主張している。この新たな概念の貢献は，グローバルな効率追求と現地発を同時に追求する「組織モデル」を提唱したことであり，その特徴は，従来モデルが本

【図2-1】国際経営論の変遷

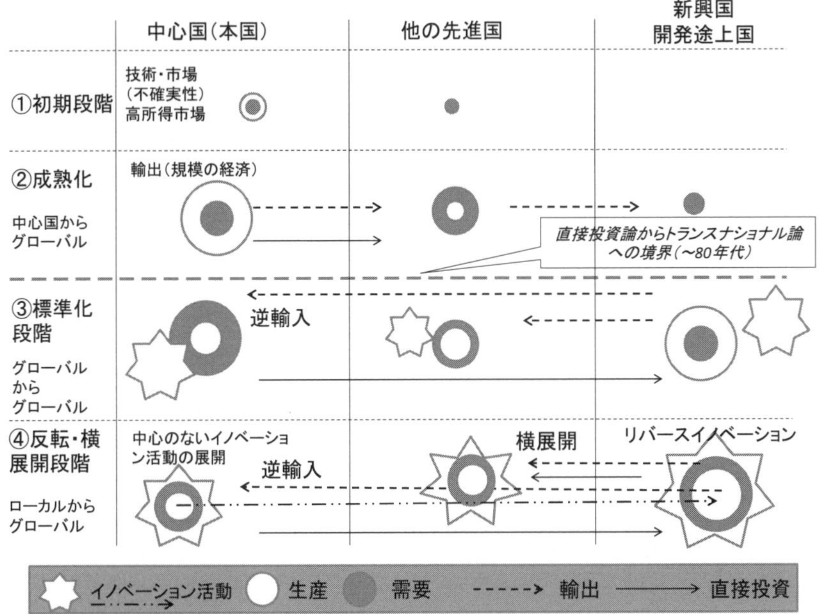

（出所）赤松要「雁行形態発展論」を参考に筆者加筆修正

社中心の階層構造で描かれたのに対し，すべてが互いに連結し合うネットワーク構造で描かれる。具体的には，現地での本社と進出国子会社とのグローバルに「双方向（共同・共創）の関係性」を効率的に構築していく組織モデルを提示した[7]。本社と進出先との「双方向（共同・共創）の関係性」に基づく組織体系は，進出段階に応じた4つのタイプの国際経営類型に分けて体系化され，それぞれの組織の特徴から段階ごとに海外子会社の役割と関係性を説明した

(7) トランスナショナル経営論は，本社と子会社との関係は一方向の関係ではなく，双方向であり，子会社は自律性をもって行動し，子会社間には双方的相互依存性があり，組織の統合は価値や理念，そして知識によってもたらされている点に斬新性を持つ理論となっている。山倉・前掲（2012）p.100参照。

（表2-1参照）[(8)]。

このように，トランスナショナル経営の概念は，海外進出先における子会社の役割と戦略を組織の観点から再定義することで，国際経営の議論を新たなステージへと進化させた。その意味で，「グローバルな効率追求と現地市場への適応に加えて，グローバルなイノベーションを同時に追求する新たな戦略点視点」[(9)]を提示した意義は大きく，後述する本研究の「いかにして進出先でイノベーションを起こし，それを本国にフィードバックさせるのか」「そのために本社と現地拠点の組織の役割と関係はどうあるべきか」という問題意識に対しても大変参考になる視点といえる。

【表2-1】トランスナショナル経営４つの国際経営類型と進出ステージ

組織の特徴／進出ステージ	インターナショナル：第１段階	グローバル：第２段階	マルチナショナル：第３段階	トランスナショナル：第４段階
能力と組織力の構成	能力の中核は中央集権，他は分散	中央集中型／グローバル規模	分散型／海外子会社は自立	分散，相互依存，専門家
海外事業が果たす役割	親会社の能力を適応させ活用	親会社の戦略を実行	現地の好機を感じ取って利用	海外の組織単位ごとに役割を分けて世界的経営を統合
知識の開発と普及	中央で知識を開発し下位の組織単位に移転	中央で知識を開発して保有	各組織単位内で知識を開発して保有	共同で知識を開発し世界中で分かち合う

（出所）浅川（2007），p.6を基に筆者加筆

その後も，国際経営論においては組織・戦略論からのアプロ―チは，メタナショナル経営論という形で発展を遂げていく。メタナショナル経営論では，進出先子会社の役割を再定義し，世界中のあらゆるロケーションで子会社が価値創造を現地拠点主導で行う重要性を指摘した。もはや世界のどこがイノベー

---

(8) 藤澤（2015）は，本社集約型（第1段階および第2段階）と子会社自立（第3段階）の弱点を補完する国際経営モデルとして分散・相互依存型のトランスナショナル（第4段階）を提起している点にトランスナショナル論のユニークさがあることを指摘している。藤澤（2015），p.9参照。

(9) 山倉・前掲（2012），p.97参照。

ションの源泉地となるかの予測などできない時代になった。逆にいえば，世界のどこでもイノベーションの源泉地となりえる。メタナショナル経営論は，自国優位性から脱却して，現地におけるイノベーション活動，すなわち現地発イノベーション活動による優位性構築の重要性を主張している。Dozらは，トランスナショナル経営の最終段階である現地子会社と本国親会社との「相互関係」「共同・共創」から更に一歩進んだ議論を展開し，進出先子会社の役割に関する再定義を試みたのである。すなわち，メタナショナル経営の本質とは，本国のみではなく世界中のあらゆるロケーションで価値創造を現地拠点主導で行うことであるとして（Doz, Asakawa, Santos and Williamson, 1997），自国の優位性のみに依拠せず現地拠点発のイノベーション活動を展開することにある。Doz, Santos & Williamson（2001）によれば，メタナショナル経営とは「自国中心主義，自前主義，先進国至上主義から脱却した経営」とし，世界中の経営資源を有効活用して世界規模で競争優位を構築することの重要性を強調している(10)。不確実性の高いポスト工業化社会における企業の国際化では，自国優位性から脱却して，「現地発イノベーション」による優位性の構築を必要とするこの戦略の考え方が近年の国際経営のベースとなっていったのである。

2. イノベーション論に関する先行研究

(1) イノベーション論の概念の拡張

「イノベーション」は古くから「技術革新」と訳され，経済発展をもたらす原理として注目を集めてきた。Schumpeter（1926）によれば，一般に，イノベーションとは「非連続性」を生み出す「知識の新結合」が経済発展をもたら

(10) その際，自社資源および自社組織のみにこだわらず，積極的に外部資源および自社組織のみにこだわらず，積極的に外部資源依存をオープンに展開すること，さらに，先進国のみならず，世界中くまなくアンテナを張り巡らせ，潜在価値の高いナレッジを感知・獲得し活用することが経営戦略上の重要な視点となることを指摘している。浅川（2009），pp.18-21参照。

す源泉として提唱してきたように，新結合の対象は製造業（メーカーズ）を中心とした「技術革新」と狭義に解釈されてきた。実務的にも，情報技術の進展と普及が本格化される前まで，イノベーションは技術革新と捉えられてきた。なぜならば，実際に経済発展をもたらした「市場の革新」は，高度な技術を開発して，新しい製品や製造プロセスを実現した「技術の革新」がほとんどであったからである。そのため，イノベーションは，知識と知識を結合し（新結合を創り出し），事業機会を新しいアイデアに転換し，さらにそれらが広く実用に供せられるように育てていく過程（プロセス）として，市場の課題解決につながる技術を刷新することで経済発展をもたらすメカニズムとして捉えられてきた。

しかしながら，近年，情報技術の進展と普及，グローバル化によるパラダイムシフトに伴い，市場における課題や事業機会，競争環境が大きく変化したことで，イノベーションの扱う範囲も変化している。玄場（2010）が指摘するように，イノベーションの定義の範疇をめぐっては，従来の「技術の革新」としてされてきた定義に，市場に供することで顧客満足度の向上に結び付くための新たな仕組み（サービスやビジネスモデル）を含む新たな解釈が加わった(11)。具体的には，「GAFA」の実績をみても明らかであるように(12)，流通・小売・サービスの非製造の分野における「ビジネスモデルの刷新」によるイノベーション創出が高収益を上げ続けている実態がある。この背景には，情報技術の普及が，顧客と企業との間，あるいは企業間でやり取りする情報量を増大させるばかりか，その膨大な情報量の処理も簡便かつ迅速に行うことを可能に

---

(11) 玄場（2010）は，「最初に市場に出された製品・サービス及び最初の製品・サービスが出てからその性能を向上させ，商業化されたもの（Hippel, 1988)」，「顧客が望む新製品や新サービスを提供するための新しい知識の利用（Afuah, 1998)」，「顧客が持つ問題の解決のための，新しい情報の利用（小川，2000)」の先行研究が示すように，イノベーションの概念の範疇をめぐって，技術革新からサービス分野への拡張の傾向がみられることを指摘している。玄場（2010），pp.71-76.参照。

(12) GAFAとは，グーグル，アップル，フェイスブック，アマゾンの米国を代表するIT関連の巨大企業のことを指す。GAFAの詳細については，ギャロウェイ（2018）を参照されたい。

し，画期的なビジネス上のアイデアを比較的容易かつ早期に実現できるようになった時代の変遷がある。

インターネットの普及によって，新しい用途を開発するためのヒントを消費者の情報によってリアルタイムで得ることが可能になった。このことは，ユーザーの利用経験のフィードバックによって，新しい用途や新しいビジネスモデルが創出される可能性を高めた。Rosenberg（1982）は，ユーザーが長期間にわたって製品を利用した結果，その製品の作り手に製品改善のための情報をもたらし，このプロセスにもたらす学習効果によって，製品のレベルが向上するとする「Learning-by-Using」という学習課程が重要であるとする考え方を示している(13)。この考え方は，むしろ近年のイノベーションに通じるもので，やや拡大解釈すれば，技術の高度化や機能向上のみならず，用途の飛躍や新しいビジネスモデルの創出においても，ユーザーの利用経験が重要になるものと考えられる。ただし，情報技術を用いて新しいビジネスモデルを創出する場合には，システムを活用している現場の情報（顧客ニーズ）が重要となるが，現実には両者を繋ぐ仕組みは単純ではない。一般に開発側の企業（開発者・企業家）は情報技術に精通しているが，現場（ユーザー）の情報・顧客ニーズには疎い。また，ユーザー側は現場の情報（ニーズ・課題）などに精通しているが，情報技術には疎いと考えられる。そのため，これらのニーズと技術を直接的につなぎ合わせイノベーションを創出するためには，ユーザー企業と企業との緻密なコミュニケーションに基づいた共同作業が不可欠となる(14)。しかし，通常，企業は企業内部の垣根を越えるコミュニケーションや企業間ネットワークのしがらみを越えるコミュニケーションそのものが容易ではない。Hippel（1994）は，「情報というものは属人的なものであり，情報の真意が伝わりにくい（コストがかかる）という性質を『情報の粘着性』」と定義し，新しいビジネスモデルを創出するためには，「情報の粘着性」を克服し，顧客ニーズや

(13) 玄場・前掲（2010），pp.52-54参照。
(14) 玄葉（2019），p.38参照。

現場に関する情報と，そのニーズを解決する情報技術を融合させる必要があることを指摘した[(15)]。したがって，情報技術革新の普及によって情報の収集はしやすくなったが，そのことがイノベーション創出に直結するわけではない。新たなイノベーションに結び付けるには，「情報の粘着性」を克服するための直接的なコミュニケーションの手段（インタラクティブなコミュニケーション・ツール）および，コミュニケーションを行うための関係性の構築，共同作業の場（実践の場）を意図的に準備することが不可欠になるものと思われる。この手段と関係性，場が企業（開発者・企業家）の学習を促し，新たな事業機会の発見やアイデア，簡単には模倣できない知識（新結合）へと結びつくものと考えられる。

このように，近年ではイノベーションには，必ずしも新しい複雑な技術の開発を必要とせず，顧客や市場の直接的な課題解決や利便性の向上をもたらす新しいアイデア（用途・機能やサービス）を実現することが，「イノベーションを起こす」メカニズムになっている。そして，このアイデアは知識と知識を結合することで起きる刷新された新しい仕組みである。つまり，新たな知識の新結合に基づいて，「新しいビジネスモデルを創出すること」「従来のビジネスモデルを刷新すること」が新技術の開発と同様に重要なイノベーションであり，また，それが企業の競争優位の源泉になっている。例えば，同じような製品・サービスを提供するとしても，その提供形態を新しくすることによって，あるいは技術を型落ちさせるより，使いやすい仕様に変えることで既存企業を圧倒し，市場を席巻する企業が台頭するようになった。このように，技術を高度に向上させたり性能の良い新しい製品を提供したりするだけでなく，顧客の真の要望（ニーズ・シーズ）を満たす形で，情報技術や技能を駆使した新しい製品やサービス，ビジネスモデルなどの提供形態を構築することが重要になってきているのである。

---

(15) 玄場・前掲（2010），pp.80-82.参照。

(2) イノベーションの発生メカニズムの変化

イノベーションの範囲が「技術革新」を越え拡大した結果，イノベーションが起こるプロセス，発生メカニズムに大きな変化を生じさせている。上述のとおり，従来のイノベーションは，技術革新と捉えられていたため，研究開発による新しい発見や新しい技術の開発が基礎となり，それによって，新しい製品が世の中に登場した「プロダクトイノベーション」，製造工程などのプロセスに大きな改善がもたらされる「プロセスイノベーション」など，できるだけ長く競争優位を維持するための「持続性」を構築するためのイノベーションプロセスが主要なイノベーションであると考えられた。それゆえ，「持続的イノベーション」が重視され，巨大な資本力を持つ優秀な企業ほど「持続可能な競争優位の構築」を目指した。その前提のもとでのマーケティング，開発チームの育成，技術開発，資源配分，イノベーション活動のロケーション，ネットワークの構築の選択が行われた。

しかし，この「常識」は変化し，従来の方法ではイノベーションは起こしにくくなっている。なぜならば，現在の市場で有効となるイノベーションの仕組みは明らかに異なるからだ。環境は劇的に変化し，上掲に示したマーティングやイノベーション活動のロケーションの選択などのイノベーションメカニズムの発生要因とイノベーションプロセスが従来と全く異なるものとなっている。ポスト工業化の知識集約型のグローバリゼーション下の環境では，情報技術の普及によって多様化する社会が一気にモジュール化したことで，プロダクトライフサイクルは短縮化し，市場が成熟化するスピードが急速に早まった。このことにより，競争優位を保てる時間が短い「不確実性の高い世界」が到来した。不確実性の高い環境下では，優秀な企業が持続可能な優位性を構築しようとすればするほど，組織能力の硬直性が起こり，変化への対応の妨げとなり，イノベーションを起こしにくくなったのである。Christensen（1997）が強調するように，競争優位の持続性を目指すことはもはや限界となる「イノベーションのジレンマ」が，一般の企業家たちにとって現実的なものとなった。それゆえ，いかに「一定期間の競争優位」を変幻自在に「連続して」構築できるか成功を規定することになったといえる。どんな「破壊（抜本的に新しいイノベーション創出）」も一定期間の時限付きとなる。いうまでもなく，新たな市場が創造されそこに多くの競合企業が参入してくれば，「持続的イノベーション」での勝負に移行していくことになる。したがって，「破壊的イノベーション」を起こせても，次の破壊の波がすぐそこに迫っている可能性を常に認識しておく必要がある。このように，「破壊的イノベーション」と「持続的イノベーション」を「交互に連続し」繰り返すことで成長し続けることが可能となるのである。ここでは，変幻自在の変化に挑戦し続けるイノベーターのアントレプレナーシップとマーケティング，技術知識，組織能力の柔軟性，ロケーションおよびネットワークの選択がイノベーションを起こすうえで欠かせないメカニズム発生要因となる。

（3）イノベーション・プロセスの変化

イノベーションの範疇が拡大しても，イノベーション発生要因に「技術」は欠かせない。しかし，この文脈における技術は，技術そのもののより，むしろ潜在ニーズに基づき課題解決のために「技術の利用用途」の方が重視されるようになった。技術用途の明確化により，新たなサービスやビジネスモデルが刷新されていく。ここには，広く知られてきたリニアモデル（基礎研究⇒応用開発⇒設備投資⇒利益配分）と呼ばれるイノベーションプロセスは通用せず，違ったアプローチが必要となる。Branscomb（1992）は，消費者の潜在ニーズの掘り起こしを出発点する，リニアモデルとは逆のアプローチからの有効性を指摘している。ブランスコムは，「仮想市場」を仮定して技術の新たな用途を開発することで新市場を出現させることが重要であるとする[16]。児玉（1991）は，この仮想市場の潜在ニーズを製品・サービス化する際に不可欠となる技術までを明確に（翻訳）する「需要表現」の必要性を説いている[17]。ど

（16）玄場・前掲（2019），p.23. 参照。
（17）玄場・同上（2019），pp.23-24. 参照。

ちらかが常に万能ではなく，いずれも目的による使い分けが必要となる。リニアモデルが持続的イノベーションを起こすうえで有効とされてきたのに対して，ビジネスモデルのイノベーションには，これとは逆の「仮想市場アプローチ」に有効となる。ここでのポイントは，「技術」による差別化ではなく，「技術の用途」による差別化が優位性を構築し，そのアイデアとなる知識の「質」は，このイノベーションプロセスによる「学習」が影響し，ここから創出されるイノベーションの「価値基準」は，ロケーションおよびネットワークに規定される。

ここでいうネットワークは，主にFace to Faceの関係で繋がっているサプライチェーンを指すが，Christensen（1997）の「バリューネットワーク」の概念を適用するとわかりやすい。バリューネットワークとは，自社が関わる既存顧客，サプライヤー，流通事業者などからなるネットワークであり，いわば企業にとっての「エコシステム」である。企業はこの環境の中で存立・存続するために，能力・組織・プロセス・コスト構造・企業文化などの「価値基準」がこのネットワークによって確立される（強く影響を受ける）。同じ能力を持っていても，異なるバリューネットワークに属せば，そこの価値基準に従って，製品・サービスが創出されるため属するネットワークによってイノベーションのアウトプットも（活用するイノベーション能力も）違ったものとなる。つまり，製品やサービスに求められる性能や品質の水準は，各バリューネットワークの価値基準に準じるため，企業が新しい技術の価値をどう認識するか，技術革新にどのような資源配分を行うかは，その企業がどのバリューネットワークに属しているかによって決まる。それだけ，現代のイノベーション活動にはネットワークの選択の重要な意味を持つ。いうまでもなく，潜在ニーズを掘り起こすうえでも，知識の新結合にも，情報の粘着性の克服にも，Face to Faceのコミュニケーションが不可欠となるため，ロケーションの選択がイノベーション活動において肝となる。

3. イノベーションの視角の反転

(1) 現地発イノベーションの台頭

上述のとおり，現代のイノベーションのメカニズムにおいて，とりわけ，ロケーションやバリューネットワークの重要度は増している。その源泉の対象は，先進国のみならず新興国にまで広がっている。経営資源を世界各国から獲得，利用することが容易になることで，新興国の持つ経営資源や市場の可能性や潜在性に，注目が集まるようになった。そのため，これまで本国の優位性に依存することが前提となってきた従来の議論に，本国本社の戦略によって定まる多国籍企業の海外子会社の役割も，外部環境やそこに散在する資源の（グローバル規模での）戦略的重要性が決定要因に含まれるようになった。そして，多国籍企業がいかに外部知識にアクセスするか，また研究開発（R&D）機能のグローバル化と知識移転（Doz etc, 2000；浅川，2009）に関して議論が生まれ，イノベーション活動における（とりわけ新興国における）ロケーションの意義が謳われるようになった（Govindarajan & Ramamurti, 2011）。こうした流れを受け，本国本社から海外拠点への一方通行だけではなく，とりわけ海外拠点の外的環境からの「逆流」にも焦点が当てられるようになった（Govindarajan & Trimble, 2012）。

こうした知識の国際的な「逆流」の動きに対する注目が，本国の（経営資源の）優位性を前提としてきた多国籍企業に関する諸理論のパラダイムシフトを促したことで，オープン・イノベーション（Chesbrough, 2008）やダイナミック・ケイパビリティ（Teece, 1997）といった概念に代表されるように，イノベーション戦略のパラダイムシフトを促した。これまで先端的な技術革新を前提としていたイノベーション戦略も，旧来多国籍企業が市場と見なさなかったBOP層をターゲットとして生み出されたイノベーションの，本国や他国での活用事例が紹介されるようになると，新興国における「リバース・イノベーション」論が注目を浴びるようになった。リバース・イノベーションとは，新興国のニーズ・用途に合わせて生み出した「イノベーション（ただし型落廉価の新製品開発が中心)」が，先進国に逆流して波及し，ときとして大きな破壊力を持って先進国の市場を席巻するというものである（Govindarajan, 2012)。Govindarajanは，多国籍企業が新興国で主導的にイノベーションを起こすことで国際市場での優位性を再構築できることを強調した。そのうえで，新興国市場に適する特色やニーズなどから生み出す現地発のイノベーションを先進国市場にも逆流させる成長戦略の有効性を主張している。この考え方は，Prahaladら（Prahalad & Hart, 2002）が提唱したBOP市場への着目が源流ともいえるもので，それまで常識とされてきた「イノベーション活動＝先進国」というロケーションの概念を覆し「イノベーション活動＝新興国でも有効」という新たな考え方を示す格好になり注目されるようになった。

リバース・イノベーションはどのような背景から生まれたのか。新興国の企業は，自国の市場ニーズに適応した製品を開発・販売し始める。その製品は安価であっても必要十分な機能を備え，電力事情が不安定な地域でも安定稼働できたり，持ち運びに適していたり，知識が乏しい者にも運用できるという特色を備える。こうした新興国の実情と要求に応える商品は，先進国市場においても価格に限らず，新たな視点に立った機能や特色が受け入れられ，先進国の市場でも優位性を発揮するに至った。このような状況について，先進国企業の「高性能化を目指す」などの緩慢な持続的イノベーションでは，新興国の破壊的なイノベーションに対抗できない。これに対して，先進国企業が，新興国に開発拠点とLGT（現地発チーム：ローカルグロースチーム）を築くなどして積極的にイノベーションを起こして新興国市場を攻略し，その新たな価値基準のもと現地主導の仕組みで本国などでも優位性を確保しようとするのが，リバース・イノベーションが台頭した背景である。リバース・イノベーション論の重要な示唆は，「イノベーションのジレンマ」は先進国・新興国問わず，直面している課題であり，その克服が現代企業の国境を越えた共通するテーマとなっていることを明示したことである。同時に，新興国を含む海外市場で主導する「現地発イノベーション」を起こすことで国際市場での優位性を構築する新たな企業の国際化の可能性を示している。

(2) イノベーションの担い手

一般に，資金力（研究開発力）や市場支配力（独占力・規模の経済が働く力）の強い大企業の方がイノベーション活動に向いていて，中小企業にとって不利との見方がある。かのSchumpeterも，当初こそイノベーションの担い手を新企業であり新人であると論じていたが（Schumpeter, 1939），後に，巨大企業が台頭し，その巨大企業が次々とイノベーションを実際に創出するようになると，大企業をイノベーションの担い手とみなすようになった（Schumpeter, 1942）。しかし，これまでの実証研究では，このような大企業がイノベーション活動の有利であることを裏付ける頑健な実証結果は得られていない（高橋，2012）。大企業のイノベーション活動におけるディメリットも少なからず存在し，逆に，やり方次第では中小企業にとって，むしろ有利に働くメリットも存在するものと考える。例えば，高橋（2012）は，大企業のイノベーション活動のディメリットについて，ロックイン効果の制約，ルーティンの休止機能，企業の学習能力の3点を挙げている。ロックイン効果は，既に述べた「バリューネットワーク」の概念とも類似していて，大企業は長期間・多額の投資を行って作られた戦略や開発チーム，そこに不可欠となる新たな資源（人材，スキル，取引・信頼関係など）を変更し，新たに獲得することは（巨額のコスト損失を生み出すために）容易ではなく，既に蓄積された資源が固定化（ロックイン）される。そこに，問題解決の過程で得られた知識やスキルが繰り返し利用されることで「ルーティン」となり，既存の業務活動を円滑化するメリットを生むが，同時に既存ルーティンの大幅な変更をもたらすような画期的な変更には適応ができないディメリットも生み出す。また，大企業が特定の作業に専門化して高度な技術を磨く方法が主流であることに対して，中小企業は開発だけを行うことは許されず，現場の加工も同時に担当させられ，ときには営業まで行わなければならない状況が，かえってイノベーション創出に有効となる知識の共有を促し，学習能力を高めると指摘している[18]。

---

(18) 高橋（2012），pp.212-232参照。

(3) リバース・イノベーション論の重要な論点

潜在ニーズ（課題）を掘り起こし，課題解決するための知識の新結合を創り出す，というイノベーション創出の原理原則に従い，イノベーションを有利に起こす条件は，上掲のパラダイムシフトに伴う環境変化にかんがみれば，もはや先進国か新興国かの2者択一ではない。企業・企業家の保有する「技術」の優位性によっては，新興国の成長市場の方が有利なケースもあるであろうし，先進国の成熟市場の方が有利なケースもあろう。重要なポイントは，第一に，「一定期間の競争優位」を変幻自在に「連続して」構築すること，第二に，ときとして抜本的な変化を起こせる柔軟な組織を作ること，第三に，新たなイノベーションを生み出すには直接的なコミュニケーション・チャネルと共同作業の場が必要であること，第四に，このプロセスを前提に企業の国際化が検討され，ロケーションとネットワークの選択を行う必要があること，第五に，そこでの現地発のイノベーション活動が行われていくことの意義が高まっていることである。

一方で，リバース・イノベーション論は，本来，現実の実情や潜在ニーズから「抜本的な変化（画期的なイノベーション）」を起こすことで国際市場の優位性を確保できるとの重要な示唆をしつつも，なぜ，それを可能としたのかの解が必ずしも明確ではないといった課題がある。そのため，ややもすると，新興国で起こす「型落ちイノベーション」が価格競争力と多少の使い勝手のよさから，先進国でも通用する場合もある，との単純な主張に聞こえかねない。それも，多国籍企業が，保有する豊かな経営資源を活用し，国外に移転させることで可能としたとなれば，世界の99パーセントの中小零細企業には通用しない1パーセント足らずの大企業のためのフレームワークと捉えられかねない。上掲で示してきたように，現代のイノベーション発生メカニズムと発生要因を考慮すると，現地発イノベーションの意義は，新興国に限られるべきではない。むしろ，開発途上国・新興国のような先進国に劣る市場であっても，方法を間違えなければ，「イノベーション」は起こり企業の成長をもたらす，そして，経営資源の乏しい中小零細企業でもあっても（むしろ規模的特性を有利に働かせることで）十分に適用できるフレームワークであるとの見方の方が本研究分野の発展の可能性を高めるものと考える。本来重要なのは，不確実性の高いこの時代に，国際化が避けられない時代であるならば，従来の理論的枠組み（上掲の先行研究）を踏まえ，これからの企業の国際化がどのような意味を持ち，持続的に成長するための国際化には，どのような仕組みが有効となるのかを示すことにある。それゆえ，重要な論点は，本国の成功体験やルーティンからもたらさせる組織の硬直化やイノベーション開発における固定化された価値基準から，いかにして脱却し，従来難しいとされてきたLocal for Globalを可能とするのか，を明らかにすることである。

4. 日本中小企業が「しがらみ」を脱却することの意味

（1）中小企業の存立論と日本的経営がもたらした「しがらみ」

中小企業（とりわけ製造業）は，戦後復興から高度成長期を経て，本格的なグローバル化が進展するまでの間，良くも悪くも，日本特有の「関係性（社会関係）」に基づく「資源」に支えられ，発展を遂げてきた側面がある。そこには，中小企業の発展性と問題性の両面が内在するが，いずれも，日本的経営を特徴とする「関係性」，すなわち，「しがらみ」が存在した。例えば，「下請制」「系列」と呼ばれる取引関係[19]は，その象徴でもあり，親請と下請との従属的関係性には，ある種，目に見えない「束縛（統制を伴う関係）」が存在した。港（2011）は，「親企業による下請企業のコントロールこそが下請制の本質である」と述べ，「親企業と下請企業との統制を伴う関係は，その相対的な経営資源格差を背景としてたえず潜在的な緊張関係にあり，その統制の幅と程度は

(19) こうした日本中小企業における「下請」の関係性は，大企業と中小企業との関係性のみならず，中小企業同士の「産地」や「共同受注」と呼ばれる「分業」「流通」においても同様に，単なる取引関係をこえて，距離の近接性に加え日本的商慣習ゆえの「束縛された関係性」を持つ。これらは，同じ企業家ネットワークでも，比較的小規模の小企業同士が関係することに系列とは明確な違いがあるが，長期的関係と分業体制に基づき，ルーティンを創り出す意味では共通している。

ダイナミックに変化している」[20] として，親請企業と下請企業との取引関係[21] が，単なる「取引」をこえた統制を伴う「関係性」があることを示している。一方，植田（2004）は，この日本的商慣習に基づく取引関係を，「日本的生産システムの一つとして考えられる下請・サプライヤシステムの場合，長期にわたる高度成長期下で発注側・下請側双方で規範化していった長期安定的取引関係が重要な意味をもっている」[22] とした上で，「信頼関係に基づく固定的な協力関係の再編成こそ，戦時期下請政策の最大の特徴であった」として，必ずしもマイナス面だけではなく「信頼関係」に基づく，プラスの側面が存在していたことを示唆している。それゆえ，大企業と中小企業との長期的関係・信頼関係に基づく，仕事の流れは，ルーティンとなり，QCDと呼ばれる大企業基準の経営管理の下，中小企業はひたすら特定の企業からの注文に応えていくことで，特定分野の技術力を強化していった。長期的関係と日本人独特の（契約関係より信頼を重視する）信頼関係と（図面や機密事項を共有する）互酬性の規範のもと，単なる分業上の枠組みをこえて，「自分の領域以外は信頼して任せる」体制が構築されていった。その結果，特定の価値基準のもと，特定分野に専念できる「体制」が構築された。長期的関係に基づき発注に「対応」する「体制」によって，ルーティンと硬直化は形成され，特定分野の技術・技能は極端に磨かれるといったプラス面があったことを指摘できる[23]。逆

（20）緊張関係は，「下請側の経営資源の蓄積と親企業への依存度の程度によって変化する」と論じている。港（2011），pp.284-285参照。

（21）港・同上（2011）によれば，企業間分業システムの進化を，その統御機構の有効性の高まりと定義し，発注側のパワー（コントロール能力）と取引当事者間に醸成される信頼の程度という2つの軸から分析し，「浮動的取引」⇒「従属的取引」⇒「協調的取引」⇒協創的取引」の4つのディメンションに類型化している。これは，時系列的に，発注者側と請負側との「関係性」が日本産業の発展と信頼度の高まりに伴い，強固なものになっていることを示している。港（2011），pp.349-354参照。

（22）植田（2004），p.12参照。

（23）港・前掲（2011）は「日本における量産型機械工業の企業間分業の発展過程は，企業間取引に伴う取引費用を低め，企業間の濃密な情報伝達と共有を実現させ，さらには中小下請企業の技術水準を高める過程であった」として，社会的分業が中小企業の技術力を高める要因となっていたことを述べている。港（2011），p.284参照。

にいえば，この時代においては[24]，営業や販路開拓，新商品企画開発といったマーケティングに関わる能力を使うことが，ほとんどなかった課題（マイナス面）も指摘できる。このように，日本中小企業の歴史的実態からみても，しがらみがもたらす効果は，プラスの影響とマイナスの影響の両面が内在することがわかる。

問題の本質は，プラス・マイナス両面の解釈を同時に持つ分業（社会的分業）に対して，三井（2011）が主張するように，「(中略) 社会的分業自体を貫く新たな『関係性』，『連帯性』，あるいは『紐帯性』といったものをどこまで理解し，『共同性』の再発見ないし再構築の手がかりとしていくか」[25] にある。特に，「企業間取引に伴う取引コストを低め，企業間の濃密な情報伝達と共有を実現させ，さらには，中小下請企業の技術水準を高める過程」[26] をこえて，「技術革新」の枠組みをこえる新たな価値（ビジネスモデルなどの）イノベーションを創出する「過程」に，それも単なる経済関係ではなく，社会構造の関係性の中に，中小企業が自らの存在をどのように「埋め込む」のか，その手がかりを探ることこそが，重要なポイントとなる。しがらみとイノベーションとの関係性を語るのであれば，しがらみから脱却できれば，イノベーションは生み出しやすくなるという単純な話であるはずがなく，何のためにどのような関係性をどこで再構築をしていくのかが重要な意味を持つものと思われる。しがらみの定義を大企業との「取引関係」にとどめず，以下に示すように，「ソーシャル・キャピタル論」「埋め込み概念」に広げて解釈するゆえんはこのためである。

---

(24) グローバル化以降，逆に産地機能が衰退（解体）したり，大企業が海外展開したりするなどしたことによる国内環境の変化は，国内の中小企業において新たな販路開拓の必要性が高まるとともに，「マーケティング」能力の活用を不可欠としている。

(25) 三井（2011），p.88参照。

(26) 港・前掲（2011），p.284参照。

(2) ソーシャル・キャピタル論と埋め込み概念からの「しがらみ」の定義

一般に，イノベーションは同質的な価値の共有からではなく，異なる価値の共存によってもたらされる。したがって，アライアンスや共同開発などによる連携によるイノベーション活動は，そうした「人」を基本とするものである。連携にとって，アクター間の情報交換や自発的協調活動の促進が重要であるという認識は広まっているものの，それをどのような場として実現し，協調活動へと高めていくかの決定的な答えが見つかっていないことがあげられる。こうした状況をふまえて，人々の自発的な協調活動をもたらし社会の効率性を高める社会的要因として提起されている「ソーシャル・キャピタル論」を手がりに，前掲で述べた「中小企業の存立論」から見出せる「関係性」を「しがらみ」として定義を補強するとともに，「ネットワーク（企業家コミュニティ）」に属し，あるいは逆に脱して，新たなネットワークに属し，そのもとで活動を行うことの意味を示す。

「しがらみ」は，辞典（大辞林）によれば，「まとわりついて，引き止めるもの。関係を絶ちがたいもの。」とあり，何らかの「束縛」の存在を示したものとされる。したがって，ネットワークの「しがらみ」と言うとき，ネットワークを構成する人々が何らかの理由で離れがたい状態を示す概念として捉えられる。そして，その基層には，人々を結束させる何らかの触媒となる意識（例えば，帰属意識とか連帯感，あるいは社会の成員に共有されているインフォーマルな規範といった人々の緩やかな紐帯となるもの）の存在が含意されている。このように考えていくと，ネットワークの「しがらみ」とは，関係を絶ちがたい，束縛された意識の束と同義となる。

この日本的経営がもたらした「しがらみ」は，「ソーシャル・キャピタル」の概念と「埋め込み」概念[27]を用いることで定義することができる。Putnam

(27)「埋め込み概念」のルーツは，PolanyiやGranovetterにその系譜を辿ることができる。例えば，渡辺（2015）の整理によれば，Polanyiの埋め込みの概念は，経済が広範な制度的構造の一部であり，経済活動は社会的構造に埋め込まれていることを意味する，と論じる。Granovetterは，埋め込み概念が非市場社会だけに該当するといは，「調整された諸活動を活発にすることによって社会の効率性を改善できる，信頼，規範，ネットワークといった社会組織の特徴」[28] と定義し，ソーシャル・キャピタルを社会に賦存するものとしている（Putnam, 1993）。この定義の特徴は，それまでの「私的財」と考えられていたソーシャル・キャピタルを，社会のパフォーマンスに影響を及ぼす「集合財」としてみなしていることである。Putnamがイタリアと米国の共同体の衰退の実証研究にソーシャル・キャピタルを使用して以来，社会の状態を測定する尺度として幅広く使われるようになっている。

ソーシャル・キャピタルを「capital」と呼び，他の資本と同様に扱うことに対しては異議を唱える経済学者も多いが，Putnam等は資本を「個人の効用や生産性を向上させる道具および訓練」と捉え，経済学の物的資本や人的資本と同様に，これを資本とみなしている。資本主義社会における資本とは，収益を期待して生産ないし，サービス過程に投じられる資源であるが，物的資本（機械設備等）が生産性を高めるため，また人的資本（教育・訓練等）は個人の能力・特性を向上させるために投じられた「資源」である。これと同様に，ソーシャル・キャピタルも社会的コンタクトや協調行動によって，個人および集団の生産性を高めるため社会関係に投じられた資源とみなすことで「資本」であるとしている。Putnamが提唱するソーシャル・キャピタル論は，相互信頼，互酬性の規範，社会的ネットワーク[29] からなる「関係性（社会関係）」に埋め

うPolanyiの議論を修正し，市場社会の経済分析にもこの概念が適用可能であり，実際の経済社会では，社会的影響と需要供給の影響が混在すると主張する。埋め込み概念に関わる先行研究の詳細は，渡辺（2015）を参照されたい。

(28) Putnam（1993），pp.206-207参照。

(29) 特に，ネットワークは，ソーシャル・キャピタルにとって，信頼関係や互酬性の規範が埋め込まれている重要な要素である。ネットワークは，人と人のつながりであり，その強弱によって「水平型」と「垂直型」のネットワークに分類される。「水平型」は同じ地位や立場にある人々を主体として結合されたネットワークであり，「垂直型」は上司と部下といったヒエラルキーな関係にみられるような，従属的な非対称的な関係にある不平等な行為主体によって結合されたネットワークである。

込まれている「資源」[30]，と捉えている。これらの構成要素の性格は，社会への布置状況と構成変数（例えばネットワークの密度，紐帯の強弱，範囲の程度等）により，異なるものとなる。また，ソーシャル・キャピタルの機能は，使用目的と相関であり，ネットワークの範囲やつながりの程度によって異なるタイプのソーシャル・キャピタルが形成される[31]。この考えは，「埋め込み」概念とも通じるところがある。埋め込み概念は，一般に「経済行為が社会構造に埋め込まれている」とするものであり，ネットワークにおける経済行為は，個人の動機だけではなく，非経済的で社会的動機によって説明される[32]。埋め込み概念との共通点は，いずれも「信頼」によって関係性が結び付いていること，関係性は強くも弱くもなりえるものでプラス面とマイナス面の両面を持っていること，である。埋め込み概念では，強い紐帯での社会構造との繋がりは関係性を硬直的なものとし，信頼をベースとして非合理的あるいは非経済的な取引を強いられるマイナスの側面も併せ持つのに対して，弱い紐帯での繋がりは，ゆるやかな信頼をベースとして経済活動（企業活動）における新しい情報や資源を入手しやすいプラスの面を持つという[33]。

パットナムは，ソーシャル・キャピタルを「形態」，「大きさ」，「機能」の面から幾つかのタイプに分類している。これらの中で，「結束型」と「橋渡し型」が最も基本的かつ重要なソーシャル・キャピタルであると述べ，それらが持つプラスの影響とマイナスの影響からその有効性を検討している。イノベーション活動の阻害要因となりえるマイナス面からみると，「結束型」のソーシャル・キャピタルがまさにそれである。結束型ソーシャル・キャピタルは，同じ組織に属する同質的な人びとを結びつける強力な接着剤ともいうべきもので，強い絆と共通の排他的な思考によって内部の結束力を高める働きをする。これは特定の互酬性を安定させ，強い信頼関係と協力規範をもたらし，連帯と団結

(30) Putnam (2000), p.16参照。
(31) 吉田 (2014), pp.6-7参照。
(32) 渡辺・前掲 (2015), p.31参照。
(33) 渡辺・同上 (2015), pp.35-37参照。

を強める基盤となるが，内部の結束が強すぎると外部の人々に対して閉鎖的となり，組織の硬直化につながっていく(34)。日本中小企業のしがらみは，この傾向が長期間にわたり，続いてきたことを特徴とする。組織が硬直化すれば，新しい知識との新結合それ自体の活動が起こりづらくなる。本研究では，（長期的関係と強い信頼関係ゆえに生じる）このようなイノベーション阻害要因となりえる「社会関係性」との束縛状態を「しがらみ」と定義する。

これとは対照的に，「橋渡し型」のソーシャル・キャピタルは，異なる組織の関係の薄い異質な人々を結びつける潤滑油ともいうべきもので，内部結束は弱いものの開放的で，広い範囲のつながりをもたらすことを特徴としている。外部資源との連繋や情報伝達を強化し，地域レベルの信頼関係を醸成していくことが必要な海外におけるイノベーション活動にとって，広く地域社会のすべての人々にアクセスをオープンにして，幅広い信頼と連帯をもたらす「橋渡し型」ソーシャル・キャピタルは特に重要である(35)。こちらのソーシャル・キャピタルは，「しがらみ」とは異なり，「束縛」から解放されたオープンかつ柔軟な資源を意味し，先に示した「バリューネットワーク」ならびに緩やかな紐帯の「埋め込み」の概念に近く，むしろ，積極的に異質な知識を取り入れることになるため，イノベーションは起こりやすい関係性といえる。日本国内では，「しがらみ」が残っている地域が少なくなく，このような開放的な関係性を直ちに構築しづらいと思われるが，海外市場は，しがらみがない分，国内に比べこうした新たな関係性の再構築をする契機になるものと考える。それも，敢えて「強い紐帯」ではなく，意識して「弱い紐帯」への「埋め込み」を狙うことで，イノベーション活動に不可欠となる新しい情報や資源の獲得にも繋がりやすくなる。しがらみからの脱却は，同時に，硬直化された組織と価値基準，ルーティンからの脱却を意味し，新たなネットワークを構築しやすいだけでなく，戦略的に，新たなに自社の能力を活かすことのできる「橋渡し」ソーシャ

(34) 吉田・前掲（2014），pp.8-9参照。
(35) 吉田・同上（2014），p.9参照。

ル・キャピタルを世界中の中から選択し，自ら参入する（埋め込む）ことで，新たなイノベーション活動を可能にするものと考えられる。

清成（1970）は，「市場における需要側の条件，供給側の条件，さらには両者の絡み合いいかんによっては支配・従属関係は強くもなれば逆に希薄にもなるし，まったく消滅し対等な社会的分業も成立しうる」[36]と述べている。このように捉えてみると，日本中小企業にとって，国際化は，「しがらみ」から脱却し，イノベーションを起こしやすい土台となる関係性（橋渡し型ソーシャル・キャピタルへ関係性を転換する）を再構築する重要な契機といえる。

(3)「しがらみ」からの脱却と新たな関係性の構築

上掲で示してきたとおり，中小企業が海外展開を契機にイノベーションを起こすための一つの起因が「しがらみ」からの脱却だと考えている。他方で，「しがらみ」から単に脱却すれば直ちにイノベーションに繋がるわけではなく，新たな体制を組み直す必要がある。その意味で，しがらみから脱却し，新たなイノベーション活動に取り組むための体制づくりは重要となる。ここでは，不確実性の高い現代社会の中どのような体制の下で，中小企業がどのような脱しがらみ戦略が有効となるのか，その基本となる考え方と仕組みを検討してみたい。

グローバル経済は，インターネットの普及とテクノロジーの進歩とともに知識と情報の流れを加速させ，コモディティ化とプロダクトライフサイクルの短縮をもたらした。このため，製品の開発・製造・管理をすべて自社内で行う垂直統合型（クローズド・イノベーション）の方法では高コスト・高リスクとなった（Chesbrough, 2003）。そこで，企業の内部と外部のアイデアを有機的に結合させ価値を創造することで，自社に最も利益をもたらすイノベーションを起こしていく「オープン・イノベーション」の概念を戦略に取り入れること

(36) 清成（1970），pp.164-165参照。

で，成功を収める企業が数多く台頭している（Chesbrough, 2006）[37]。そして，このオープン・イノベーションシステムが有効な分野は，従来の製品や製造を基本としたビジネスに限らず，サービス関連[38]のビジネスに拡張している（Chesbrough, 2011）。

経営資源の少ない中小企業にとっては，もともと外部資源を活用する（あるいは相互に依存し合う）形で，企業活動を行うことは当然のことであったが，大企業が積極的に外部資源を活用することになったことで，大企業と中小企業との関係性に変化をもたらすメリットを生んだ。かつて，日本の製造業における中小企業には，その経営資源の持つ力の違いから，大企業と中小企業との間において「垂直的な（従属的）関係（体制）」がおのずと存在していたが，オープン・イノベーションシステムにおいては，戦略的に付加価値の高いイノベーション活動を狙うことで大企業が求める優位性を持つことができれば，中小企業であっても大企業との「水平的（対等な）関係（体制）」を構築することが可能だ。これまでの日本の製造業は高い技術を持っていても歴史的に形成されてきた分業構造の中で従属的関係性が定着し，中小企業が新たに参入できる市場は限られていた。こうした環境下においては，大企業と中小企業との対等な取引に加え中小企業や起業家が市場に直接アクセスし，ニーズに応じた研究開発を自ら行うことも可能となったといえよう。例えば，米国シリコンバレー（Kenny & von Burg, 2000）やオースティンモデル（西澤・福嶋，2005）にみられるように，中小企業同士のオープン・イノベーションの実例では，業種横断的な共同開発であったり，大学・研究機関などを含めた共同開発であっ

(37) Chesbrough（2006）によれば，オープン・イノベーションは，「自社のビジネスのために外部のアイデアや技術を積極的に活用し，自社で使わないアイデアを他社が使うようにすべき」としている。このため，「外部のアイデアと技術を外から流入させ，内部のナレッジを外に流出させるため，自社ビジネスをオープンにすることが求められる」としている。

(38) ここでいう「サービス」は，効率・品質・多様性を高めるために知識を活用する知識集約型産業（米国商務省：標準産業分類）のことを指し，「サービスの高度化」と「製造業のサービス化」が含まれる。

たりなどから，新たな販路やビジネスモデルを追及する形で付加価値の高いイノベーション活動が実現可能となっている[39]。この戦略的視点は，理論上は，本国だけでなくグローバルに適用できるはずのものである。

むしろ，オープン・イノベーションにおいて考慮すべき点は，知識・技術をいくら高めてもそれ自体では，経済的価値を生まないことである。知識・技術は，最適なビジネスモデルを通じて，商品化されることによって経済的価値を生む[40]。したがって，水平的に分業化された「ビジネス・エコシステム」[41]の中で技術的価値とアイデアやビジネスモデル等の複数の知識とが結合し，イノベーション活動が展開されていくことになる[42]。すなわち，自社がどのような価値基準を持った，どのネットワーク（ここでは集積内の企業家コミュニティを指す）に身を置き，水平的体制のもとで，どのポジションで強みとなる価値

---

(39) Chesbroughによれば，効果的なサービス・イノベーションには新たなビジネスモデルが必要となる，とされる。具体的には，社内のイノベーションで利益を得ながら，ビジネスの付加価値となる社外にあるイノベーションを刺激するというビジネスモデルである，としている。Chesbrough（2011），p.22参照。

(40) 城川（2008），p.32参照。

(41) ビジネス・エコシステムとは，成長力のある中小ベンチャー企業，技術シーズを移転する大学や弁護士・会計士等の多様で優れた専門家集団が集積するだけではなく，ネットワークを通じてイノベーション活動を支援し，そうした活動を積極的に承認する地域文化を含む概念であり（Bahrami & Evans, 2000），ここでいう「水平的ネットワーク」をさす。

(42) この水平的ネットワークを別の言い方をすればビジネス「エコシステム」と呼ぶことができる。エコシステムの中でイノベーション戦略を検討してすることの重要性を指摘する研究結果は近年散見される。例えば，Adner and Kapoor（2016）は，技術革新のタイミングをより的確に予測するために必要な「技術そのものでなく，それを支えるエコシステムに目をむけること」を指摘するRon Adner, Rahul Kapoor., “Right Tech, Wrong Time” HBR, November 2016, pp.60-67参照。Wassel et.al.（2016）は，デジタル時代のビジネスの主役は大企業から新興企業に移り変わりつつあることを指摘いたうえで，他社との協働関係がより強固に求められるいま，その土台として新たなエコシステムを構築・刷新する必要性を説くMaxwell Wessel, Aaron Levie, Robert Siegel（2016），pp.68-75参照。Ihring and MacMian（2017）は，今日では，数多くの業界で製品・サービスのシンプルなイノベーションでさえ，複雑なものになりがちであること主張したうえで，各企業が相互のつながりが強い有力なステークホルダーで構成されるエコシステムの中で事業を展開していることをその要因と説明するMartin Ihrig, Ian MacMillan（2017），pp.102-107参照。

を創造し，資源投入していくのか，つまり，ネットワーク内のどの資源を有効活用していけば最適なビジネスモデルを生み出し商品化できるのか，を見極めることが重要な視点となる。

（4）産業集積論と中小企業の知識創造

一般に，中小企業は経営資源が少ないため，自社のポジションを見極めたうえで，外部資源をうまく活用することで成長していく。そのため，中小企業の成長戦略を検討するとき，外部資源・地域資源の活用の視点は極めて重要な視点となる。そこで構築される関係性によっては，しがらみとも，橋渡し型ソーシャル・キャピタルともなりえるのである。その意味でも，上掲のオープン・イノベーションの議論は参考になる。ここでは，中小企業の外部資源・地域資源の活用と知識創造というキーワードを重ねて，再整理をしてみたい。それらをつなぎ合わせる概念に産業集積論からのアプローチがある。産業集積論に関わる先行研究の系譜を俯瞰してみると，外部経済論から知識創造論へ流れが読みとれる。産業集積論は，Weber（1909）やMarshall（1920）の「集積論」「立地論」から，近年のSaxenian（1994）の「地域ネットワーク論」，Florida（1995, 2008）の「学習地域論」「クリエイティブクラス論」，Porter（1998）の「産業クラスター論」，Kenny & von Burg（2000）の「第2経済論」，Wolfe & Gertler（2006）やEtzkowitz（2008）の「地域エコシステム論」へと議論の潮流が展開されてきた。グローバリゼーションから見たときの経済単位は，従来の「国民国家」から「地域圏」に移り，国内に限らず世界的な地域間格差を広げている。グローバル化は，予測どおりモノ・カネ・情報・企業生産部門の地理的移動範囲を広げ，単純労働による製造業やサービス業はコストパフォーマンスの観点からアジア各国へと分散した。一方で，ヒトの移動範囲は想像以上に限定され，高付加価値生産要素は特定の場所に集中し活動を展開している。すなわち，グローバル化の進展は，企業の活動範囲を確実に広げていることは間違いないが，一方で，特定の地域に知識と資本，有能な人材を集中させている[43]。この現象を生み出している正体は何かという問いに対して，上掲のサクセニアン以降の先行研究からは，次々に新しい技術とビジネスモデルを生み出す中小企業と起業家のパワーが最大限発揮されている「産業集積」との見方が可能とされてきた。

周知のとおり，経済発展における産業集積の重要性に関する指摘は今に始まったことではない。古典経済学派らA.WaverやA.Marshallによって「立地論」「集積論」の中で既に指摘されているとおりである。しかし今日における産業集積の意義は，もはや収穫逓増論や外部経済論のみでは説明できなくなっている。つまり，そのメカニズムには大きな変化が生じており，現代社会の産業集積の重要性はむしろ増している。こうした近年の産業集積論における議論の共通する終着点は，(1) 大企業中心の大量生産体制地域ではなく，多様な革新的中小（ベンチャー）企業が集積する知識主導体制地域が競争力を高めていること，(2) 高度な技術を有したその専門的企業と異業種企業，大学・研究機関，経済団体，多様な人材等との地域内の水平的ネットワーク（企業家コミュニティ）による高付加価値サービスの生産が，持続発展的地域社会形成の新潮流になっていること，(3) こうした地域では一旦集積が起こると集積内の「知識スピルオーバー」と集積同士の「競争と協調」が「学習効果」を相互作用させ，累積的に経済活動の集中が進み地域間で見れば経済活動が不均一に分布する，ことにある。このことは，外部環境の変化に伴い現代社会における競争優位の源泉を生み出す産業構造が，垂直的構造から水平的構造な産業構造へと変化し，大企業と中小企業の密な従属（縦の）関係から地域内アクター間の水平的（横の）関係が重要な意味を持つようになっていることを示唆している（図2-2参照）。すなわち，三井（2007）が指摘するように，今日的な産業集積の積極的意義とは，単なる物理的空間的距離の優位性や外部経済の発揮だけではなく，むしろ，企業家コミュニティがもたらす人的能力開発および知的

(43) Florida（2008），pp.4-24参照。

【図2-2】イノベーションを促す産業構造の変化

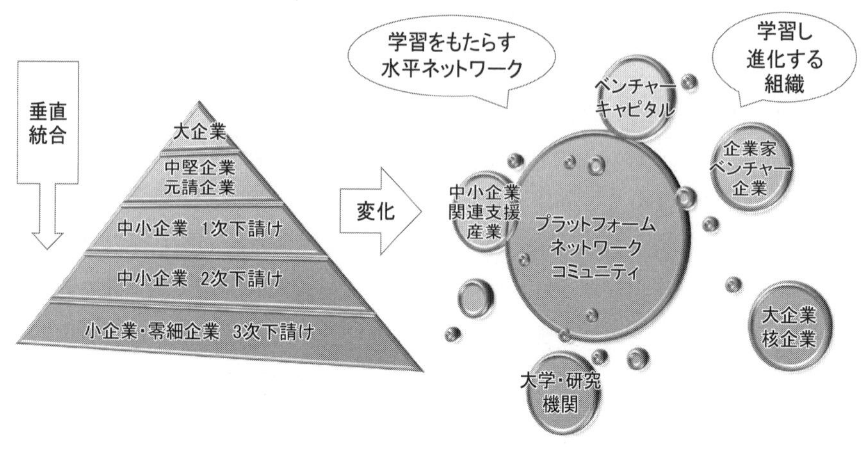

（出所）筆者作成

創造の場として捉えるべき概念となっている[44]。そうであるならば，企業は，巧みに企業家コミュニティと連携し，学習を促進させることで，知識創造に結び付けられるかが問われている，と捉えるべきであろう。同時に，地域の内部からイノベーションを導く地域内アクター間における戦略的連携の意義が高まっていることが理解できる。

これは，今日がポスト工業化社会から「ニューエコノミー」の段階に達し，バリューチェーン（価値連鎖）の影響を得て，企業家コミュニティをベースとしたイノベーション活動による新産業創造といった動きが世界的に活発となっていることを示している。換言すれば，大量生産地域よりも学習地域の方が，競争優位を持てるようになってきていることを意味する。このことは，競争力の源泉の変化に伴って，生産システムおよび企業間の関係をはじめとする，あらゆるインフラ環境と産業ガバナンスシステムを変革させているとともに，イノベーションを導くエンジンとしての企業家たちの戦略に変化をもたらしてい

(44) 三井（2007），pp.3-6参照。

ることを示唆しているといえよう[45]。ニューエコノミー時代の特徴は,「グローバルであること，無形のもの（アイデア・知識・情報・関係性）に重きが置かれること，全てのものが相互に深く結びついていること」の3点である（Kelly, 1998)。また，この時代における主要な経済資源（生産要素）は，「資本でも土地・労働でもなく，知識」となる（Drucker, 1993)。この新たな時代を長山（2012）は,「ポスト資本主義社会，知識集約化の時代」と呼び[46]，知識創造の場としての産業集積の重要性を強調している。

したがって,「知識集約化の時代」においては，地域を形成している社会，制度，文化，風土，関連支援産業，同業他社，コミュニティ等は，もともと歴史ある産地や都市には共通して存在しているが，そうした「地域資源」を中小企業が巧みに有効利用することで，自らの経営資源の限界を克服し，さらには情報交換，学習を促進させ，競争力のある知識創造企業へと成長できるかが問われている。

5. ナレッジマネジメントに関する先行研究[47]

(1) ナレッジマネジメントの本質と知識創造プロセス

知識は，イノベーションの源泉である（Nonaka & Takeuchi, 1995；Tsai, 2001；Cheng et al., 2009)。ヒト・モノ・カネの経営資源同様，知識も，適切な資源配分が鍵である。すなわち，イノベーションが起こりうるロケーションを選択し，そこに知識を移転させたり，イノベーションを促すために知識を共有させたりするための，企業による知識のマネジメント（ナレッジマネジメント）の巧拙は，イノベーションの成否を左右する要因の一つとなる（Christensen & Drejer, 2005)。特に，本研究が言及するようなリバース・イノベー

---

(45) 吉田（2012)，pp.151-157参照。
(46) 長山（2012)，pp.34-35参照。
(47) 本節は，高橋（2018a）吉田（2018）所収の一部を大幅に加筆・修正したものである。

ションは，本国本社から海外拠点へ，という従前想定されていたフローとは異なる，逆の知識の流れの結果として実現するものである。したがって，企業が，海外進出先発のイノベーションを実現させ，かつそれを逆流させるために，知識移転や知識共有のような活動はどのようになされるものか，論じられなければならない。しかしながら，特に，日本中小企業を対象とした，ナレッジマネジメントの観点からの，リバース・イノベーションに関する先行研究は，不十分である。

ナレッジマネジメント研究の第一人者であるDavenport & Prusak（1998）が，「データ，情報，知識（data, information and knowledge）は互換性のある概念ではない」と述べていることは，概ねこの分野の研究においては同意されていることである（Chini, 2004）。彼らは，データを「客観的事実（objective fact）」，情報を「意味を持つデータ（data with significance）」と定義しており，知識に関しては，それぞれ知識は情報に由来し，情報はデータに由来するもの，としている。Nevis, DiBella & Gould（1995）は，知識を「解釈と意味（interpretation and meaning）」，またNonaka & Takeuchi（1995）は，知識を「正当化された真なる信念（justified true belief）」と定義した。彼らは（1）「信念」「コミットメント」に密接に関わり，ある特定の立場，見方，あるいは意図を反映している，（2）目的を持った「行為」に関わっているという側面での情報の相違を強調することで説明し，また特定の文脈やある関係においてのみ「意味」を持つ点において，知識と情報の類似点を示した。

同時にNonaka & Takeuchi（1995）は，暗黙的側面と形式的側面の双方が存在するとし，暗黙的知識をいかに形式知化するかにナレッジマネジメントの本質があるとした。形式知とは，「言葉，数字およびコードを通じて成文化されたシステマチックな言語（Hedlund, 1994）」であるのに対して，暗黙知とは，「言葉で表現されない，直感的で論理立てられておらず」，「特定状況に関する個人的な知識であり，形式知化したり他人に伝えたりするのが難しい

(Nonaka & Takeuchi, 1995)」とされる(48)。そのため，Hedlund（1994）は，企業を「明文化する機械（articulation machine)」としての意味を強調し，「経済的利益に適うほとんどの暗黙的スキルは，少なくとも潜在的に明文化可能であるように見える」と述べた。また，Brannen et al.（1996）およびBrannen（2004）は，知識移転には，知識を，どのように，どの程度，脱文脈化（De-contextualization）と再文脈化（Recontextualization）をさせるかが知識移転の鍵となると述べている。すなわち，暗黙的知識の形式知化と再度の暗黙知化への変換作業は，知識移転の行程の重要な鍵である，と彼らは主張しているのである。紺野・野中（1995）は，この暗黙的知識の形式知化と再度の暗黙知化への変換作業は通底しているが，アナログとデジタル，経験と言語というような対照的な性格をもつので，そこにダイナミクスが起こることになり，暗黙知と形式知を絶えずスパイラルアップさせることが知の創造プロセス（SECIモデル）(49) の基本構造になる，と説明する。

(2) グローバル化の知識移転と暗黙知の範疇

ただし，Nonaka & Takeuchi（1995）らによるこうした暗黙知の概念は，暗黙知（Tacit knowledge）の概念を初めて提示したPolanyi（1966）とは異なるようにみえる。上掲のHedlund（1994）が述べたように，Nonaka ら は暗黙知

---

(48) Nonaka & Takeuchi（1995）によれば，主観的，身体的な経験知のことを「暗黙知」といい，思いやメンタル，熟練やノウハウなど，言語では語り切れない知などを指す。他方，「形式知」は極めて明解に言語化，客観化できる理性的な知のことで，普遍性的なものである。これは概念や論理，問題解決手法やマニュアルを指し，コンピューター等で表現できる。

(49) SECIモデルとは，組織の戦略的な知の創造モデルのことをいい，知識変換モードを4つのフェーズ（①共同化，②表出化，③連結化，④内面化）に分けて考える。共同化とは，経験を共有することによって，暗黙知を創造するプロセスをいう。表出化とは，暗黙知を明確なコンセプト（概念）に表すプロセスをいう。連結化とは，形式知同士を組み合わせてひとつの知識体系を作り出すプロセスのことをいう。内面化とは，形式知を個人の暗黙知へ体化（身体化）するプロセスのことをいう。この4つのフェーズをスパイラルしながら知のレベルアップを図ることで模倣されにくい競争優位のある知識へと変換される。

たる知識も形式知化が可能な，潜在的な形式知としている。一方，Polanyiが指す暗黙知は，人間が知識を利用して行動するために必要な，語ることの出来ない知識（近接的項目についての知識）であり，得ようとする知識の周辺に存在する(50)。したがって，受け手に必要な全ての周辺知識を限りなく形式知化することは可能であったとしても，全てを形式知化した上で相手に伝えることは，極めて困難である。

では，こうした形式知化することが出来ない，暗黙的な知識とは具体的に何を指すのか。知識移転研究の先行研究においては，本来技術に関連する知識を指すもの（e.g. Ghoshal & Bartlett, 1988；Kogut & Zander, 1993；Zander & Kogut, 1995）としてみなされてきた。ところが，昨今では，潜在的な競争優位性の源泉は，そうした知識だけでなく，知識をマネジメントするための能力に関連する知識にもあると捉えられている。経営管理方式（Kostova 1999a；Kostova, 1999b），ベストプラクティス（Szulanski, 1996），マーケティングの知識（Simonin, 1999）そして，組織文化（Jaegar, 1983）に関係する知識を扱った研究が，そのような傾向を示している。さらに，組織慣行（Kostova & Roth, 2002）や，経営理念（d'Iribarne, 1989），倫理基準（Kostova, 1999a）に関係する知識といったように，組織構成員の行動の価値観を規定するようなものも含まれている。その背景には，知識の持つ経済的価値，模倣困難性，移転困難性だけではなく，組織能力（e.g. Barney, 1991；Grant, 1996）もが，持続的競争優位性の尺度として認識されるようになってきたことが考えられる。

上掲の知識移転に関する研究の焦点の多くは，困難性，成功要因，障害要因などと呼ばれる知識移転の巧拙に影響を与える要因に関する研究である。その対象は，特に多国籍企業が，文脈の異なるロケーションへ知識を移転する際の

(50) 例えば，自動車部品を製造するために必要な技術が，表出化された知識であるとしたら，ここでいう知識は，その技術が生み出された社会的背景や，自動車そのものに対する社会的な位置づけや考え方，あるいは工業製品の製造に対する諸々の考え方等，その技術が生まれるに至った様々な文脈であり，「得たい」知識の周辺にある知識だといえよう。

困難性に取り組んでいるものである。一方で，リバース・イノベーションは，こうした知識移転の研究とどのような関わりを持っているのか。既に紹介したOLIパラダイム（Hymer, 1960）やプロダクトライフサイクルモデル（Vernon, 1966）のような，米国系多国籍企業を対象とした企業の国際化に関する理論的枠組みでは，本国市場よりコストの低いヒト・モノ（労働力と原材料）を確保し，本国本社から移転された「型落ち」の技術や知識を組み合わせて，価格競争力のある製品を（継続的に）生産していくことを前提としている。これらの理論的枠組みの大前提は，既に述べてきたとおり，本国本社が保持する技術や知識といった経営資源の優位性にある。そして，海外拠点の役割は本国本社の戦略の実行者であり，技術や知識の流れも，本国本社から海外拠点への一方通行であることが暗黙の前提である。したがって，海外でのイノベーションは当てにしていないか，あるいは生まれないことが前提になる。

知識移転に関する議論においては，多国籍企業がいかに外部知識にアクセスするか（Cantwell, 1989；Sakakibara & Westney, 1992etc.），また研究開発（R&D）機能のグローバル化と知識移転（Doz etc, 2000；浅川，2009）に関して議論が生まれた。このような経緯で，本国本社から海外拠点への一方通行だけではなく，とりわけ海外拠点の外的環境からの「逆流」に焦点が当てられるようになったと整理することができる。こうした知識の国際的な「反転」の動きに対する注目が，本国の（経営資源の）優位性を前提としてきた多国籍企業に関する諸理論のパラダイムシフトを促したことで，オープン・イノベーション（Chesbrough, 2008）やダイナミック・ケイパビリティ（Hamel, 1989；Teece, 1997etc.）といった概念に代表されるように，イノベーション戦略のパラダイムシフトも促し，その結果「中小企業論」や「産業集積論」との接点が生まれてきた。加えて，これまで先端的な技術革新を前提としていたイノベーション戦略も，旧来多国籍企業が市場と見なさなかったBOP層をターゲットとしたBOP市場戦略において生み出されたイノベーションの，本国や他国での活用事例が紹介されるようになると，新興国におけるリバース・イノベーションは一気に注目を浴びるようになったと捉えることができる(51)。

(3) 地域ベースの知識創造プロセス

いずれにせよ，イノベーションは，どんなに時代が変化しようともFace to Faceの関係性をベースとして，2つの対照的ともいえる暗黙知と形式知が繰り返し相互に結合していくプロセスの中で学習が促されことで生じるものであることが分かる。つまり，知識創造プロセスの中で新たなアイデアが生まれたり，そのアイデアを具現化するビジネスモデルが生まれたりする。Nonaka & Takeuchi（1995）の知識創造プロセスをやや拡大解釈すれば，企業内で展開するこの知識創造プロセスの範囲を地域（集積・コミュニティ）に範囲を広げて学習プロセスを捉えてみることもできよう。本研究では，この企業内の知識移転を越えた地域ベースの知識創造プロセスが現地発イノベーションのメカニズムを説明するのに重要な視角だと考えている。地域ベースの知識創造プロセスは同様に，人材の移動とともに，国境を越えて知識移転を果たしていく。暗黙知と形式知の共同化のスパイラルアップは，グローバルに移動する人と人とのFace to Faceのコミュニケーションのもとで，組織，国境を飛び越えていくのである。そもそも地理的近接性のある地域では，Face to Faceのコミュニケーションは物理的に容易であり，暗黙知の共同化が図りやすくイノベーション活動につながりやすい。とりわけ海外の日系企業家コミュニティのような海外のしがらみの少ない環境は，狭い地域コミュニティであるほど緩やかな紐帯が心理的にも形成しやすいものと思われる。先のオープン・イノベーションの概念になぞらえてみると，自らが身を置くネットワーク内の資源の補完・共有・供給を行うプロセスにおいて，その構成員同士のインタラクティブな関係性が構築され，この関係性から知識の吸収や学習が促されることでイノベーションが誘発されていくことになる。そして，繰り返し述べてきたように，現代ではこ

---

(51) 先行研究における概念では，非先進国（新興国）市場発のイノベーション（Radjou, 2012, etc.），ソーシャル・イノベーション（Prahalad, 2002），あるいはフルーガル・イノベーション（Frugal Innovation）（Zeschky 2010）といったものがある。

のネットワークを有するロケーションは，世界各地に散在する。つまり，自社の強みを発揮できて，学習を繰り返すことで成長をもたらすことのできるロケーションを国内外から見極め選択し，グローバルな視点に立って自社の優位性をはめ込むための戦略が有効となるといえそうである。このように，中小企業が海外展開を契機としたイノベーション活動を実行するうえで，ロケーション選択とそのロケーションにおける地域資源の活用の戦略的視点が必要になる。

同時に，限られた少ない人材で企業活動を行う中小企業にとって，産業集積内の拠点における人材の知識の吸収を行う能力もそこには必要になる。なぜならば「知識吸収能力」は，学習を促しイノベーションの創出に結びつける大事な能力といえるからだ。知識吸収能力とは，「新しい価値や外部情報を認識して吸収し，商業目的に応用する企業の能力」のこという（Cohen & Levinthal, 1990）。この知識吸収能力は，有益な知識や情報を獲得するために，社会ネットワークとのつながりを大切にすることや多様な価値観を認めることで効果を発揮する。したがって，この新しい知識を組織として柔軟に吸収し活用することで創造力豊かな競争力の高い組織になることができる[(52)]。一人ひとりの役割が相対的に高くなる中小企業にとって，人材の知識吸収能力の育成や活用は，経営の未来を左右する重要な課題といえる。加えて，これらのイノベーションを創造していくための仕組みは，外部のネットワークとのインタラクティブな関係性の構築が前提となるため，機敏で迅速な判断や柔軟な対応が大企業に比べて容易である中小企業にとって，有利に活用できる枠組みといえよう。

---

(52) 知識吸収能力には「外部知識を理解して吸収する能力とその知識を応用する能力」がある（Lane et al.., 2001）。Zahraと Georgeは，この知識吸収能力を動的なプロセスとして知識吸収能力が「潜在的吸収能力（Potential Absorptive Capacity）」から「実現された知識吸収能力（Realized Absorptive Capacity）」へと遷移するとした（Zahra & George,2002）。さらに潜在的知識吸収能力は，「獲得」と「吸収」に，実現された知識吸収能力は，「転換」と「探究」の4つに分類される。（1）獲得は，重要な外部の知識を認識して獲得する能力，（2）吸収は，外部から導入した知識を分析，解釈，理解する能力，（3）転換は，以前から持っている知識と新しく獲得した知識を結合する能力，（4）探究は，より新しい知識を創造することを意味する。

6. 中小企業のリバース・イノベーションの実態：アンケート調査の分析

既に述べてきたとおり，本研究の目的は，日本中小企業ならではの成長戦略としての現地イノベーション活動と組織の国際化に関わる実態を詳細に分析することで，国外における日本中小企業の「競争優位性の構築」，すなわち「現地発イノベーション」の有効性を解明することである。そもそも日本中小企業に現地発イノベーションやその発展形となるリバース・イノベーションの事象が実在するのだろうか。現地発イノベーションやリバース・イノベーションは豊かな資本を持つ大企業だけに可能なものなのだろうか。筆者が調べた限り，日本企業を対象にそのような事象の存在を示すデータは存在しなかった。そこで，筆者は海外展開を行う日本企業約377社[(53)] に対してアンケート調査を実施した。本調査では，日本中小企業の現地発イノベーション（その発展形としてのリバース・イノベーション）はどの程度実在するのか，また，大企業と比較してどのような違いがあるのか，を実証的に明らかにした[(54)]。なお，本書に

---

(53) 対象企業（中小企業：N=186，大企業：N=191）に関しては，大企業の4割（40.3%）が1985年のプラザ合意以前から既に海外進出を果たしており，90年代以降に残り半数近くの進出がみられる。

(54) アンケート調査の実施時期は，2016年1月20～22日。調査名は「大企業と中小企業の海外市場向け製品（商品）開発に関するアンケート調査」であり，調査対象は海外市場向け完成品（商品・製品）を製造する日本企業（従業員20人以下の小規模企業を除く）の企画・開発担当者である。重複回答が無いとは言えない点はネット調査における課題として指摘しておきたい。なお，本調査は，筆者が研究代表の科学研究費助成事業・基盤研究（B）海外学術調査（課題番号：26301025）「日本中小企業のアジア域内における分業構造とリバース・イノベーションとの関係性」の助成を受けたものである。本研究費の獲得を契機に始まった「中小企業のリバース・イノベーション研究会」で実施したものであり，中山（2018）（拙編著吉田（2018））所収を大幅に加筆・修正したものである。なお，本調査における「イノベーション」は「プロダクトイノベーション」としている。プロダクトイノベーションの定義範囲はここでは，OECDが策定したOslo Manual（OECD and Eurostat, 2005）の定義に従い「その特性または用途に関して新規または大きく改良された製品」であり，これには「設計仕様，構成部品，原材料，組み込みソフトウェア，使い勝手（user friendliness），またはその他の機能等を大幅に改良した製品」も含まれる。その意図は，本調査は実態を把握するためのパイロット調査的位置づけのもとで実施した。そのため，狭く限

おける現地発イノベーションとは，海外進出後に現地でゼロベースから製品開発（サービス開発を含む）に取り組んだ活動をいい，これに対して，リバース・イノベーションとは，現地発イノベーションのアウトプット（製品・サービス）を本国ないし第三国に移転させることをいう(55)。

（1）海外進出時と進出後のイノベーション

海外へ進出し現地市場で販売するために，新製品を開発あるいは既存製品の改良を実施したか否かという設問（表2-2）に関しては，中小企業（49.0%）と比べて大企業の実施率は60.0%と高く統計的にも有意差が認められる（Chi-square=4.009, p=.045）。日本中小企業においては，約半数が海外進出時に現地販売を目的とした新製品開発あるいは既存製品の現地仕様向けの改良に取り組んでいたことが分かった。海外進出後に現地市場向けの新製品を開発又は既存製品を改良したか否か，という設問（表2-3）に関しては，中小企業の64.9%，大企業の72.8%が実施した経験を有している。統計的には5%水準で中小企業と大企業の実施率に有意差は認められない（Chi-square=2.390, p=.122）。中小企業の3分の2程度が海外進出後に現地市場を対象とした新製品開発や既存製品の改良に取り組んでいることから，現地発イノベーションは広く一般に実在する実態が伺える。

【表2-2】海外進出時に現地市場向け新製品開発又は既存製品の改良を実施したか

	実施した	実施しなかった	*N*
中小企業	49.0%	51.0%	151
大企業	60.0%	40.0%	180
Chi-square	4.009		
p-value	.045		

（出所）吉田（2018）

定せず幅広くデータを収集する目的からこのような定義のもと実施した。

(55) ただし，パイロット調査後の現地調査における発見事実から現地発イノベーションには，製品・サービスの「アプトプット」の他，ビジネスモデルや組織マネジメントなどの「アウトカム」についても含まれることが確認できた。

【表2-3】海外進出後に現地市場向けに新製品開発又は既存製品の改良を実施したか

	実施した	実施しなかった	*N*
中小企業	64.9%	35.1%	151
大企業	72.8%	27.2%	180
Chi-square	2.390		
p-value	.122		

（出所）吉田（2018）

（2）主力拠点進出時のイノベーション

海外主力拠点へ進出した時に実施したイノベーションに関しては，全くのゼロから新製品を開発するケースと既存製品に改良を加えたものを販売するケースがある。そして後者は，既存製品の機能等を落として低価格製品として販売する場合と，既存製品に付加価値を付け高価格製品として販売する場合を想定しデータを収集した（表2-4参照）。

【表2-4】主力拠点進出時のイノベーション

	中小企業［N=74］			大企業［N=108］			t-test	
	Mean	SD	(%)	Mean	SD	(%)	t	*p*-value
現地販売用新製品をゼロから企画・開発	2.47	1.010	(58.1)	2.68	1.031	(48.2)	1.321	.189
既存製品の機能を落とし現地人が買えるよう低価格品に改良	2.57	1.008	(54.0)	2.49	.859	(60.2)	.536	.593
既存製品に付加価値を付けて高価格品を開発し現地で販売	2.74	.966	(43.3)	2.37	.963	(63.9)	2.563	.011

注：1. Likert scale（「1.その通り」～「4.違う」）によるt検定結果。
　　2. カッコ内は「1.その通り」「2.まあその通り」と回答した比率の合計。
（出所）吉田（2018）

まず，中小企業が現地販売用の新製品をゼロから企画・開発した割合（「その通り」「まあその通り」と回答した比率の合計）は58.1％であり大企業（48.2％）であり，若干中小企業の方が割合が多いが，特に有意差はみられるほどではない。一方，既存製品を改良するケースでは，コスト・リーダーシップ（5）を志向し低価格製品を開発・販売した割合が中小企業で54.0%，大企業では60.2%といずれも半数を超えているが，両者の間に有意差はない。また，既存製品に付加価値を付けて高価格品を開発・販売した割合は中小企業で43.3%，大企業では63.9%となっており，中小企業より大企業で高い割合となっている（5%水準で有意差あり）。大企業と同様に，半数程度～6割の中小企業が海外主力拠点においてアイデア段階から，または既存製品の機能を落としたイノベーションを実施している。

（3）海外進出以降，現在までのイノベーションの実施状況

海外に進出して以降，現在に至るまでの間のイノベーションの実施状況については，現地販売用の新製品開発をゼロから企画・販売した中小企業が15.3%，大企業で10.7%存在している。こちらも若干であるが，中小企業の方が海外拠点におけるゼロベースからのイノベーション活動を行う割合が多い（表2-5参照）。

【表2-5】海外進出後～現在までのイノベーション

	中小企業［N=98］			大企業［N=131］			t-test	
	Mean	SD	(%)	Mean	SD	(%)	t	*p*-value
現地販売用新製品をゼロから企画・開発	2.53	1.007	(15.3)	2.67	.980	(10.7)	1.061	.290
既存製品の機能を落とし現地人が買えるよう低価格品に改良	2.57	1.035	(15.3)	2.42	.960	(15.3)	1.143	.254
既存製品に付加価値を付けて高価格品を開発し現地で販売	2.65	1.036	(13.3)	2.31	.858	(14.5)	2.700	.008

注：図表2-4に同じ。
（出所）吉田（2018）

既存製品の改良については，機能を落とした低価格製品を開発・販売した割合が，中小企業，大企業ともに15.3%であった。一方，既存製品に付加価値

【表2-6】既存製品に付加価値を付けて高価格品を開発

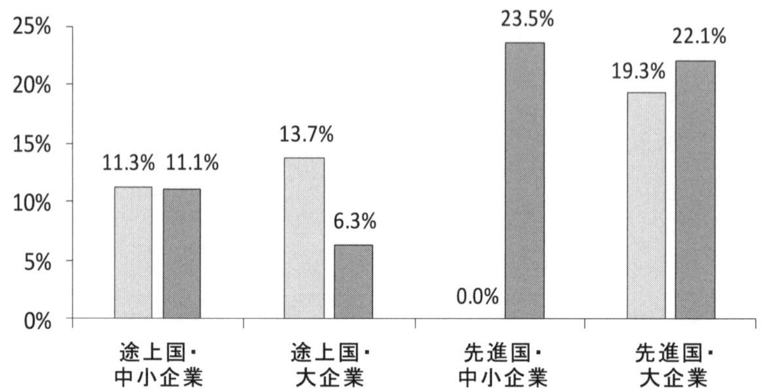

注：「その通り」と回答した割合。
（出所）吉田（2018）

を付けて高価格品を開発・販売した割合は中小企業で13.3％，大企業で14.5％である。検定結果からみると，ゼロから企画・開発することや既存製品の低価格化については企業規模間で有意差が認められないが，既存製品の高付加価値化については大企業の実施率が有意に高いことがわかる。大企業は海外拠点設置時，設置後ともに既存製品に付加価値を付けた高価格品を開発する傾向が強い。中小企業と比べて大企業は先進国へも積極的に拠点を設置していることから，先進国市場への販売において高価格を志向していると考えられる。

ブレークダウンした表2-6によると，企業規模の差ではなく国による差，つまり途上国と比べて先進国において高付加価値品を開発・販売する傾向が高いことがわかる。既存製品の機能を落として低価格品に改良し販売することに関しては，中小企業は途上国，先進国ともに進出時に大企業よりも高い割合で実施しており，進出後も同様である（表2-7参照）。また，大企業は進出後に低価格品の開発を志向する割合が先進国，途上国ともに高くなる。

【表2-7】既存品の機能を落とし現地人が買えるよう低価格品に改良

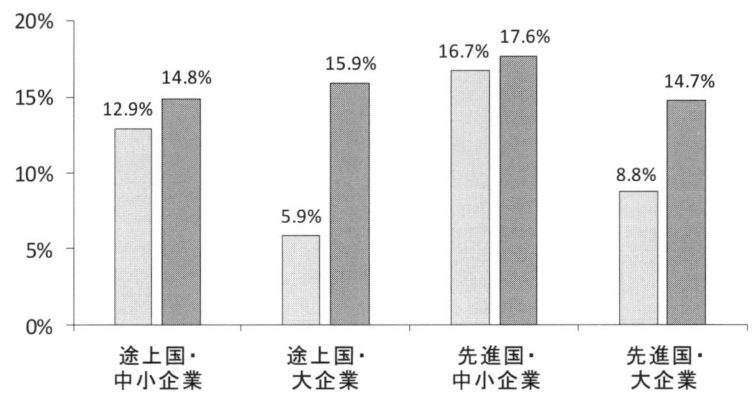

注：「その通り」と回答した割合。
（出所）吉田（2018）

（4）現地市場向け開発・改良製品の販売状況

海外拠点を有する大企業，中小企業が現地向けに開発した製品は，対象国の市場において受け入れられているのであろうか。開発時点別に販売状況をクロス集計により分析してみることにする（表2-8参照）。

【表2-8】現地国市場での販売状況

		企業規模	*N*	売れた	売れなかった	Chi-Square	*p*-value
現地国市場	進出時開発	中小企業	74	77.0%	23.0%	6.536	0.011
		大企業	108	90.8%	9.2%		
	進出後開発	中小企業	98	84.7%	15.3%	2.017	0.156
		大企業	131	91.7%	8.4%		

（出所）吉田（2018）

現地国市場においては進出時に開発した製品，進出後に開発した製品のいずれにおいても中小企業の約8割が「売れた」と回答しており，現地での販売状況は良好であることがわかる。また，大企業では同割合が9割を超えている。

ここで，現地での売上状況は対象となる市場が途上国か先進国かによって違いがあるのではないかとの疑問が生じる。この点に関しては，途上国で「売れた」とする企業割合は84.1%，先進国市場で「売れた」とする企業割合は85.9%であった。この結果を勘案すれば，対象市場が途上国か先進国かによる違いというより，むしろ企業規模（中小企業と大企業）の差が売上に影響しているといえよう。

(5) 現地進出時に開発した製品の日本での販売状況

プロダクトイノベーション活動の評価という視点からは，たとえ新たな製品が開発されても，それが売れなければ成功したとは言えないだろう。その意味では，リバース・イノベーションの成功とは新製品（または改良製品）が現地で売れ，更に日本に逆流して国内でも売れることが必要となる。

中小企業の場合，現地進出時に開発し現地で売れた製品の日本での販売状況は，「日本で売れている」とする割合が24.6%であるが，残り7割は「日本で売っているが売れていない」(17.5%)，「まだ日本で売っていないが今後の販売を検討中」(31.6%)，あるいは「日本で売ることは考えていない」(26.3%)という内容である（表2-9参照）。

このように，現地で売れた製品の中で，日本に還流し国内でも売れたのは4社に1社程度であることが分かる。さらに大企業においても中小企業とほぼ同様の傾向がみられる。「日本で売れている」(30.6%) とする割合は，中小企業よりも大企業が6%ほど高い数値となっているが，5%水準では有意差がみられない（$\chi 2$=.649，p=.420)。現地進出時に開発・改良した製品が現地で売れたとしても，その6割程度は日本で販売していないものの，中小企業では約4分の1，大企業でも3割程度は日本での販売がうまくいっていることが伺える。

また，現地進出後に開発した製品について，中小企業，大企業ともに現地進出時に開発した製品と同様の販売傾向をみることができる（表2-10)。中小企業の場合，現地国で売れ，なおかつ日本でも売れているとする回答は4社に1社（26.7%）の割で存在する。一方，大企業での同割合は約3割（29.6%）と

【表2-9】現地進出時に開発した製品の日本での販売状況

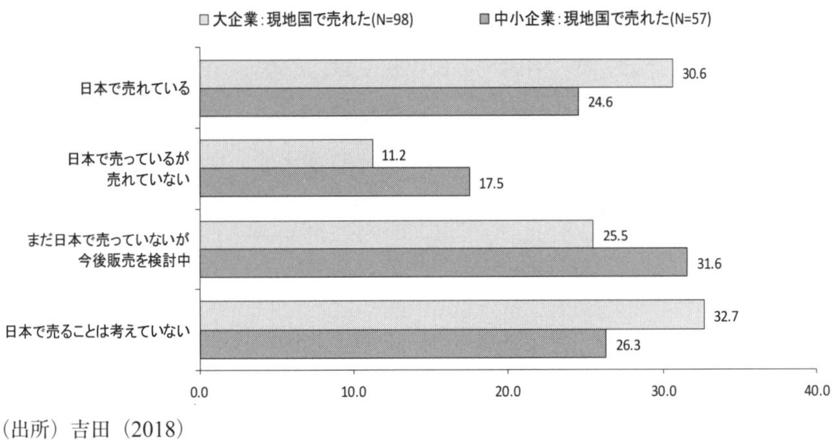

（出所）吉田（2018）

【表2-10】現地進出後に開発した製品の日本での販売状況

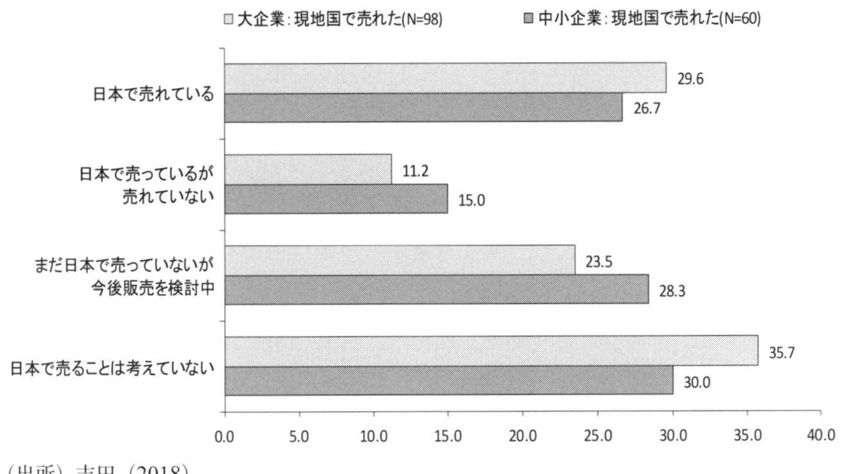

（出所）吉田（2018）

やや高い数値である。

両者の間に統計的有意差は認められない（$\chi 2$=.156, p=.692）が，進出時と進出後のイノベーション活動による日本で売れているかどうかの比較では，大企業はわずかながら割合が減り，中小企業はわずかながら割合が増えている。大企業で70.4%，中小企業においても73.3%はリバース・イノベーションに成功しているとは言えず，日本での販売状況が良くなかったり，現状ではまだ販売していない（「日本で売っているが売れていない」，「まだ日本で売っていないが今後販売を検討中」，「日本で売ることは考えていない」）のが実態である。

(6) 実証分析およびその結果

本アンケート調査の分析結果からは，まず，現地発イノベーション（ただしここでは漸進的イノベーションを含む）およびリバース・イノベーションに取り組む日本中小企業は相当数存在した。前掲で示したとおり，現地発イノベーションとは，海外に進出後にゼロベースから製品開発に取り組んだ活動を指すが，このような活動に取り組む中小企業は大企業よりも多く，逆に大企業は，既存製品の高付加価値化に取り組む割合が多いことが確認できた。ただし，その発展形であるリバース・イノベーションに取り組んでいる割合は，中小企業・大企業ともにまだ少ないことが確認できた。リバース・イノベーションによるアウトプットは，現地でも日本でも売れる傾向にあることも確認できた。

以上，独自の調査データを使った本調査で明らかになったのは，日本中小企業が海外で開発した新製品が日本で普及する事象は存在する，つまり，現地発イノベーションの予兆とその発展形のリバース・イノベーション「らしい」事象は存在する，ということである。ただし，本調査から得られたデータは大企業と中小企業との差異は殆ど見られず，大企業と中小企業の現地発イノベーションとリバース・イノベーションに関わる違いを明確にすることはできていない。加えて，このアンケート調査における中小企業の現地発イノベーションには，ビジネスモデルのイノベーションが含まれていない。

7. 先行研究とアンケート調査結果からの包括的示唆と解釈

以上，これまであげてきた先行研究1～5およびアンケート調査結果の包括的示唆と解釈は次のようになる。

- 情報技術の普及とグローバルの進展に伴って，イノベーションのいくつかの重要な視角（パースペクティブ）が反転（リバース）した。進歩させるはずの技術を敢えて後退させたり，機密情報を扱う内部の研究開発を敢えてオープンに外部資源を活用したり，これまでとは全く視角を逆にした戦略が，現代のイノベーション戦略の一つとなった。
- イノベーション活動を主導するのは先進国の大企業・開発チームに限らず，産業集積と企業家コミュニティを巧みに活用する中小企業に取って代わってきている。新興国の企業が現地の悪条件を乗り越えるブレークスルーから，新たな市場を創出することも現実的になった。この背景には，情報技術の普及とグローバルの進展がもたらしたイノベーションのジレンマがある。
- 産業集積と企業家ネットワークの活用の現代的意義は，外部経済のよりむしろ，情報交換，学習を促進させる「知識創造の場」としての意義が大きい。
- 世界中にイノベーションの源泉が散在している。しかし，どこでもイノベーションが起こるという訳ではない。先進国・新興国を問わず，知識創造の基盤となる企業家コミュニティと産業集積が存在し，その価値基準の中に介入可能で，自社の強みが埋め込まれるとき，中小企業の海外拠点での「現地発イノベーション」活動が有効になる。
- グローバル水準の競争優位を構築するための「現地発イノベーション」における「能力開発」の必要性を示唆している。そして，このような国際経営にむけた経営戦略や経営管理の抜本的な変化や現地での柔軟な対応には，トップマネジメントの迅速な意思決定やきめ細やかな現場での対応が求められるゆえに，中小企業にとっての規模的特性が優位として活用できる可能性が期待できる。

- リバース・イノベーションを実践する日本企業は，大企業も中小企業もまだ多くはないものの実在する。日本で通用するイノベーション創出につなげられている日本中小企業は，大企業に比べ少ないが，日本でも通用するイノベーションにつなげようとする意志は，大企業よりも日本中小企業の方が相対的に高い傾向がある。
- 日本中小企業の海外展開は，イノベーション活動の阻害要因になっている「しがらみ」から脱却する契機となり，イノベーション活動を促進させる新たな価値基準を持ったネットワークとの新たな「関係性」を構築する機会となる。

この文脈に基づくならば，日本中小企業がおかれている現状は必ずしも脅威ではなく，チャンスにもなり得る。つまり，この国内本社と海外拠点における「分業と棲み分け」を核として，自社の優位性と価値基準を見定め，新たなイノベーション活動に結び付けるために必要となる資源を補うのに最適な立地を戦略的に選定し，且つ柔軟に差別化を図れば，日本中小企業は，海外の企業家ネットワークにおける学習プロセスを経て，新たな知識創造に繋げることが可能となる。その実現の鍵は，現地企業家ネットワークへの埋め込み，現地発のビジネスモデル，現地拠点主導の組織体制の構築，現地拠点の人材育成と知識移転の仕組みにある，といえそうである。

第3章 リサーチクエスチョンと分析視角

先行研究のサーベイからは，国際経営論が論じる本国優位性から脱却した「現地発イノベーション」やその発展形の「リバース・イノベーション」などの進出国で優位性を再構築する考え方が，中小企業にも適用できる可能性がある点を示した。そのうえで，経営資源に限界がある中小企業は，地域資源に依存する特性を持つことから，産業集積論やオープン・イノベーション戦略が提唱する地域資源の活用が，その優位性を再構築する際に有効に働く可能性があることを示した。とくに，オープンに地域資源を有効活用することで得られる学習が知識創造を促進することが現代の産業集積の積極的意義であることから，地域資源活用におけるナレッジマネジメントの仕組みづくりが重要となることを論じた。また，日本中小企業が新たにイノベーションを起こすためには，企業家コミュニティにおける関係性を変換する必要があることを示した上で，「しがらみ」からの脱却と，新たなネットワークへの参入が有効になることを論じた。本章では，前章までの先行研究のサーベイを受けて導出したこのような論点を踏まえ，本研究におけるリサーチクエスチョン，研究目的，分析視角を示す。

1. リサーチクエスチョンと研究目的

本研究では，中小企業だからこそ「現地発イノベーション」が有効な「成長戦略」となりえる（つまり，現地発イノベーションを実現しやすい）と考える。なぜならば，中小企業は，その規模的特性からイノベーション活動のための資源を現地資源に依存するため，それだけビジネスモデルもプロダクトも組織も現地発の影響を受けやすいと考えるからである。海外市場は日本国内のしがらみ（従属的関係や日本的商慣習）がなく，新たな販路開拓や新たな挑戦をしやすいことがこれを後押ししているとも考えられる。とりわけ，技術的優位性を持つ中小企業が，自らマーケティングを行うことでニーズに合わせて技術の新たな活路を見出すことも考えられる。それゆえ，中小企業は海外展開を機に劇的な変化を起こしやすいものと考える。このように考えてみると，Local for Globalなイノベーション活動は，むしろ，中小企業の方が実現しやすいのではないだろうか。

例えば，従来の大企業を対象に強調されてきた「現地発イノベーション（タタ・小型自動車)」や「リバース・イノベーション（GE・型落心電図)」などの「イノベーション」が主に製品イノベーションに限られたものであるのに対して，上掲の理由から中小企業のケースは，よりインパクトの大きい「抜本的な変化」が起こる可能性が十分考えられる。すなわち，日本中小企業の現地発イノベーションは，大企業より成長戦略としての有効性が期待できるものと考える。

とはいえ，なぜ資源に限りある中小企業が競争の激しい海外市場で現地発イノベーションを起こすことができたのか。一般に，中小企業は大企業に比べ経営資源が少ないゆえの競争劣位を前提としつつも，(1) 迅速に意思決定ができる，(2) 機動的に試行錯誤繰り返しチャレンジできる，(3) 専門分野に特化している，(4) 組織構成員一人一人の役割が大きい，などの強みを持つ。これらの強みを戦略的に使って，現地資源を能動的に活用し現地発のマーケティングを行えば，競争劣位を補うばかりでなく，新たな優位性を再構築できるのではないか。海外の未開拓市場でこの強みを発揮させることは，それだけハイリスク・ハイリターンの挑戦となるため，日本人材および現地人材のアントレプレナーシップの発揮と現地人材の育成はイノベーション活動の巧拙を規定する重要な推進要素となるのではないか。

既に前章で述べてきたとおり，中小企業にとって現地資源（産業集積）の活用は，上掲の成功の必要条件となる。中小企業・起業家は，巧みに地域コミュニティと連携し「学習」を促進させることで，知識創造に結び付けられるかが問われている。その集積は国内に限らずグローバルに選択可能な時代となった。それゆえ，日本中小企業がグローバルな事業展開をする中で，国内と進出先との「分業と棲み分け」「産業集積における地域資源」を巧みに有効活用することで自らの経営資源の限界を克服するだけではなく，しらがみのない関係性（新たなバリューネットワーク）の中での情報交換，学習を促進させることで，その集積から新たな優位性を再構築することが可能となり，競争力のある知識創造企業へと成長できるのではないか。そもそも，いかにして現地のネットワーク（企業家コミュニティ）に介入することができたのか。これらの問いを明らかにするためのリサーチクエスチョンは次のとおり整理できる。(1) Local for Globalなイノベーション活動を，いかにして資源に限るある中小企業が実現できたのか。(2) 日本中小企業の現地発イノベーションの仕組みは，いかにして構築されるのか。(3) 日本中小企業は，いかにして海外市場（企業家ネットワーク）に介入し，現地発イノベーションを起こすのか。(4) 日本中小企業は，いかにして必要となる資源を現地で動員し，イノベーション活動に結び付けるのか。

以上が，「日本中小企業のLocal for Globalなイノベーションの実現条件と発生メカニズム」に対する答えを導くためのリサーチクエスチョンである。このリサーチクエスチョンを踏まえた本研究の目的は次のようになる。

本研究は，日本中小企業がグローバルな事業活動を展開する中で，諸外国の産業集積の構成要員として，集積内のオープンな企業間関係を構築するとともに能動的にその関係性を活用し，どのようにして進出国発の新たなイノベーション創出に結びつけていくのかといった問題意識をもとに，「リバース・イノベーション」の概念を批判的に援用しながら，「成長戦略としての日本中小企業ならではの現地発イノベーション活動と組織における国際化」の実態を明らかにすることを目的とする。そのうえで，「国外における日本中小企業の競争優位性の構築」，すなわち「現地発イノベーション」の有効性を動態的に解明する。

上掲の実態を明らかにするだけでなく，日本中小企業に対する成長戦略における現地発イノベーションを実現させるための「条件」と「メカニズム」を明かにする。

2. 分析視角

前章の先行研究の整理は，本研究全体を通ずる分析視角を提示するための準備作業に相当する。本節では本研究の目指す目的に照らして，本研究で必要とされる視角は何かを示す。本研究の目的は，成長戦略としての日本中小企業ならではのイノベーション活動と組織における国際化を分析すること，特に日本中小企業の海外産業集積を活用した現地発イノベーション活動による優位性再構築の実現条件とメカニズムを明らかにすることである。したがって，この目的に照らしてどのような分析視角が必要となるかを詳細に掘り下げて述べる。

(1) 優位性要素としてのマーケティングと技術

現地発イノベーションを起こすためには，現地で優位性の再構築が行われなくてはならない。そのためには一から現地で優位性を構築するのではなく，本国から何らかの優位性が持ち込まれ，現地のニーズ・文化に合わせて再構築されるプロセスをたどるはずである。ところが，従来の国際経営論における先行研究では，豊かな資本を持つ多国籍企業の現地発・標準化に重きをおいた分析を行っており，経営資源の限られた中小企業の優位性がどのように現地に持ち込まれ，どのように活用されていったのか，中小企業における現地マーケティングに関する分析が希薄であった。この点を克服するには，現地での優位性を再構築するために，経営資源の少ない中小企業の本国の優位性がどのように現地に持ち込まれ，それがどのように現地で活用されていったのか，そもそもどのような優位性が本国に持ち込まれているのか，を分析する視点が重要となる。井原（2009）は，「ある企業の競争優位の特定はその企業の本国での活動をみることによって可能であるが，競争優位が現地で発揮されたのかどうかを明確にするためには，現地でのマーケティングに踏み込んだ分析が有効となる」と述べている。中小企業の場合，現地資源に高く依存する形でマーケティング活動を展開することが想定できる。そこで，本研究では，どのような優位性を本国から持ち込み，どのような現地のマーケティング活動によって，どのように現地資源を活用し，現地発のビジネスモデルが再構築されていくのか，そのプロセスに光をあててみたい。

異質多元な中小企業の優位性の特定は広い範囲にわたるので，ここでは，中小企業の優位性の一つとして広く知られる「技術」にフォーカスする。なぜならば，日本中小企業の場合，ものづくり大国として大企業と中小企業との二人三脚によって発展してきた歴史的特徴を持つことから，日本中小製造業における「技術力」の高さは国際的にも広く一般に知られているからである。また，良くも悪くも長年の「しがらみ」の中で発展してきた日本の「強み」が，「しがらみ」から解放される海外でどのように発揮されていくのかを具体的に観察することに一定の意味があるものと思われる。なぜならば，問屋制，系列やQCD管理などから生じる「しがらみ」は，技術力を育ててきたことは間違いないが，その「技術力」を自らの力でマーケットの変化に応じて，変幻自在に応用する力は育ててこなかった。自らが持つ優位性（の異市場への応用）の可能性を試せていないのである。したがって，この「技術」優位性の応用可能性に着目して，中小企業の国際化を捉えてみたい。マーケティングに加えて，井原（2009）は，「生産管理を含む生産技術の移転プロセスの分析は，製造企業の国際化を研究するのに欠かせない」と論じている。そこで，中小企業の優位性である「技術」を，日本からの長期出張者や日本人駐在員が現地人材にどのように「知識移転・吸収・定着」させていくのかに着目する。同時に，その「知識移転プロセス」において，どのように日本人材と現地人材が「知識共有」し，「学習」していくのか。そして，その学習がどのようにイノベーション活動につながっていくのかに着目してみたい。

(2) 推進要素としての人材育成とアントレプレナーシップ

現地の資源を有効活用し，現地主導のイノベーション活動を行うためには，ローカル市場の特殊なニーズに対応する即応性が不可欠となり，それを担う人材の役割というものが極めて重要となる（朴，2018）。先行研究でも示してきたように，トランスナショナル経営などの組織内部の統合とグローバルへの分散を同時に追求するモデルもリバース・イノベーション・モデルも，現実的には「統合と分散の二次元のジレンマ」に置かれる。しかしながら，先行研究では，このバランスの均衡をつくりだす「橋渡し役人材」の役割と人材育成の具体的な方法が示されていない。そこで，本研究では，現地発イノベーション活動の担い手となる現地人材の育成の仕組みに目を向けてみたいと考える。先行研究で示したとおり，イノベーションを促すためには知識を共有させたり，移転させたりするための知識のマネジメントが不可欠となる。国際化における人材育成の仕組みには，このナレッジマネジメントの視点が欠かせない。浅川（2006）は国際経営におけるナレッジマネジメントの実証研究に関する課題を示し，イノベーション能力の必要性を指摘しているが，その能力構築のための具体的方法については言及していない。ここでも規模的特性から中小企業ならではのイノベーション能力があるはずである。中小企業に求められるイノベーション能力とは何かに着目し，そのための人材育成の仕組みを検討する。

人材育成と同時に検討しなくてはならないのは，アントレプレナーシップである。なぜならば，イノベーション活動を実現するためには「アントレプレナーシップ」の発揮が必要条件となるからである（Drucker, 1985）。いうまでもなく，誰でも同じ戦略を真似れば同じような結果がもたらされるわけではなく，企業家精神がイノベーション実現の巧拙を左右していることに留意する必要がある。先に述べてきた現地発イノベーションの実現に企業家能力や企業家精神がどのように関係しているかの検討が不可欠となる。

企業家精神は必要条件ではあっても十分条件ではない。それだけでビジネスを成功させることは難しい。ヒスリッチとピータース（Hisrich & Peters, 1989）らは事業創造プロセスを，①機会の認識と評価，②事業計画の作成，③必要資源，④事業管理の4つの段階に分けて，スタートアップから成長，発展へと展開していく段階ごとに鍵となる要因を整理している。山田（2017）は，この中でも①から②に展開していく際に構想する「事業コンセプト」が特に重要だとする。そこで，本研究では，一般に困難とされる事業機会を探るプロセスで「気づき」や「アイデア」を市場性と採算性のバランスのある事業構想に落とし込む作業をどのように実現しているのか，という視点からアントレプレナーシップの実態を分析する。

(3) 知識移転とイノベーション能力からの分析視角

グローバル化が進展し，世界中に優位性の根源が散在するようになった背景の下，先行研究において紹介した，トランスナショナル経営とメタナショナル経営は現代における国際経営の戦略を検討するうえで，欠かすことのできないフレームワークであることを述べてきた。これらの先行研究の貢献は，自国優位性から脱却して世界中から新しい優位性を確保し，「自律的に現地拠点発のイノベーション活動」を行っていく新たな視点と組織のあり方を提示したことにある。これが，本研究でいうところの「現地発イノベーション」である。先行研究では，新たな競争優位獲得に通じる「現地発イノベーション」を起こすために，進出先の資源を有効活用し，現地での外部ネットワークや外部資源との接触の中で触発される学習をベースにグローバル水準の「イノベーション能力の開発」と組織学習のための「ナレッジマネジメント」の必要性を示唆しているが，残念ながらその具体的な検討は行われていない。一方で，浅川（2003）は，多国籍企業が，グローバルR&D活動によって，世界規模でナレッジ（知識）を感知，確保し，移転，融合し，活用するといったメタナショナル企業になるために必要な諸能力として，次の6点を挙げている。それは，(1) 新たな技術や市場を予知する能力，(2) 新たな技術や市場に関するナレッジを入手する能力，(3) 入手したナレッジを本国，第三国に移転する能力，(4) 新たなナレッジをイノベーションに向けて融合する能力，(5) 新たに創造されたナレッジを日常のオペレーションに変換する能力，(6) 新たに創出されたイノベーションを活用する能力，である。この6点の能力は，国境を超えて，ナレッジを確保し，移転，融合し，活用することを実現するうえで不可欠である。そして，浅川（2003）に限らず，これまでに多くの研究において，知識移転の巧拙を左右する要因に関する議論はなされてきたが(1)，これらの能力や知識移転は，上述してきたようにやり方次第では，中小企業の方の規模的特性がもたらす強みから，発揮しやすい領域ともいえる。しかし残念ながら，これまでの先行研究では，具体的な検証作業（実証）が十分に行われていないため，本当に現実社会で適用できるものなのか，あるいは一般化できるのかが定かではない。また，イノベーション能力に関わる人材育成と，それを支える組織のあり方は別物ではなく，相互に関連する。例えば，権限移譲のためのビジョナリー教育が切っても切り離せないように，両輪での検討が不可欠となる。

したがって，このような個別具体的な「イノベーション能力」の条件と実現可能性を念頭に置き，事例分析により現地拠点における「(人材育成を含む) 組織体制におけるイノベーション」の検討作業を行う。

(4) イノベーション活動の弊害を減らすための法的リスク管理

海外進出の企業活動では，現地特有の商慣習に加え，民族・宗教・政治体制・文化・国民性に至るまで，周辺環境が激変する。このような違いを認識し

---

(1) 髙橋・前掲（2018a）によれば，知識移転の困難性は，主に知識の移転コストという側面から粘着性（Hippel, 1994）の概念が用いられてきたこと，その後の研究によって，粘着性の要因は知識そのものに由来するものだけではなく，組織的要因，制度的要因の3つに大きく分けて議論されてきた。知識的要因では，暗黙知の形式知化に関する議論，あるいは文脈を抜き取る脱文脈化，脱コードといった知識そのものの暗黙性を取り除く動きが中心となっている。制度的要因としては，知識の送り手と受け手側の制度的な不適合が，移転の阻害要因となっていることが指摘されている。組織的要因では，古くはNIHシンドロームのように，組織の持つ属性や行動が，知識の移転を阻害する要因となっていることが多く指摘されている。

た上で，適切なリスク管理を行わないと，大きなトラブルとなり企業活動に大きな支障をもたらすばかりでなく，最悪の場合，撤退や訴訟提起を受けるケースもある。既に繰り返し述べてきたとおり，中小企業のイノベーション活動には「現地人材」の能力開発がその巧拙の鍵を握るが，中小企業の海外展開の現場では，現地人材育成の課題に直面する企業が多い実態が散見される（吉田，2010）。したがって，わが国の中小企業が海外展開を行い，とりわけイノベーション戦略を積極的に進めることと併せて，一定のリスク管理の必要性を認識し，かつ具体的な対応を行うことは不可欠となる（高橋，2018b）。現地人材の人事管理は，現地人材が担うケースが多い傾向にあるため，現地人材のリーダー育成や権限移譲も海外拠点の組織づくりには重要な視点となる（板垣，2018）。このように，現地人材育成の重要性について言及する先行研究は多く，そのリスク管理の重要性も指摘されている。しかしながら，現地発型イノベーション活動の弊害要素を減らすための具体的法的リスク管理についての実態を検証した研究成果は少ない。そこで，現地人材の労働問題に直面している日本中小企業を対象に，海外進出の際に直面する法的リスクの実態を調査し，イノベーション活動を円滑に推進するための法的リスク管理について検討する。

3. 小括

以上，これまでの先行研究において手薄となっている分野と課題を述べ，その課題を克服するための分析視角を述べてきた（表3-1参照）。まず，現地発イノベーション活動には，本国から持ち込む優位性を現地化するプロセスが重要になることを確認し，そのために優位性を進出国に持ち込み現地化していくプロセスを明らかにしていくためにマーケティングの分析が欠かせないことを示した。また，日本中小企業が進出国に持ち込む優位性については，一般的に日本の国際競争力の基盤となっている「技術」に着目することが有効であることから，技術活用の分析が欠かせないことを確認した。そのうえで，マーケティングと技術活用を駆使して，現地発イノベーションを実際に起こせるかどうかを明らかにするためには，人材の育成とアントレプレナーシップの分析が欠かせないことを示した。そして，国際経営の中でこうした「イノベーティブ人材」の能力を機能させる仕組みを明らかにするには，知識がどのように移転，統合されていくのかいったナレッジマネジメントと人材育成の分析が欠かせないことを示した。

最後に，文化も商慣習も異なる諸外国の人材育成には，イノベーション活動の弊害を少しでも減らすためにリスク管理が必要となることを確認した。以上を整理した分析フレームワークの概念図が図3-1となる。

【表3-1】本研究における分析視角

優位性要素としてのマーケティングと技術からの分析
推進要素としての人材育成とアントレプレナーシップからの分析
知識移転とイノベーション能力からの分析
法的リスク管理からの分析

（出所）筆者作成

【図3-1】現地発イノベーション分析フレームワーク概念図

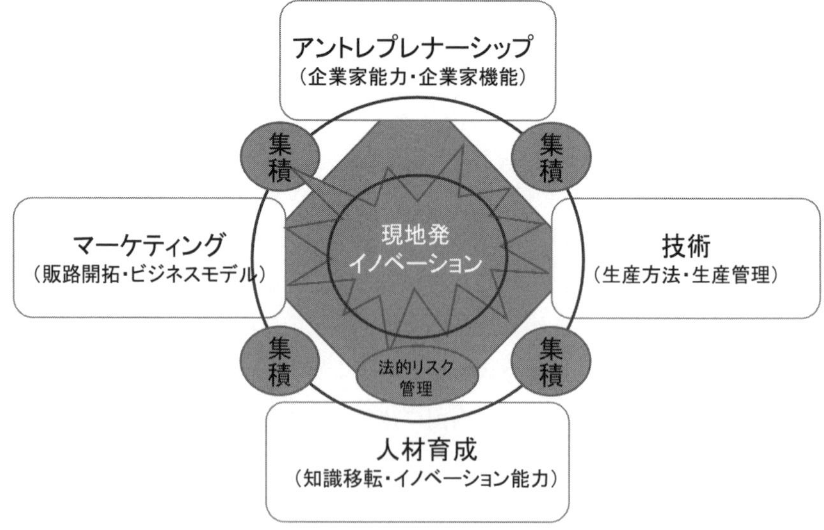

（出所）筆者作成

第4章

米国ハワイで第二創業したC社の事例

1. 本章の目的

近年，経済のボーダレス化が進みイノベーションの源泉は世界中に点在し，新たなビジネスチャンスは先進国のみならず途上国・新興国を含む世界中に広がった。こうした，パラダイムシフトにもとづく世界的な潮流から見れば，母国を離れ起業する「移住起業」は決して珍しくない時代になった。今後，日本で生まれ育った野心ある若者や日本企業で活躍したビジネス経験豊富な人材が，より起業し易く，よりイノベーションを創出し易い環境を求めて，海外市場へ移住起業するケースは増えていくことが予想される。

生まれ育ってきた環境とは異なる海外市場においてスモールビジネスを成功させるためには，どのような取り組みが有効になるのだろうか。本章では，クラレンス・リー・デザイン社（以下「C社」という）の事例[(1)]を取り上げ，決して容易ではない海外での「移住起業（第二創業）」と新たに現地発のイノベーションを創出するための海外における「事業創造」の成功ポイントを検討する。特に，今回取り上げるC社の現社長・山本訓照氏（以下「Y氏」とい

(1) 本章の事例の実施においては，多様な側面から情報収集を行うよう努めた。現地新聞記事などの各種公表媒体から情報を収集することはもちろん，2018年3月に1回と2018 年11月に2回，2019年10月の1回の合計4回，経営者（山本訓照氏）に対して計10時間以上にわたるインタビューを実施した。その際に，本社の視察も行った。なお，インタビュー記録をもとに書き下ろした本章の内容を山本社長本人にも確認してもらっている。

う。）の「アントレプレナーシップ（起業活動・企業家能力）」と「地域資源の活用」に焦点を当てながら，邦人起業家がどのような強みを（日本から現地に持ち込み）活用し，いかにしてハワイならでは資源と掛け合わせることで，現地発イノベーションへと結びつけていったのか，その要因と仕組みを探る。

2. ハワイの選定理由と事例企業Cの概要

（1）米国ハワイの経済概況

ハワイにおける日系移民の歴史は長く，2018年の時点で150年の歴史を持つ[(2)]。1850年，ハワイでは土地改革法が施工され，米国本土の白人投資家が大規模なシュガープランテーション（サトウキビ畑）を次々と買収したことによって，砂糖産業が急速に発展した。そのサトウキビ畑や製糖工場の「労働者」が不足したことで，外国からの移民を受け入れることになった。明治元年（1868年），日本から最初の移民（約150名）がこの労働者として海を渡った。その後も，契約労働者として日本から多くの日本人がハワイへ移住した。移民の多くは，サトウキビ畑や製糖工場での契約期間満了後もハワイに定着し，日系米国人として現地に根付き，努力の末，ハワイ社会の基礎を作り上げていった。そのため，食生活や習慣・風習に日系文化の影響が米国やハワイの文化と融合しつつ，色濃く残っている。現代の日本人にとって，ハワイが旅行先として馴染みやすく感じるのは，このような歴史的背景があるからである。日本人に限らず，ハワイは多様な文化が融合した独特の文化と美しい大自然を魅力とする国際観光都市として，世界中の人々を魅了している。

ハワイでは観光産業の発展とともに，関連する世界水準のサービス業が発展してきた。近年においては，ハワイには米国本土や外国からのサービス業を中心に企業進出が増え続けている。日本からハワイへの企業進出や移住者も増加基調にある。帝国データバンクの調査によれば，米国への進出企業は全部で

---

(2) 2018年にハワイ日系移民150周年を迎えた。

3,779社（2016年時点）で，これを州別にみるとカリフォルニア州が1,517社で全体の構成比40.1%と最も多く，これに対しハワイは277社（構成比7.3%）で全米第4位となっている[(3)]。

【表4-1】ハワイ州の日系企業・現地法人企業数と業種内訳（2017年）

現地法人企業	
本店	68
支店等	19
合併企業	10
日本人が現地で創業した企業	87
合計	201

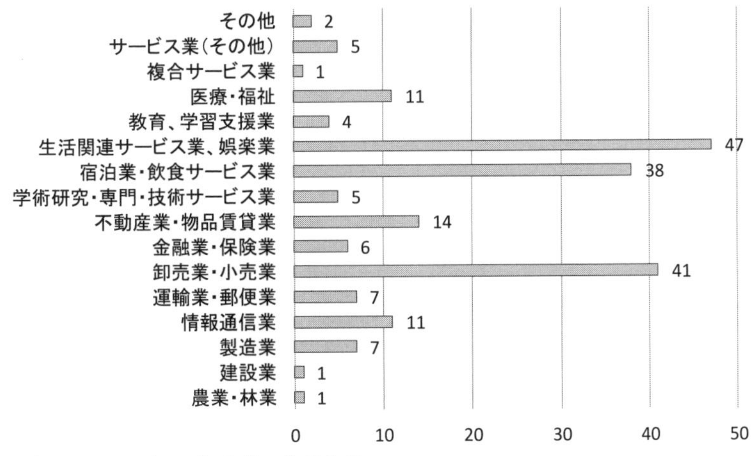

（出所）ジェトロ（2017）を基に筆者作成

ジェトロの調査によれば，2017年時点における在留日本人は約2万1,000人，日系企業201社が進出し，このうち日本人が現地で創業した企業は87社となっている（表4-1）[(4)]。業種内訳はサービス産業が大半を占める。

(3) 帝国データバンク（2016）参照。
(4) ジェトロ（2017）参照。

(2) ハワイの選定理由

日系移民の歴史や観光のイメージからも，一般に，ハワイは日本人にとって親しみやすい地域であり，ビジネスもやりやすい地域と思われがちであるが，起業や直接投資など形態問わず，ビジネスで成功することは容易ではない(5)。ハワイの大手融資銀行のデータによれば，事業計画書の審査を経て，十分な資金調達をしたうえで創業した企業の3年生存率は2割にも満たない。離島という立地条件だけに，ほとんどの資源には輸送費が上乗せされるため割高・高コスト体質となる。加えて，多文化としての特徴を持つハワイは，伝統を踏襲しつつ異文化を受け入れながら，現地発の価値創造を繰り返してきた歴史的経緯がある。ハワイは，他民族が共存する特色ある地域だからこそ，地域特有の商慣習，消費者文化がある。観光客の需要は多様である上に一時的な浮き沈みがあることや，高所得者は相対的に多いものの，そもそもハワイは市場が小さいため，息長くビジネスを持続させるためには，ローカル市場の獲得が持続的成長の鍵を握る。

このように，移住起業が難しい地域だからこそ，困難をいかにして乗り越え，異文化と融合し，成功へと導くのかの実践から得られる示唆は，他の国・地域で創業しようとする移住起業の戦略として参考になるものと考える。

(3) 事例企業C社の概要

本章で事例に取り上げるC社は，創業者米国人デザイナー（ハワイ生まれの中華系移民2世）であるクラレンス・リー氏（以下，「C.L氏」という。）が，米国イェール大学（School of Art & Archtecture）でデザインを学んだ後に，

---

(5) First Hawaiian Bank元支店長（日系企業融資担当経験有）および日系中小企業の進出を支援する現地最大手法律事務所弁護士（Go Law Office）に対するヒアリング調査による（2017年12月8日実施)。FHIが実際に行う融資や投資相談案件の実態に基づき，現地起業を含むハワイに進出する日系企業を調査対象としたデータからは，5年生存率はおよそ1割から2割程度だという。一方で，年間300件以上の投資案件の相談案件を抱える現地法律事務所によれば，毎月のように日本からハワイへの進出や撤退に対する相談案件は後を絶たないという。

1966年，ハワイ州オアフ島ホノルルに創業した企業のロゴ・デザインを中心に扱うグラフィックデザイン会社である。C社は，企業社会の成熟化に伴うコーポレート・アイデンティティの普及という時代の追い風に乗り，C.L氏のロゴ・デザイナーとしての確かな腕が評判となり，すぐさまハワイ市場で認知された。このためC社は，ハワイを代表する企業First Hawaiian Bank（銀行）やBancorp Hawaii（総合金融サービス），Hawaiian Electric（電力会社），Barnwell Industries（エネルギー事業会社），Aloha United Way（NPO団体）等数々の有名企業・機関から発注を請け負う機会に恵まれ，ハワイのグラフィックデザイン業界トップシェアに至るまで成長した。しかし，90年代以降，情報技術革新とグローバル化の進展を機に，デザイン業界を取り巻く環境が大きく変化を遂げたことで，同社を取り巻く風向きも変わった。PCを使ったグラフィックデザイン技術の普及などの影響から，ロゴ・デザインを扱う会社やフリーランスが急増するとともに，ネットを通じて，依頼・発注が容易になることで競争は厳しくなった。2000年代に入ると，競争の荒波に飲み込まれてしまい，ついに赤字経営へと凋落してしまった。創業40年を迎えるころ，C.L氏は年齢を考慮し，建て直しを図るのではなく，それまでのハワイにおけるデザイナーとしての，十分な実績と名誉を既に築いていたことから，「引退」を決意した。しかし，廃業手続きを進めていたとき，日本人デザイナーY氏との「出会い」により，「引退・廃業」をとりやめ，C社はY氏に事業承継されることになった（表4-2参照）。

現社長のY氏は，もともと関西の大手デザイン会社のデザイナーであったが，ハワイのデザイン界の巨匠として知られていたC.L氏との「出会い」の機会に遭遇し，人生が一変することになる。Y氏は，プライベートで頻繁に訪れていた，ハワイの多様な人種・文化，壮大な自然が創り出すアートの感覚に魅了されていた。そのときに魅了された作品の数々を手掛けていたC.L氏の存在を知り，その才能に惚れ込んだという。どうしても本人に会ってみたくなり，伝手を頼って，ついに実現の機会に恵まれた。憧れと尊敬の念を抱いていたデザイナーの巨匠は，想像通り感性豊かで日本では感じることのなかった強烈なインスピレーションを与えてくれるアーティストだった。同時に，その憧れのデザイナーが創業した会社は時代の変化の波の中で大きく傾きかけ，売却・廃業しようとしていることを知ることとなった。

【表4-2】C社の会社概要

創業年	1966年（初代創業者：Clarence Lee） ※2005年に売却・経営権譲渡
第二創業年	2005年
代表者	山本訓照　代表取締役社長兼デザイナー
経営理念	スタッフの物心両面の幸せを追求し，デザインの力でビジネスを成功へ導くことで，人類，社会の進歩発展に貢献すること。
従業員	6名
本社	米国ハワイ州オアフ島ホノルル
受賞歴	AAF Pele Award（アメリカ広告協会主催）2009年より2019年現在まで毎年連続受賞，AIGA Hawaii's 5-0 Design Award（アメリカ・グラフィックアート協会主催）受賞
取引先	ハワイ州観光局，Hilton，DFS（免税店），Royal Hawaiian Cookie，Baba's Coffeeなど米国系グローバル企業，JTB Hawaii，Marukame Udon USA，ITO EN USAなどの米国ハワイに進出する日系企業ともに多数。
事業内容	グラフィックデザイン

（出所）ヒアリングを基に筆者作成

Y氏は，C.L氏がハワイで築いてきた「基盤（人脈や取引先などのネットワーク）」を引き継ぎ，新たに第二創業したいと考え，すぐさま行動に出たのである。運よくY氏の知り合いの出資企業が，C.L氏を口説き落とすことに成功し，Y氏の事業承継が実現した。こうして，前職を辞して2005年に，ハワイ進出することになったのだという。C.L氏からの事業承継期間を2年間と設定し，家族とともにハワイに移り住むことになった。

米国人デザイナーによって創業されたハワイ生まれのグラフィックデザイン会社C社は，日本人デザイナーによって第二創業され，起死回生することになる。第二創業を機に，同社は，ブランディング戦略を軸としてロゴや印刷物，空間，商品等のデザインを中心に，会社や商品，サービスなどの「ブランド」を創り上げていく特徴を持つグラフィックデザイン会社へと生まれ変わった。

【図4-1】C社の現在のビジネスモデル概念図

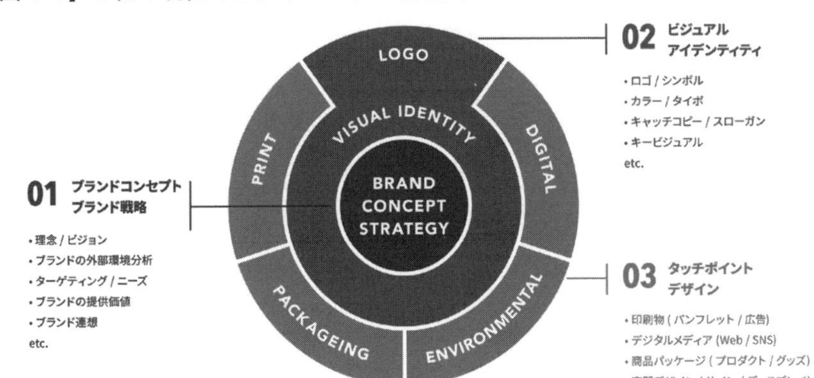

（出所）C社より提供

すなわち，単にロゴをデザインするだけではなく，ブランドコンセプトの策定から，ロゴのデザインを行い，最終的なタッチポイントのデザインまでを手掛けるブランディングサービスを提供するようになった（図4-1参照）。

一般に，広告・デザイン業界は，新聞からテレビ，雑誌等のあらゆる広告を担当する総合広告代理店（大企業）数社と，CMや雑誌など媒体（メディア）を絞って，広告を取り扱う専門広告代理店（例えば，CM制作を専門に扱う中堅・中小企業）大多数とが存在し，これらの広告やブランディング，グラフィックなどのデザインを請け負う無数のデザイン会社（小企業）や，フリーランスのデザイナー（個人事業主）で構成される分業構造となっている。そのため，デザインを請け負うデザイン会社は，営業やコンペで勝ち取った依頼内容（仕様・スペック）に基づき，ロゴならロゴ，商品なら商品それ自体のデザインを，「仕様」通りに制作していくことが多い。C.L時代のC社は，このような「ロゴ・デザイン」を忠実に再現する専門デザイン会社として発展した。

これに対し，事業承継後のC社は，これとは異なるセグメントとポジションで発展を遂げている。事業承継後のC社のビジネスモデルは，クライアントへの入念なヒアリングと，きめ細やかなブランド戦略策定の作業からはじまる。

そして，ブランド戦略（理念やビジョン，コンセプト，ターゲット等）からビジュアル・アイデンティティ（ロゴやシンボルマーク等の図案）をゼロベースから提案し，タッチポイント（企業と消費者との接点）のデザインまでをC社側からクライアントに対して導くものとなっている（図4-1参照）。そのため，一般のデザイン会社のように，営業やコンペへの参加は一切行わない。この方法によって，事業承継前の赤字経営からわずか2年で黒字経営にV字転換させた。

3. ケーススタディ
—現地発イノベーションはどのように起きたのか

(1) 現地発イノベーションの転機と着想

ハワイに移住直後，Y氏は，事業承継のステップを踏むため副社長兼アートディレクターに就任した。Y氏が事業を引き継いで2年が経過した頃から売上は約1.5倍になり，赤字から黒字経営に転換した。具体的には，2005年の売上から2007年の売上は約144%にアップ，2005年の利益率から2007年の利益率は約6.8%アップした。就任直後に着手したのは，それまで「どんぶり勘定」で曖昧になっていたプロジェクト単位・デザイナー単位の売上・粗利の数値化や作業時間管理など，組織マネジメントのシステム化による改善であった（組織マネジメントについての詳細は後述する）。

このとき，Y氏は，C.L氏の事業基盤の引き継ぎに加えて，社内の改善・改革を進めながら，同時に新たな顧客開拓として，日系企業を中心とした販路開拓に取り組んでいた。しかし，すぐには結果が出ない状況が続いた。そんな時に創業者のC.L氏から紹介を受けたのが，現在では常連のクライアントになっている米国系ローカル企業のHilton Grand Vacations（HGV）の案件だった。HGVは，ヒルトングループの企業で，世界中で「タイムシェアリゾート」[6]

(6) タイムシェアリゾートとは，リゾート地の別荘や分譲ホテルの一室の利用権を，1週間単位などで購入すること。また，そのシステムのこと。購入した物件を不動産として正式に登記できる契約形式もあり，その場合は相続や売却をすることもできる。

の販売をしている米国系グローバル企業である。HGVには，まだ当時日本人には知られていなかったタイムシェアというバケーションスタイルを，旅行好きの日本人マーケットにも広めていきたいという計画があった。HGVは，当時，オアフ島に「グランド・ワイキキアン」という38階建てのタイムシェア専用タワーの建設に着手し，ハワイ島にも「キングスランド」というヴィラスタイルのリゾートを建設時期だったことから，C.Lの紹介もあって，この2つの新リゾートの日本人マーケット向けのパンフレットや広告，様々な販売促進ツールのデザインをC社に依頼することになった。

結果的に，この作品が，C社のビジネスモデルを大きく転換するきっかけになった。この作品の特徴は，（それまではロゴ・デザインの作成であったのに対し）単にロゴのデザインを作成するものではなく，コンセプトの構築から，広告販促物・空間・Webなどのプロモーションデザインを可視化する作業を通じて「ブランディング」を行うものになった点にある。というのも，Y氏にとって，HGVのような米国系企業との仕事は初めてであったことから，HGVが何を求めているのか，どのような価値を表現したいのか，きめ細かく聞き取り，ディスカッションするなどして，手探りで仕事を進めくことになったからである。そうすることで，コンセプトが浮き彫りになり，ターゲットに対して，何をどのようなイメージで，どのような媒体を通じて表現すれば伝わるのか，が明確になっていったのだという。特に，米国系企業が，日本人マーケットをターゲットにするパターンにおいて，Y氏の日本人デザイナーとしての感性は，大いに強みを発揮し，仕事内容はHGVに高く評価されたのである。

(2) 新たな優位性の構築と実行

HGVの案件達成を機に，Y氏は，米国系（ローカル）企業のハワイにおける日本人マーケットをターゲットとする，グラフィックデザイン全般を主に担

購入の仕方には大きく分けて2種類あり，毎年決まった時期に滞在する週指定の「フィックス」タイプ，もしくは滞在時期を決めずに都度予約する「フロートタイプ」のどちらかが選べることが多い。

当することになった。これを担当する部署として，新たなにインターナショナル部門・Webデザイン部門を立ち上げた。そして，ローカル企業に対して，日本人マーケットの「ブランディング」を主軸とする，新しい価値をプロデュースするデザイン会社として強みを構築していった。

さらに，その逆となる日系企業のクライアントに対して，ローカルマーケットを開拓するときには，ローカル人材を活用しながら，同様にロゴ・デザインのためのヒアリングとマーケティングから，クライアントの「企業価値を引き出す」強みを発揮しながら，ハワイのグラフィックデザイン市場の開拓を行った。このようなプロセスを経て，最終的に，そのデザインのタッチポイントまでを提案できる，新たなビジネスモデルへと進化したのである。

このプロジェクトが「新ビジネスモデル構築」への転機となったのは，米国系グローバル企業の日本マーケット向けデザインにニーズがあったからである。一定のニーズはあったものの，日本マーケット向けに日本人（アジア人）感覚のデザインを提供してくれる「プロのデザイン会社」が，まだ当時ハワイにはなかったのである。つまり，以前のC社もそうであったように，ローカルはローカルのデザイン会社，それもロゴならロゴのデザインに特化する格好での「仕事の流れ（商習慣）」がハワイでは一般的であったため，その流れの隙間に，Y氏は，新たな事業機会を読み取ったのである。

既存の仕事の流れでは，クライアントとデザイン会社の力関係において，クライアントが案件ごと（戦略コンサル，ロゴ・デザイン，タッチポイントなどを別々に）に応募するものに，それぞれの案件分野にコンペ形式でデザイン会社が参加したり，デザイン会社側が営業をかけたりするなど，どちらかといえば，デザイン会社側の立場が弱い，買い手市場になっていた。他方，新ビジネスモデルが提供する価値は，これらの案件すべてを「ワンストップサービス」で提供可能となるため，クライアント側からしても効率的のため，実力さえ認められれば，クライアント側から一本釣り形式で依頼が舞い込むようになる。この事業機会に，Y氏は，HGVの案件に取り組む中で気づいたため，コンペや営業スタイルではなく，受注コンサルスタイルに変えたのである。

HGVの案件の直後に請け負ったDFS（免税店）の依頼も，HGVの案件と同じやり方で，ブローシャ・広告などのプロモーションデザインを行った。これも結果を出し，口コミで評判が広がり反響を生んだ。このように，米国系グローバル企業からの依頼に対して，現地のニーズを感知し，それに対しての解決方法を日本から持ち込む強みを巧みに活用することで，新たなマーケット開拓に繋げた。結果を出すことで，新ビジネスモデルは定着し，「ブランディング・デザイン」市場における独自の優位性が構築されていった。現在はこの強みを応用し，英語から韓国語・中国語の英韓マーケット，英中マーケットにおけるツールのデザインに市場を広げている。社員には韓国人も中国人もいないが，ターゲット（クライアントの先にある顧客）に対するニーズをマーケティングによって明確化した上で，クライアントが提供すべき価値を（文化・風習を踏まえてデザインという形で）引き出す（可視化する），この方法でクライアントの満足度は向上している。特に，ハワイには，高級ブランド品や土産品にお金を使う外国人をメインターゲットとする米国系グローバル企業が多く，文化風習の異なる外国人をターゲットにするビジネスは多い。このため，外国人向けのブランディング戦略をワンストップサービスで提供する強みが一目で分かるように，終えた案件の成果をWeb上で公表することで，評判は口コミで広がったのである。こうした「ブランディング」のプロデュースを手掛けることで，幅広い分野(7)で成果を出せるようになった(8)。具体的な実績としては，ハワイ州観光局のYouTubeチャンネル「HiTube」のブランディング・グラフィックやRoyal Hawaiian Cookieのブランディング・パッケージデザイ

(7) このほか，日系クライアントでは，JTB Hawaiiのクジラ型バス「‘Oli ‘Oli Walker」のバスグラフィック・マスコットキャラクターのブランディングや，アラモアナステーションの空間グラフィック。Don Quijoteのインタラクティブ・フォトステーション「SayHi!」のデザインプロデュース。Tギャラリアハワイ内のインタラクティブ・ゲームステーション「iQ Hawaii」のトータルブランディング。Marukame Udonの米国展開向けブランディング。Wincubic（アロハストリート）のCI。ITO EN USAのパッケージ・Webデザインなど幅広いジャンルの実績がある。
(8) C社公式HP（https://clarencelee.com/）参照（情報閲覧日2019年11月2日）。

ン，Baba's Coffeeブランドのデザインプロデュース，Japan Hawaii Culture Expoのイベントプロモーションなどがある。現在では，米国系企業と日系企業の取引件数は，概ね半々となっている。このほか，他の外資系（アジア系）企業が1割弱程度ある。

（3）認知浸透，成長と新たな挑戦

「ブランディング戦略」による実績（作品）ができると，Webで公開することに加えて，業界賞に応募し，対外的に広報していくことに力を注いだ。2009年以降，C社は，広告デザイン業界の権威ある賞である「AAF Pele Award（ペレ賞）」（米国広告協会主催）を，毎年連続受賞している。また，2年に1度開催される「AIGA Hawaii's 5-0 Design Award（ハワイ5-0デザイン賞）」（米国グラフィックアート協会主催）を2011年から2017年の4回連続受賞している。さらに，全米のデザイン賞「HOW Interactive Design Awards（HOWインタラクティブデザイン賞）」（F+W Media主催）を2013・2014年の2年連続受賞し，「HOW International Design Awards（HOWインターナショナルデザイン賞）」（F+W Media主催）も2014・2015年の2年連続受賞した。加えて，2009・2011・2016年には，「HOW Promotion Design Awards（HOWプロモーションデザイン賞）」（F+W Media主催）」を受賞するなど，ハワイおよび米国本土での認知・評価は，すっかり定着している(9)。

第二創業10年目を迎えた2015年，第二創業時に制定した「経営理念」（表7-1参照）に立ち返るとともに，ハワイへの恩返しの想いから，ハワイ州政府観光局公認の地域活性・社会貢献プロジェクト「111-HAWAII PROJECT」を立ち上げた（図4-2参照）。

これは，地元企業のメイドインハワイ商品を統一ブランドとして商品開発・販売を行い，売上の一部をハワイのために役立てるもので，Y氏は，このプロ

(9) C社・同上公式HP（https://clarencelee.com/）参照（情報閲覧日2019年11月2日）。

【図4-2】111-HAWAII PROJECT 概念図とショップの風景

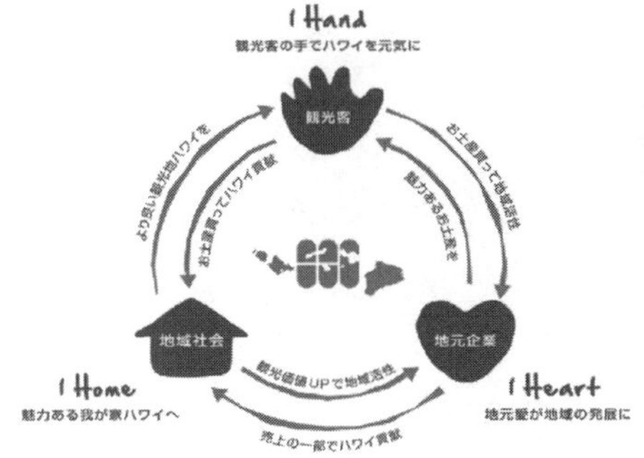

（出所）C社より提供

ジェクトの呼びかけ人であり，統一ブランドのデザインから販売までをサポートしている。この取り組みそのものは，C社の利益に直結するものではない。しかし，ローカルの生産者の売上・認知は向上し，ローカル産業の内発的発展に貢献した。その影響は，ローカル誌や新聞などでも紹介され，C社の社会的認知度も高まった。また，ハワイが観光産業を中心として，外来型開発によるローカル産業の衰退の問題が深刻化する中で，このようなローカル産業を応援する取り組みに賛同する人たちによるサポートによって，111プロジェクトのネットワーク（コミュニティ）は広がりつつある。このネットワークは，ローカルと日本人とが混在するコミュニティとなっていて，Y氏の日常の仕事への気づきやヒントを与える，重要な情報交換と学習の場になっている。

4. 要因分析
—現地発イノベーションは何が要因となって起きるのか

（1）ハワイに持ち込まれたY氏の強み「技術」と「マーケティング力」

現社長のY氏（写真4-1）は，材木屋を営む父と顔彩（日本画）の先生である母のもと1973年大阪に生まれた。Y氏は，大阪芸術大学デザイン科卒業後，大手デザイン会社でアートディレクター・グラフィックデザイナーとして，印刷物・商品パッケージ・Webなどのデザインで活躍した。日本での主なクラ

【写真4-1】C社のY社長とC社作品（ロイヤルハワイアンクッキー）

（出所）左は筆者撮影（2018年3月ホノルルのオフィスにて），右はC社HP（https://clarencelee.com/ja/portfolio_page/rhc-cookie/）より

イアントとして，Panasonicグループ，NTTグループ等を担当してきた経験を持つ。職人グラフィックデザイナーとしての感性と確かな技術力は，これらの経験によって培われた。

既述のとおり，C社の赤字脱却と安定的成長には，新ビジネスモデルの導入があった。このビジネスモデルを実現させることができたのは，Y氏の持ち込んだ高い技術力とマーケティング力があったからである。Y氏は，日本にいた頃，大手企業から請け負う仕事で，日本独特の商慣習や厳しい審査基準もあって，徹底した議論のやり取りの中で作品を創り上げてきた。加えて，Y氏は自らの性分もあってか，「職人」としてのデザインへの半端ない拘りや，クライアントのその先にいる顧客が満足するデザインとは何か議論を繰り返す中で，デザインを通じて，技術力とマーケティング力を磨き上げてきた。この能力の基盤があったから，ハワイ進出後にゼロベースからの事業創造活動を展開できたといえる。第一に，マーケティングを駆使し，クライアントとその先にいる顧客の求めるニーズを探りながら，満足ゆくデザインを創り上げる能力，第二に，それを実践・実現できる技術力があったこと，が新ビジネスモデルを構築することができた要因といえる。

(2) アントレプレナーシップ

上掲の技術力とマーケティング力を発揮するためには，「アントレプレナーシップ」が不可欠となる。誰でも同じ戦略を真似れば，同じような結果がもたらされるわけではない。そこには「企業家」としてのY氏の企業家精神が，技術力やマーケティング力の発揮の巧拙を左右していることに留意する必要がある。一般に，アントレプレナーシップとは，「企業家精神（起業家精神）」と「起業活動」を意味する。すなわち，事業創造に対する強い意欲を持ち，リスクがあっても果敢に挑戦する起業家の精神であり，失敗をしても挑戦を続けることで新たな成果を生み出す創造的な活動のことを意味する。

Y氏はハワイ市場での成功を夢見て，見知らぬ海外市場であってもほぼゼロからニーズを掘り起こし，一つ一つ試行錯誤のすえ困難を乗り越え新たなビジネスモデルを創り上げ，独自の競争優位を構築した。そのモチベーションには，C.L氏への憧れと，世界市場で自らの才能の可能性にチャレンジしてみたいという強い思いがあった。

しかし，思いや経験，技術等は必要条件ではあっても十分条件ではない。それだけで異国におけるビジネスに成功できるほど甘くはない。Y氏の成功の背景には，思いを「ビジネス」に創り上げていく「アントレプレナーシップ」がある。ヒスリッチ（R.D. Hisrich）とピータース（M.P. Peters）らは，事業創造プロセスを，①事業機会の認識と評価，②事業計画の作成，③必要資源の動員・獲得，④事業管理の4つの段階に分けて，スタートアップから成長，発展へと展開していく段階ごとに鍵となる要因を整理している。山田（2017）は，この中でも①から②に展開していく際に構想する「事業コンセプト」が，特に重要だとしている。事業機会を探るプロセスで，「気づき」や「アイデア」が浮かぶことは比較的容易であるが，それを市場性と採算性のバランスのある事業構想に落とし込む作業は，実際にやってみると意外と難しいものである[(10)]。事業コンセプトとは，この事業構想段階に描く「ビジネスモデル」を示すもの

（10）山田（2017）pp.4-16参照。

であり，誰にどのような価値を提供するのか，どのような方法で実現するのか，その方法で十分な利益が出るのか，などを描いた戦略の構造と自社の競争優位を明確化したものである。

事業承継とともに引き継いだ，デザイナーらの技術力は高かった(11)。自分自身の技術力にも，日本での経験から相当の自信を持っていた。そのため，Y氏が就任直後に着手したのは，収益構造とマネジメントの仕組みの改善と，新ビジネスモデル移行への従業員のイノベーション能力向上の仕組み作りであった。具体的には，それまで「どんぶり勘定」で曖昧になっていたプロジェクトごとの売上・粗利の数値化や，各プロジェクトに対する社員の作業時間管理など，各プロジェクトの責任者であるデザイナー兼ディレクターが，自分のプロジェクトを各々で管理できるための「マネジメントのシステム化」と，「業務改善」に着手した。これらに取り組んでいくうちに，同社の作品の技術レベルと質に対して，「価値（取引価格）」をもっと引き上げてもよいのではないかと考えた。しかし，Y氏は日本での経験から，競争が激化するこの業界において，従来の顧客に対して単に価格を引き上げるだけは，顧客は離れていったしまうことも推測できた。そこでY氏は，これらの取り組みと同時並行で，新たな価値を付加し，提供価値を引き上げるための「事業コンセプト」を創り上げていく。それが「ブランディング戦略を軸としたデザイン」である。事業コンセプトづくりによって明確化していった新たなビジネスモデルによって，収益を出せる仕組みへと改善を図っていったのである。これが，前出の「新ビジネスモデル（図4-1参照）」である。

---

(11) Y氏が事業を引き継いだ当初，ハワイでトップクラスのデザイナー（兼ディレクター）が揃っており，3チーム体制でローカル市場・グローバル市場向けのデザインサービスを提供していた。デザインの質は各ディレクターに任せて問題はなかった。しかし，信じられないことに，損益計算を無視した事業計画が実在していた。そこでY氏は，プロジェクト単位で赤字の原因を探し出し，本を片手に独学で勉強しながら，プロジェクトごとの採算計画を立てていった。

(3) 人材育成

既に述べてきたように，Y氏は，デザイナー兼ディレクターが各自のプロジェクトを管理できる仕組みを作った。まず，全社員にプロジェクト単位の採算計画（予算案）を予め示した上で，ディレクターには，担当するプロジェクトの責任と権限を移譲した。これを実現するために，プロジェクト単位において，社員のタイムシート入力から，見積書，ジョブチケット，終了後の請求書の作成まで，全て1つのデータベースで管理できるオンラインシステムを独自に開発した。これで，デザイナー兼ディレクター単位の進捗管理・執行状況・結果（成績）・採算状況を常に，オンライン上で簡単に把握できるようにした。こうすることで，問題があるプロジェクトと原因が特定できるようになり責任者に対する対策が取れるようになった。この頃から，意識して，定期的にディレクターとの面談や会議を実施するようにした。ディレクターと社員それぞれの問題点を明らかにできるようになったことで，問題・課題を改善するための一人一人にあった人材教育に繋げられるようになった。能力開発が必要な社員には，必要に応じた勉強会を企画・開催している。逆に，成果が上がった場合は，それを待遇改善に反映する「人事評価制度」（後述する）を，このシステムとともに導入した。こうした，業務改善と人材育成とを連動する仕組みづくりに取り組むことで，徐々に赤字が減り，黒字化したのである。

この人材育成の仕組みは，導入当初は（赤字だったため自分のマイナス査定に繋がり兼ねないことから），ディレクターや社員から猛反発を受けたが，Y氏の判断で強引に導入を図ったところ，今ではすっかり定着している。その理由は，プロジェクトに対する権限を持てるようになったことに加えて，業務フロー・進捗をシステムで可視化したことで，管理が楽になったからである。成果も待遇に反映されるようになった。何より，マネジメントが効率化したことで，ディレクターも社員も，本業である「ブランド構築」と「デザイン」に，相当の時間をかけられるようになり，このことが最も社員たちのモチベーションを高めることに繋がり，ビジネスモデルの変化をスムーズに後押ししていったのである。

5. 実現の仕組み

以上みてきたように，新ビジネスモデル構築と組織マネジメントの変革により，第二創業後のC社の業績は，この間，リーマン・ショックによる不況や入居ビル火災などの外的要因による影響は多少受けつつも，総じて順調に成長し，安定した経営が続いている。このように，Y氏が第二創業してから，同社は復活劇を演じてきた。特筆すべき点は，実はC.L氏の終盤の赤字経営時代から，年間の請負実績数そのものは，ほとんど変わっていない。それでも，回復・成長できた所以は，ビジネスモデルを抜本的に変えることで，受注案件における生産性を向上させ，利益率を高めることができたからである。「いいものを高く売る」，「それに見合う価値を創り出す」，そして「収益率を高めるコスト管理・効率化を行う」ことに成功しているといえよう。そのための組織マネジメントの方法を抜本的に変革したことで，イノベーティブな人材が育ち，こうした人材がC社の成長を支えている。すなわち，第二創業後に起こった「現地発イノベーション」によって，C社は復活・再生し，成長の軌道に乗ることができた。C社における現地発イノベーションは，ターゲット（顧客），仕事の流れ（販路・流通），デザインの生産（制作）方法などの「ビジネスモデル」，人材育成，人事評価，プロジェクト管理，コスト管理などの「組織マネジメント」に関わる要素に起きている。

それでは，これらの現地発イノベーションを引き起こす仕組みを詳しく分析してみたい。

(1) イノベーターを育てる人材育成の仕組み：定量と定性の人事評価

既に述べてきた管理システムの導入で，従業員個々の成果を数値化した。数値化による定量評価は，費用対効果か労働生産性を把握する点で優れているが，イノベーティブな仕事であるデザイン（技術力）やブランド構築（マーケティング力）それ自体の成果は，必ずしも数値化できない。収益が上がっていない場合でも，従業員の能力向上に繋がっている場合や，会社の変革・発展に貢献している場合や，新しい方法にチャレンジした結果の失敗，不測の事態による出費が影響するなど，様々なケースが考えられる。そこで，Ｃ社では，数字では表せない技術やマーケティング力向上，など「学習意欲」に関する定性評価を組み合わせた「人事評価制度」(12) を作った。また，定性評価の中には，会社組織を発展させるために取り組んだ新たなチャレンジや自主的な取り組みなど，仕事に対するモチベーションや姿勢についても考慮する評価項目を加えた。定量評価と定性評価を総合し，面談を踏まえて「査定」が行われ，それらをボーナスやベースアップに反映する仕組みとなっている。評価は，一人ずつ数時間かけて膝を交えてじっくりと話し合う「人事面談」の機会を設け，半期ごとに一回実施している。特に，面談時にＹ氏が意識して毎回行っているのが，会社の考え方やフィロソフィー（経営理念）について，丁寧に伝える作業であるという。この背景には，会社のビジョンを共有した上で，個々の社員がある程度の権限と裁量を持つことで，主体的に仕事を行っていくことが重要だとの考えがある。一般的に，米国系の企業の感覚では，「成果主義」「契約主義」「ジョブホッピング」が当たり前であり（定量評価には慣れているが），「日本的経営」にみられる長期的関係性を前提にした定性評価の仕組みは，現地社員にとっては「馴染みのない」システムである。それゆえ，「ハイブリッド経営」(13) を機能させるためには，丁寧な説明を何度も繰り返し行う必要がある。それでも，導入当初は辞めていった社員もいたが，日本的経営における中長期的関係性から生まれる利点を，社員が時間をかけて肌感覚で理解していったことで，現在ではしっかりと定着している。

(12) 人事評価制度の導入のきっかけとなったのが，「ハワイ盛和塾」における勉強会であったとＹ氏は語る。

(13) 事業承継後のＣ社の組織マネジメントは，日本的経営スタイルとローカル的経営スタイルの両方が織り交ざる「ハイブリッド経営」である。多文化組織が共に成長する組織には，どちらに偏るものではなくローカルと日本の双方の経営の良さを最大限引き出す，ハイブリッドのスタイルで組織を作り上げていくことが重要となる。このスタイルは第二創業当初から現在に至るまで変わっていない。

(2) ハイブリッド経営の定着：暗黙知の共同化

人材育成の仕組みは，人事評価制度の導入によるものだけではない。むしろ，肝となるのは，制度そのものより，それを動かす仕掛けである。それは，シンプルに，できるだけFace to Faceのコミュニケーションの場（チャネル）を作ることである。全社員を集めるランチミーティングは，月に一回定例開催している。プロジェクトの進捗報告会（ミーティング）は，毎週定例開催している。このような社長と社員とのコミュニケーション・チャネルを設けて，可能な限り，会社の考えや方向性を伝え，社員の考えを吸い上げている。すなわち，「暗黙知の共同化」を図るプロセスを設けることで，それぞれの現場の「重要度の認識」を共有し，「温度差」を解消しているのである。このことが，主体性と能動性，プロフェッショナリズムを引き出す装置となっている。

デザイン業務におけるプロフェッショナリズムを引き出すための知識移転については，実際のプロジェクトを通して話し合う（共有する）ことが最も効果的であったという。なぜならば，社員はデザイナーゆえに，基本的にデザインを通して対話する方が納得・理解しやすいからである。知識移転において，重要なのは「伝わること」であり，「伝えること」それ自体ではない。その意味では，必ずしも「対話」が常に万能という訳でもない。会社の考え方やルール，上掲のシステム説明書，人事評価基準，ビジネスモデルなど明確に文字や図表などで示す方が理解しやすいこともある。こうした情報は，「マニュアル」資料にまとめ，全社員が日常業務で活用している。何か問題があったときは，マニュアルを片手に必ずその内容を基準にして説明するようにしているという。肝要となるのは，形式知と暗黙知とを場面によって，使い分け，社員に知識移転が「伝わる」仕組みにすることである。

「伝わる」仕組みは，この他にも工夫がある。非公式な場でのランチ会を企画し，社員一人一人の声を聞く機会をできるだけ作るようにも心掛けている。恒例行事となったクリスマスパーティーには，社員の家族全員で招待し，社員とその家族を大切に思う気持ちを社長自らが伝えている。デザイン賞の授賞式には，全社員で参加し，社員一丸となって喜びを分かち合うことで，社長と社員とのベクトルを合わせていった。デザイン賞は，会社の実績としてブランディング効果があるが，何より社員のモチベーションアップの効果が大きい。

(3) ローカル・コミュニティとの関わり：学習と実践の機会

C社の成長の背景には，既述してきたような数々のY氏のチャレンジングな取り組みがある。こうしたチャレンジングな取り組みのアイデアは，そもそもどこから創出されたものなのであろうか。その答えは，Y氏のハワイにおける「コミュニティ」との関係性にある。

Y氏のアントレプレナーとしてのチャレンジングな取り組み（業務のシステム化や人材育成制度，ビジョナリー経営の導入などの組織改革）のアイデアの源泉は，主に，ハワイ盛和塾よる影響が大きいという。ハワイ盛和塾とは，Y氏を含む総勢50名ほどのメンバーで，2010年にハワイに創設された非公式の有志勉強会組織（NPO組織）である。本家「盛和塾」は，京セラ，KDDI創業者で，日本航空再建でも手腕を発揮した稲盛和夫氏の経営理論「京セラフィロソフィー」をもとに，経営者の心を高めることで経営を伸ばすことを実践する自主勉強会として，1983年に京都で発足した。2019年時点で，日本56，海外44の塾を構え，会員数は14,719名にまで発展した(14)。ハワイ盛和塾は，現在，総勢約60名で活動を継続している。

ハワイにきて初めて経営者となったY氏は，組織のマネジメントも社員のモチベーションを高める方法も，知るはずもない。Y氏は，組織とは何か，経営哲学とは何か，を必死に勉強し，ハワイ盛和塾の仲間たちと日々，議論を交わし続けてきた。議論を交わすことで，アイデアが浮かび，それを実践してきたのだという。上掲の人事評価制度の導入や，111ハワイプロジェクト等のアイデアは，ハワイ盛和塾の学びから創出されたものであった。2015年のハワイで開催された「盛和塾ハワイ塾長例会」で，111-HAWAII PROJECTとコラ

---

(14) ただし，現在87歳になる創設者稲盛氏の体力的理由から2019年末解散を決定した。ハワイ盛和塾は，盛和塾としては解散となるが「自主勉強会」としてのコミュニティは存続している。

ボレーションした時に，Y氏は次のように語っている。「私は盛和塾でこれまで5年間，稲盛哲学からフィロソフィーや，意義と目的の重要性を学んできました。111-HAWAII PROJECTは，ハワイの中小企業支援と環境保護から，ハワイ産業の発展に貢献するという，それらしっかりとした大義名分があります。だからこそ，たくさんの方々にご賛同いただけていると思いますし，この大義があるからこそ，私はこのプロジェクトに燃えています。盛和塾での学びがなければ，このプロジェクトは生まれなかったと断言できます。（原文ママ）」[15]。ここで語られているように，「ローカル・コミュニティ」がアイデア創出の場となっていることが理解できる。そして，Y氏によれば，この111ハワイプロジェクトを立ち上げたことで形成されたネットワークもまた，アイデア創出の場になっているという。特に，これらのコミュニティにはローカル人脈も相当数加わっていることから，ハワイの考え方を吸収したり参考にしたりするよい機会になっているのだという。

Y氏のみならず社員についても，コミュニティと関係を持つことの重要性を指摘できる。社員には，デザイン業界のコミュニティとの関係性がある。ハワイには，実績のある有力なデザイン学科を持つ大学が3校ある。C社には，その卒業生が多いため，母校の教授や同窓生とのコミュニティとのつながりがある。また，前掲の広告デザイン賞を主催するAIGAやAAFといったデザイン関係の団体やハワイ大学などの母校で定期的に行われるイベントやワークショップなどに参加し，その学びを社内で共有するようにしているという。社員自らが，これら「ローカル・コミュニティ」から継続的に得られる，「技術」あるいは，「気づき」や「アイデア」を，能動的に日常業務における新たな着想や業務改善に結びつけることで，前掲の仕組みが効果的に機能しているのである[16]。

（15）111hawaii公式HP（https://www.111-hawaii.com/ja/seiwajyuku/）参照（情報閲覧日2019年12月8日）。

（16）この他にも，C社がボランティア協力しているNPO団体のコミュニティがある。米国では企業が寄付や社会貢献を積極的に行う文化があるので，同社もデザインの無

(4) マネジメント・コントロールから紐解く現地発イノベーション

現地発イノベーションを起こすには，結局のところ「知識（技能やノウハウなど）」が移転され，現地のそれと共同化された新たな知識が基盤となり，現地で新しい価値（優位性）を構築できるかどうかにかかっている。現地発イノベーションには，当該企業が日本で培ってきた知識や考え方・風習，すなわち「暗黙知」を，現地で「共同化」できるかどうかが重要な鍵を握っている。とりわけ，異国での「第二創業」「事業承継」には，これが重要になる。

具体的には，勉強会など，失敗が許容され，改善を図る場を意図的に作るほか，OJTの実践を通じて「暗黙知/体験知」に関わる知識移転を行う「学習の機会」を意図的に設けることである。ここでのポイントは，人事評価制度とリンクさせた仕組みにすることで，実践の結果をしっかりと評価し，本人にフィードバックすることである。そうすることで，モチベーションが向上し，知識移転がスムーズに進むからである。逆に，問題があるときは，個々の能力に関わる具体的な課題を特定でき，効率的に研修プログラムを導入できる。重要なポイントは，知識移転とともに，重要度の認識が共有され，暗黙知の共同化が行われることである。この仕組みは，「マネジメント・コントロール」(17)の概念を用いて説明することができる。

Simons（1995）は，効率性とイノベーションという一見相反するかにみえる状況をコントロールするため，信条システム，事業倫理境界システム，診断型コントロール・システム，インターラクティブ・コントロールシステムとい

償提供などで協力することがある。例えば，赤ちゃんの出生時障害の防止研究・未熟児を救うための全米のNPO団体「March of Dimes」には，10年以上前からスポンサー協力をしている。こうしたコミュニティはローカルの大手企業が数多く協力しているので，直接的でなくても仕事に関連するケースがあるという。

(17) 経営管理には，経営者が主体となって全社的観点から経営戦略を策定するステップと，様々な職能分野を担当する現場管理者が行う日常のオペレーション管理の2つのステップがある。マネジメント・コントロールとは，この2つのステップの橋渡しを行い，全体としての組織活動に秩序を与えることである。グロービス経営大学院編（2008）参照。

う相互に関連し合う4つの「レバー」のメリハリの重要性を論じている(18)。これにより，戦略上の問題が生じた時，社員がこの問題を解決するために，どのような問題に対処し，どのように解決すべきか自分で判断したり，価値創造のための新たな方法を開拓したりできるように，社員を理念教育によって，動機付けすることが可能になる。

事業倫理境界システムは，越えてはいけない境界（リスク）を明確にすることで機会探索領域を明確にする。このシステムにより，組織のなかで上位から下位への権限移譲が可能となる。診断型コントロール・システムは，組織の成果を監視し，事前に設定されたパフォーマンス基準からの乖離を修正するプロセスのチェック機能とプロセスの軌道修正機能となる。インターラクティブ・コントロールは，ボトムアップ式の創発型戦略を導くために活用される。つまり，個別企業の文脈に合わせて，これら4つの「レバー」を組み合わせることで，組織全体に対話と学習を促し，組織学習を通して新しいアイデアが創出されるようになる。つまり，マネジメント・コントロールの概念で重要となるのは，イノベーティブなアイデアを創出するための「柔軟な組織」と創出されたアイデアが組織の方向性から逸脱したものにならないように「理念の共有」と「権限」と「責任」を与えるものである。したがって，一人一人の社員が自らのイニシアティブで行動し，イノベーションを創出しやすくするだけでなく，不測の機会を捕獲し，問題にも対処できるようになるのである。

本事例からも明らかなように，この仕組みを起動させるためには，現地人材（プロジェクト担当）に対する権限移譲（予算配分・管理を含む）が不可欠となる。なぜならば，新たなアイデアの創出を促進させるには，部下の自律性を阻害せずに対話を生み出し，新たな価値創造の機会探索する必要があるからである。また，焦点の定まらない機会探索への浪費を避けるためにも，理念を軸に自律性を促すビジョナリー教育が有効となる。チャレンジングなアイデアを

(18) これら4つのレバーを組み合わせて活用することで相互に補完することが可能となり，マネジメント・コントロールは戦略の実行だけでなくイノベーションを創出し，新しい戦略の形成にも有効であるとする。藤井（2018）pp.70-77参照。

実践の場に移し，それに対して柔軟な資源配分を速やかに行い，成果をしっかりと処遇に反映させる仕組みを創り出すことで，好循環のループが生まれるのである。

6. 小括

本章では，C社の事例を取り上げ，海外での「移住起業（第二創業）」と新たに現地発のイノベーションを創出するための海外における「事業創造」の要因と仕組みを検討した。特に，Y氏の「アントレプレナーシップ」と「地域資源の活用」に焦点を当てながら，日本から持ち込まれる優位性と現地で動員する資源がどのように掛け合わさり，イノベーション創出へと結びついていくのか，その仕組みを明らかにした。具体的には，本章の検討からは，次の3点が明らかとなった。

第一に，日系市場とローカル市場との双方を能動的に開拓することで，成長へと結びつく。その際，経営理念の浸透を軸として社員のモチベーションを高める人材育成を取り入れ，イノベーティブな組織を作りだすことで現地発イノベーションの創出につながる。

第二に，これらを実現させる要因として，①日本から持ち込む技術とマーケティング力，②現地の事業機会の探索から構築した事業コンセプトからビジネスモデルを構築していくアントレプレナーシップ，③日本的経営の適用とローカル経営のハイブリット経営の導入，④権限移譲と人材育成，といった点が抽出された。

第三に，現地発イノベーションを創出させるために，重要となる仕組みとして，①定量（米国的評価）と定性（日本的評価）との双方のバランスの取れた人事評価制度，②暗黙知と形式知それぞれのコミュニケーション・チャネル，③ローカル・コミュニティによる学習機会，④マネジメント・コントロールでいうところの権限移譲とビジョナリー経営の導入の有効性を示した。

かかる点を明らかにした上で，進出国で起こす現地発イノベーションを創出させるために，(1) 進出先のローカル・コミュニティや人的ネットワークなどの現地資源を有効活用し，アイデアの着想となる学習に取り組むこと，(2) アイデアを事業コンセプトに落とし込む際には，現地市場における事業機会を慎重に評価し（ニーズを見極め），現地市場発のビジネスモデルを再構築すべく，抜本的な刷新に取り組むこと，(3) 現地人材を大切育てるための人材開発の仕組みと評価制度を採り入れ，活動の基盤となるチャレンジ精神旺盛かつ激しい変化にも適応できる柔軟で盤石な組織を形成すること，が有効となることを示した。そして，企業家本人が持つ「アントレプレナーシップ」がこれらの巧拙を規定することを示唆した。

第5章 タイに進出したM社の事例

1. 本章[(1)]の目的

本章では，タイ王国（以下，タイという）での現地発のイノベーション創出を実現することで成長につながった日系中小製造業の事例[(2)]を取り上げる。

既に本研究の分析視角で示してきたとおり，優位性としての技術とマーケティングに着目し，その技術力を武器に，現地の販路開拓や現地ならでは優位性を発揮するためのビジネスモデルの構築を行っていくための現地化には，アントレプレナーシップによる新たな事業機会の探索やその方向付け，そして，人材の学習や知識移転を促すための仕組みの検討が必要となることを示した。

以上を踏まえ本章では，優位性としての技術やマーケティングを活用し，新興国タイに海外進出する日本中小企業の現地発イノベーションによる成長戦略の実態を明らかにすることを目的とする。とりわけ，海外進出によって創出された様々なイノベーションを実現させる背景には，どのような仕組みづくりが

---

(1) 本章は，拙稿・吉田（2019）を大幅に加筆・修正したものである。

(2) M社には，第1回インタビュー調査を2015年6月19日にタイ拠点にて2時間実施，第2回インタビュー調査を2015年11月11日にタイ拠点にて2時間実施，第3回インタビュー調査を2016年6月9日にタイ拠点にて3時間実施，第4回インタビュー調査を2016年9月1日にタイ拠点にて3時間，第5回インタビュー調査を2016年11月2日にタイ拠点にて3時間実施，第6回インタビュー調査を2017年7月26日に（出張時に）ロンドン大学にて3時間実施した。御多忙のなか御協力いただいたM社のA社長に心より御礼申し上げたい。また，調査内容（第6回を除く）は，立正大学経営学部藤井博義准教授との共同インタビュー調査をベースにしている。記して，感謝したい。

有効となるのか，現地での優位性の再構築に本国で培ってきた「技術力」をどのように活用していったのか，といった点に着目し，現地発イノベーションの実現要因の分析を試みる。

2. 選定理由とM社の概要

(1) タイの選定理由

タイは，バンコクを首都にもつ人口6,884万人，面積約61万平方キロメートル（日本の約1.4倍），人口の約95％が仏教徒の国であり親日文化を持つ国である（表5-1）。

【表5-1】タイ王国の概要

国名	タイ王国　Kingdom of Thailand
面積	51万3,115平方キロメール
人口	6,684万人
首都	バンコク（タイ語名：クルンテープ・マハナコーン）人口852万人
言語	タイ語
宗教	人口の約95%が仏教，その他イスラム教（4%），キリスト教（0.6%）など

（出所）ジェトロバンコク入手資料より筆者作成

タイは地理的にASEAN(3) の中心に位置しており，近年，多くの諸外国からの直接投資を呼込こむ戦略(4) で世界でも有数の自動車や電化製品の生産拠

---

(3) 東南アジア諸国連合。1967年の「バンコク宣言」によって設立。2018年現在の加盟国はインドネシア，カンボジア，シンガポール，タイ，フィリピン，ブルネイ，ベトナム，マレーシア，ミャンマー，ラオスの10カ国である。

(4) タイ進出の魅力としてタイ投資委員会（BOI）による投資恩典制度がある。タイへ直接投資を行う場合には，外資系企業はタイ政府の窓口であるBOIに申請すれば，様々なメリットを得ることができる。BOIはこれまで，産業振興を目的として外資からの直接投資を増やすことで経済成長を遂げてきた。また，外資系企業を誘致することは国内産業の技術力の向上にもつながっている。BOIは1977年にタイ国内への投資促進を目的に設立された政府機関であり，投資奨励法に基づく奨励業種の条件の決定や変更など投資奨励を行う機関である。投資奨励の方針として次の6つを挙げてい

点となっており，ASEAN市場のサプライチェーンにおける生産・販売拠点として産業集積の形成が進んでいる。JETROバンコク事務所が実施した調査によると，2017年5月時点で確認された日系企業は5,444社（3年前に比べ877社増）で増加基調にある。タイへの国別の直接投資残高（2017年末時点）でみると，日本はタイにとって最大の投資国（シェアは35.1%）となっている[(5)]。進出企業を規模別にみると，大企業が約50%，中小企業が約40%，個人企業が約10%となっている（表5-2）。近年は中小企業の増加率が高くなっている。

JETROが行った今後海外進出の拡大を考えている企業への調査の結果，拡大を図る国としてタイは中国に次いで2番目であった。また，どのような機能の拡大を図りたいと考えているのかという項目でも，タイは販売機能，生産機能，研究開発機能，物流機能が中国についで2番目とタイへの進出拡大への注目度が高い（表5-3）。不安材料として，軍事クーデターによる政治不安や大洪水による自然災害などで多少の波があるものの，中長期的に俯瞰すると2007年から2016年間の10年間の実質経済成長率3.2%と好調である。人口構

る。(1) 国の競争力を工場させるための投資を奨励する。研究開発や，イノベーションの創出，農業・工業サービス業の付加価値創出を促進し，また中小企業の促進，公正な競争，社会的および経済的不平等の減少を促進する。(2) 持続的かつバランスのとれた成長ため，環境に優しく，省エネルギーもしくは再生可能エネルギーを使う事業を促進する。(3) バリューチェーンの強化と地域の能力に一致したクラスターの創出を促進する。(4) 南部国境県内で安定的な地方経済を作るため，域内での投資を促進する。(5) 隣国と経済的につながり，ASEAN経済共同体（AEC）をサポートするために，特別経済開発区，とくに国境地帯の工業団地内外での投資を奨励する。(6) 世界舞台でタイの役割を増加し，競争力を向上させるため，タイから外国への投資を促進する。投資奨励業種として，(1) 農業および農産品からの製造業，(2) 鉱山，セラミックス，基礎金属，(3) 軽工業，(4) 金属製品，機械，運輸機器，(5) 電子・電気機器産業，(6) 化学工業，紙およびプラスチック，(7) サービス，公共事業があり，各類の中で，具体的なプロジェクトと対応する奨励条件と恩典内容が定められている。恩典内容としては，法人税の減免や輸入税の減免，ビザやワークパーミットについての優遇，などがある。様々な投資奨励制度を実行してきたが2015年より新投資奨励策が7年間適用される。

(5) ジェトロ（2018）参照。

成の特徴は，20代～40代の働き盛りの層が男女ともに最も多い，所得階層は中間層が増加し，サービス産業の構成比が過半数を超えた。

【表5-2】業種・規模別にみた日系企業進出状況の構成比

業種	大企業		中小企業		個人	
	社数	構成比	社数	構成比	社数	構成比
農業，林業，漁業，鉱業	7	0.4%	2	0.1%	0	0.0%
建設業	69	3.7%	20	1.4%	21	5.0%
製造業	949	50.4%	878	61.5%	90	21.4%
サービス業	857	45.5%	524	36.7%	309	73.6%
分類不能の産業	2	0.1%	3	0.2%	0	0.0%
合計	1,884	100.0%	1,427	100.0%	420	100.0%
全体に占める割合	50.5		38.2		11.3	

注：2014年11月時点で活動が確認された日系企業の内，出資者が判明した3,731社の集計。
（出所）ジェトロ（2015）

このように，タイは新興国の中でも近年，産業集積の形成が進んでいることに加え，日本中小企業の進出が活発に行われていること，そして，単なるコストパフォーマンスの向上を目的とした製造拠点としてだけではなく，成長市場としての販売拠点，研究開発拠点としての機能拡大を見込む傾向が高い国であることから，日本中小企業のイノベーション活動の実態を調査する対象国として最適と考えたため選定した。

（2）M社の選定理由

本章で取り上げるM社は，日本で培ってきた技術力を武器に，タイへの海外進出を機に全く新しいビジネスモデルの構築に成功した企業である。M社は，もともと，日本本社では大手ものづくり製造業の下請企業として存立し，長年の親請企業からの「QCD（Quality Cost Delivery）管理」によって，高い技術力・技能を持つ「職人集団」として成長してきた。しかしながら，下請けゆえの二重構造問題やしがらみに長年悩まされてきた製造業分野における典型的な日本中小企業である。このような背景からM社は，「脱下請」を戦略的に

【表5-3】海外で拡大を図る機能　機能別国・地域ランキング

（複数回答、%）

販売				生産								研究開発								地域統括				物流			
				汎用品				高付加価値品				新製品開発				現地市場向け仕様変更											
順位		国・地域名	%	順位		国・地域名	%	順位		国・地域名	%	順位		国・地域名	%	順位		国・地域名	%	順位		国・地域名	%	順位		国・地域名	%
1	(1)	中国	47.7	1	(1)	中国	12.9	1	(1)	中国	13.6	1	(1)	中国	5.2	1	(1)	中国	6.2	1	(1)	中国	3.6	1	(1)	中国	5.2
2	(4)	米国	27.7	2	(2)	ベトナム	8.8	2	(2)	タイ	7.3	2	(2)	米国	3.6	2	(3)	米国	3.4	2	(3)	タイ	2.9	2	(2)	タイ	3.8
3	(2)	タイ	27.6	3	(3)	タイ	7.3	3	(3)	ベトナム	6.8	3	(5)	西欧（英国除く）	2.4	3	(2)	タイ	2.7	3	(3)	米国	2.5	3	(3)	ベトナム	3.7
4	(3)	ベトナム	25.2	4	(4)	インドネシア	4.1	4	(4)	米国	6.6	4	(3)	ベトナム	2.0	4	(5)	西欧（英国除く）	2.6	4	(2)	シンガポール	2.0	4	(4)	米国	3.0
5	(6)	台湾	18.8	5	(5)	インド	3.6	5	(5)	インドネシア	3.4	5	(4)	タイ	1.9	5	(4)	ベトナム	2.3	5	(5)	西欧（英国除く）	1.7	5	(5)	西欧（英国除く）	2.4
6	(5)	インドネシア	17.6	6	(6)	米国	2.8	6	(6)	西欧（英国除く）	3.0	6	(7)	台湾	1.1	6	(7)	インド	1.5	6	(6)	ベトナム	1.2	6	(6)	シンガポール	2.2
7	(8)	インド	17.3	7	(7)	台湾	2.2	6	(7)	インド	3.0	7	(6)	インド	1.0	7	(10)	韓国	1.4	7	(7)	香港	1.0	6	(7)	インドネシア	2.2
8	(7)	西欧（英国除く）	16.6	8	(8)	ミャンマー	2.1	6	(9)	台湾	3.0	7	(7)	韓国	1.0	8	(10)	シンガポール	1.3	7	(10)	台湾	1.0	8	(8)	インド	1.6
9	(11)	香港	12.6	8	(9)	マレーシア	2.1	9	(7)	韓国	2.3	7	(9)	インドネシア	1.0	9	(6)	インドネシア	1.2	9	(14)	英国	0.5	8	(13)	マレーシア	1.6
10	(9)	シンガポール	12.2	10	(10)	西欧（英国除く）	1.5	10	(10)	マレーシア	1.4	10	(9)	マレーシア	0.7	9	(8)	台湾	1.2	10	(8)	インドネシア	0.4	10	(11)	台湾	1.2
11	(13)	韓国	11.8	11	(11)	フィリピン	1.2	11	(13)	メキシコ	1.3	10	(12)	シンガポール	0.7	9	(9)	マレーシア	1.2	10	(10)	インド	0.4	11	(8)	香港	1.0
12	(10)	マレーシア	11.6	11	(12)	韓国	1.2	12	(12)	シンガポール	1.0	12	(25)	カナダ	0.6	12	(12)	香港	1.0	10	(17)	韓国	0.4	12	(13)	フィリピン	0.7
13	(12)	フィリピン	7.4	13	(14)	バングラデシュ	0.8	13	(11)	フィリピン	0.9	13	(11)	香港	0.5	13	(19)	中・東欧	0.6	13	(10)	フィリピン	0.2	13	(11)	メキシコ	0.6
14	(14)	ミャンマー	5.3	13	(15)	カンボジア	0.8	13	(13)	ミャンマー	0.9	14	(12)	フィリピン	0.4	14	(13)	フィリピン	0.4	13	(10)	ミャンマー	0.2	13	(13)	韓国	0.6
15	(16)	英国	4.9	15	(15)	オーストラリア	0.7	15	(26)	中・東欧	0.8	14	(16)	英国	0.4	14	(14)	ミャンマー	0.4	13	(17)	中東その他	0.2	13	(16)	英国	0.6
16	(18)	オーストラリア	4.5	16	(17)	ブラジル	0.6	16	(13)	香港	0.7	14	(19)	オーストラリア	0.4	14	(16)	ブラジル	0.4	13	(22)	オーストラリア	0.2	16	(10)	ミャンマー	0.5
17	(17)	中・東欧	3.7	16	(17)	中・東欧	0.6	17	(16)	オーストラリア	0.5	17	(14)	ミャンマー	0.3	17	(15)	英国	0.3	13	(22)	アジア大洋州その他	0.2	16	(18)	カンボジア	0.5
17	(18)	ロシア・CIS	3.7	16	(19)	シンガポール	0.6	17	(16)	英国	0.5	17	(15)	ブラジル	0.3	17	(25)	南アフリカ共和国	0.3	18		マレーシア、カンボジア、カナダ、メキシコ、ブラジル、中・東欧、トルコ、アフリカその他	0.1	18	(18)	中・東欧	0.4
19	(15)	メキシコ	3.3	16	(24)	カナダ	0.6	17	(19)	ブラジル	0.5	19	(25)	中・東欧	0.2	19		カンボジア、カナダ、メキシコ、ロシア・CIS	0.2					18	(27)	カナダ	0.4
20	(23)	カナダ	2.8	20	(20)	香港	0.5	17	(26)	カナダ	0.5	19	(25)	南アフリカ共和国	0.2									20		バングラデシュ、オーストラリア、中東その他	0.3
ASEAN6			51.6	ASEAN6			16.2	ASEAN6			15.6	ASEAN6			5.0	ASEAN6			5.9	ASEAN6			5.4	ASEAN6			7.7
（参考）西欧			18.5	（参考）西欧			1.5	（参考）西欧			3.1	（参考）西欧			2.5	（参考）西欧			2.7	（参考）西欧			2.1	（参考）西欧			2.6
販売計			83.4	汎用品計			27.5	高付加価値品計			29.6	新製品開発計			11.4	現地市場向け仕様変更計			12.5	地域統括計			8.7	物流計			14.1

注：①母数は「現在，海外に拠点があり，今後さらに拡大を図る」企業のうち，拡大する機能について無回答の企業数を除いた数（1,050 社）。②括弧内は2017 年度の順位。③西欧（英国を除く），ロシア・CIS，中・東欧の内訳は選択肢の設定が無い。なお，下段の西欧は英国，西欧（英国以外）のいずれかを選択した企業。④ASEAN6 は，シンガポール，タイ，マレーシア，インドネシア，フィリピン，ベトナムのいずれかを選択した企業。⑤網掛けは回答率が10%以上の国・地域。

（出所）ジェトロ（2019）

掲げ，海外展開を新たな販路開拓の機会とした前向きな姿勢で国際化を行った事例である。そのため，現地では一から販路開拓を行い，新たなビジネスモデルの構築に積極的に取り組んでいる。このような理由から同社を選定した。

(3) M社の概要

M社は，山梨県に本社を構える昭和41年創業，昭和53年7月設立の中小製造業である。現在，資本金は1,000万円，代表取締役社長は二代目のA氏である。創業当初は量産部品の加工中心であったが次第に製品の幅を広げ，自社内に治具部門を設け特殊形状加工を手がけるようなる。腕利きの職人を要し，確かな技術力を強みに事業展開し，松下電器産業（現パナソニック）など有名企業との取引を経て，現在では世界的な電機機器メーカーである株式会社ファナックをはじめ幅広い取引先がある。このような大企業の下請けとして，「QCD管理」のもと，高い技術力と生産管理体制を築いてきた日本が誇る典型的な中小製造業である。現在は製品製造，メンテナンスサービス，治工具・装置製作の3つを主要事業として展開している（表5-4）。

【表5-4】M社の企業概要

企業名	M社
代表者	代表取締役A社長
所在地	山梨県
設立	1978年
資本金	10,000,000円
事業内容	部品製造，メンテナンスサービス，治工具・装置製作
売上高	4億円
従業員数	35人
関連会社	タイ現地拠点

（出所）M社ホームページとA氏へのヒアリング調査より筆者作成

製造部門では，単品・少量加工に積極的に対応し，最短1日で納品することをモットーにしている。メンテナンスサービスでは，既存顧客の機械修理だけでなく，飛び込みで入ってくる技術相談をきっかけに故障率低減や生産効率向上などの改善提案することで新規顧客の獲得に成功している。治工具・装置製作では，「要望+提案」を基本方針に，各種生産ライン，検査工程専用設備の新規設計から製作・組付け・設置までを一貫して請負っている。確かな技術力に対する信頼のもと，メンテナンスから改善提案を行う顧客に寄り添った経営を行うことで，現在，海外を含めたビジネスは拡大し，売上高，利益の向上へとつなげている。

3. ケーススタディ ―海外進出における技術優位性の活用と脱下請戦略

(1) 海外進出の契機

現代表取締役社長であるA氏は1997年にM社に入社した。A氏は，松下電器での生産技術の経験と学びを実績に2001年からは営業技術者として，従来の顧客への提案型営業や新規顧客開拓を開始した。このときM社は，過去の成長期の安定した受注のもと，技術者集団に特化していたため，営業やマネジメントといった機能がないに等しかった。折しも，このころ日本国内の中小製造業は，グローバル化に伴う産業の空洞化と国内市場の縮小，少子高齢化によって厳しい時代を迎えていた。当時，新たな一手を打てずに業績の向上や企業の成長に対する対応が遅れていたことにA氏は強い危機感を抱いていた。その後A氏は2010年に専務，2012年10月に代表取締役社長に就任し，M社の業績改善に向けて，本格的に改革を進める。

こうして会社組織の重責を担うようになって間もなく，海外展開の契機が訪れた。新たな販路開拓を模索する中，自治体やジェトロ等の視察団として，中国，ベトナム，タイなどの躍動するアジアの現場を目の当たりにする機会に遭遇した。このときA氏は，しがらみのない海外展開に大きな商機を感じたという。A氏はすぐさま，国際化による市場拡大，新たな取引先の構築を行う海外販路開拓の意思を固めた。そして，2014年11月，タイのバンコクに海外拠点を設立した。

【図5-1】タイ進出後のビジネスモデルの変化

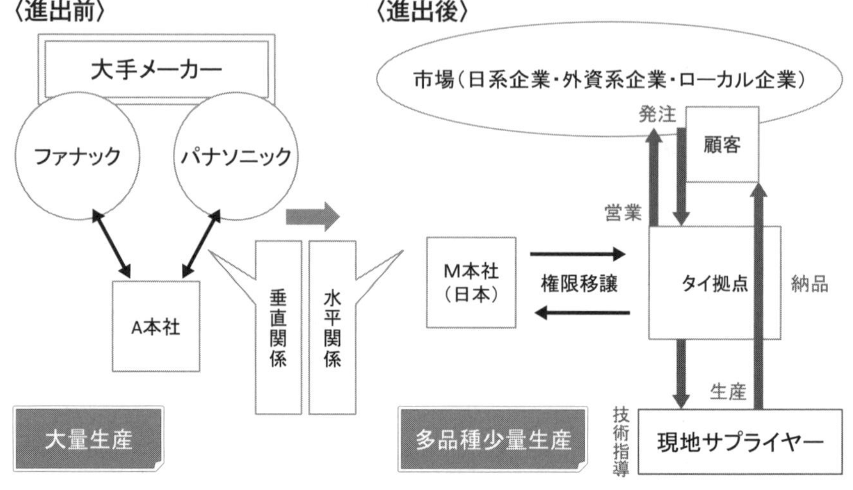

（出所）筆者作成

(2) 進出形態と戦略

A氏は，これまでの危機感から脱するための戦略として，「脱下請」を考えた。A氏は最初から国際化を「成長戦略」として捉えていた。お得意様からの要請があったからでもなく，大手企業からの下請受注による安定的な受注確保を目的としていたわけでもなかった。そのため，海外拠点設立と同時に，①新たな販路開拓，②多品種少量生産，を目指した。①については特定企業に限定しないタイの多様な取引先への市場開拓であり，②については「ファブレス方式」を取り入れた新たな生産体制の構築であった（図5-1）。ファブレスとは，ものづくりの企画（入口）と販売（出口）をつなぐ仕事であり，マーケットの情報からニーズに沿ったものづくりの企画を立て，（生産機能は持たずに）実際の生産は委託する方式をいう。ここで重要となるのは，ものづくりにおいて生じるニッチなニーズに対して，どのような技術が必要とされるのかを見極めること，その見極めた技術に対する適切な生産能力を持つ工場に対する生産マネジメントができるかどうかである。このような戦略からあえて「生産拠点」

ではなく「企画・営業拠点」をタイに設立したのである。

タイへの進出の決定要因は，視察した中国に比べ親日であったことだという。詳しくは後述するが，A氏は昔から「教育」に対する強い憧れと夢があり，「技術指導」，「経営管理」や「営業」などといった人材育成がしやすい国民性を持つ環境は，A氏にとって大きなモチベーションになった。また，ベトナムと比べ，タイの教育水準や裾野産業の成熟度が高かったことも決定要因となった。

(3) ビジネスモデルの変化

ファブレス方式を取り入れた要因は，現地の地場の工場を活用することで自社の工場を移転させることなく現地で，「ものづくり」が行えると考えたからだという。生産コストをかけずに進出を行えるだけではなく，むしろ真の狙いは，生産性を上げるための新たなビジネスモデルを構築することであった。脱下請のために，大企業からの発注に対して受注生産を請け負うような低生産性の賃加工となるビジネスモデルではなく，現地で企業が求める試作品，産業用機械や工場ラインで，まだタイでは十分整備されていないような「製造方法」を自ら提案し，そのためのコンサルサービス，ファブレス方式による製造，そして製造後のメンテナンスサービスを主な収入源にしようと考えた。すなわち，固定費を最小限におさえ，付加価値の高いM社の技術を顧客に提供するための新たなビジネスモデルを構築したのである。既に述べたように，タイは自動車産業を中心に古くから多くの日系企業が進出していたため，M社のJIG（治具）技術やメンテナンス技術が活かせる日系企業の集積が進出時点で存在していた。そして，ある程度成熟した自動車産業の地場の裾野産業は，技術力も向上しつつあった。こうした販路拡大の可能性，日系企業の集積メリットとファブレス方式導入の実現可能性，活気や国民性などを肌で感じ，工場を移転させないファブレス機能を中心とした「タイ現地拠点」が設立されたのである。

（4）タイ現地拠点の概要

タイ現地拠点は，設立当初から社長自らが赴任し先導を切ってきた。「一から育てる」を基本に，技術系の大卒の新卒者を中心に採用を行った。日本本社で感じていた危機感や反省点を踏まえ，会社理念や行動指針を丁寧に教え込み，目標設定と成果達成の制度設計をいち早く取り入れた。従業員の定着率は高く営業成績も順調に伸びている。売上は堅調に伸び続け3年目に進出コストを取り返し黒字化を果たした。

【表5-5】M社タイ現地拠点の企業概要

名称	タイ現地拠点
設立	2014年11月
売上伸び率	2年連続前年比400％以上 ※3年目の2016年決算に黒字化
従業員数	8名（現地スタッフ6名，日本人スタッフ2名うち1名はA社長）
事業内容	企画・営業・発注（委託生産）・メンテナンス・技術指導（技術学校の運営）
取引先	日系大企業，日系中小企業，地場大企業，地場中小零細企業，外資系（欧米）大企業など。

（出所）筆者作成

現地拠点での事業内容は，「要望＋提案」型の試作品製作，治工具・装置製作を中心に，検査工程専用設備の新規設計から製作・組付け・設置・メンテナスである。日本本社とのビジネスモデルの最大の違いは，自社生産か生産委託かにある。したがって，タイ現地拠点では営業と指導（コンサル）に特化するため，製造を請け負うローカルの企業と連携と協働が不可欠になる。現地の連携先の開拓，連携による品質管理の巧拙が，高品質と低コストを達成する決め手になる。このように地場のサプライヤーの技術力が品質管理に大きく影響するため，「技術学校」を開校した。また，検査工程専用設備の新規設計には，熟練された技能や技術が必要とされることから，日本からタイに進出している高度な技能を保有している日系中小企業との共同開発も積極的に展開している。納品という意味での取引先は，日系企業から欧米企業，そして地場のサプライヤーと幅広い。いずれも日本での取引先とは関係なく現地で一から開拓したものである（表5-5参照）。

4. 要因分析―現地発イノベーションの実現条件

M社の現地発イノベーションの実現には，どのような要因が関係しているのだろうか。ここで挙げた事例企業の分析からは，(1) 技術の活用，(2) 経営者のアントレプレナーシップ，(3) 現地人材の能力開発が共通していることが指摘できる。以下に一つ一つ具体的に詳しくみていこう。

(1) 技術の活用

事例企業は，海外進出の最初の段階で自社を取り巻く環境の変化に敏感で迅速に対応しビジネスモデルの変革に取り組んでいる。これを実現させていたのが，日本本国で長年培ってきた技術力・技能である。

本事例では，中小製造業の優位性である「技術」を，社長自らが現地人材と現地サプライヤーに「知識移転・吸収・定着」させたことが，新たなビジネスモデル構築の鍵を握っていた。同時に，その「知識移転プロセス」において，日本人材と現地人材が「知識を共有」し，イノベーション活動が展開されていた。つまり，技術の優位性を，そのまま現地に適用するのではなく，現地のニッチな領域におけるニーズに合わせて技術の応用を図ることで，新たな顧客に対して販路開拓を可能とし，より高い価値を生み出す形で抜本的にビジネスモデルを変えていた。例えば，現地展示会で現地企業の能力と現地市場が必要とする技術領域を把握し，自らの技術知識と経験を活用し，現地市場の抱える課題に対する具体的なソリューションを提案していった。それも，現地企業の能力を見極め，巧みにその能力を組み合わせることで（ファブレスとして），ソリューションに繋がる「製品」までを実際に提供していったのである。いうまでもなく，日本から持ち込んだ技術が活用されなくてはこのビジネスモデルの実現はできない。さらに，技術を現地市場に合わせて応用するプロセスで特筆すべき点は，日本から駐在していたA社長や日本人材が，現地人材に知識移転を行うことで，現地市場・現地慣習について，自らも学習していることであろう。最初は，自らの技術力を一方的に日本仕様のままで，中途半端な第二外国語を用いて発信していたが，この方法では成果は出なかった。しかし，現地企業・現地市場とA社長・日本人材の間に，現地人材を介在させ，互いの「知識（暗黙知）」と「経験（体験知）」を共有することを心掛けるようになってから，現地の販路がスムーズに開拓されるようになった。すなわち，現地の異なる商慣習やニーズに目を向け，耳を傾けながら，手探りで現地に最適な方法を実験的に実践しながら現地発イノベーションを実現しているのである。

Govindarajan（2012）は，リバース・イノベーションを起こすための条件として，厳密な現地ニーズ分析に着手し，白紙の状態の「マインドセット」の重要性を主張している。海外市場は多様なニーズが豊富に存在するが，日本と同じやり方が通じることの方が少ない。そのため非連続性の壁に立ちはだかることは日常茶飯事である。試行錯誤のチャレンジと実験の繰り返しの中で「変化」が起こり，その変化の積み重ねの上に新たなビジネスモデルとそれを支える盤石な組織体制が構築されている。

(2) 経営者（企業幹部）のアントレプレナーシップ

既に述べてきたとおり，事例企業の経営者ないし企業幹部の情熱，強い意思など，いわゆる「アントレプレナーシップ」が現地発イノベーションを実現した要因となっていることが指摘できる。一般的にアントレプレナーシップとは「企業家精神」のことを指し，不確実性の中でも，リスクを負って自己の夢・ビジョンの実現のために果敢に挑戦し，事業を創造することを通じて，社会課題を解決するための新たな価値の創造をしようする精神のことをいう。

実際に現地発イノベーションの実現をすることは，言葉で説明するほど簡単な話ではない。同じことをやってみろと言われて容易に真似できるものでもない。現地発イノベーションの実現には，海外進出に関わった経営者や企業幹部などの，かねてより抱いてきた夢であったり，自己実現に対する強い意思だったり，過去の体験や経験から「とにかくこの国が好きだ」などといった理屈では説明のつかない並々ならぬ思いが原動力となっている。例えば，就職前から，「いつかは学校教育に携わりたい」という強い「教育」に対する思いを抱いていたA氏は，自らが培ってきた経験を強みとして，新卒採用した何色にも染まっていない現地人材を，一から丁寧に教育する機会そのものをやりがいと捉えている。そのため，言葉も文化も異なる困難な状況でも，一人前に育つまで繰り返し丁寧に，そして粘り強く指導することができている。その甲斐あって，地場の生産工場を活用することで生産工場を日本から移転させることなく，現地では営業とコンサル中心の新たなビジネスモデルを構築することに成功した。直近の新たな挑戦では，設立した技術学校から修了生を地場企業に就職を斡旋することで，自社のネットワークの信頼性を高めながら，守備範囲を広げる展開を狙っている。また現地人材の性格とペースに合わせながら，試行錯誤を繰り返し，現地に馴染む形で人材育成の仕組みを導入させ権限移譲させたことが，言語の障壁のみならず文化や考え方の違いの障壁を乗り越えた知識移転・学習を可能とさせた。生産方法や流通経路において日本とはまったく異なるビジネスモデルへの挑戦と実践は，それを動かす人材が育ち定着し，軌道に乗ったからこそ実現できたことである。

(3) 現地人材の活用・育成

海外進出において現地人材の活用は避けて通れない。一般に，本国主導のもとで現地人材を活用するパターンと現地主導で現地人材を活用するパターンがみられるが，事例企業は後者のパターンである。現地発イノベーションの実現という観点からいえば，権限移譲のもと現地マネージャーが現地主導で現地人材を活用していくやり方が特徴として説明できる。なぜならば，現地に精通した人間が現地のニーズを吸収しそれを社内にフィードバックさせ，実験と実践を繰り返すことで新たなビジネスモデルを創出しているからである。Govindarajan (2012) は，ソリューションや組織を一から設計するLGT (Local Growth Team) を発足させリーダーを指名することともに，進出国の成長を主要テーマして恒例かつ重要な年次イベントを進出国で実施することの重要性を主張する。本事例においても，同様の主張が成り立つ。

例えば，ここで挙げた事例企業は，人材育成と人事評価を制度化し，現地マネージャーを社内で育て，数々の重要な提案と決定に関わらせたことで，営業成績を上げている。本調査から，ここで同時に重要な要因として指し示すことができるのが，人材育成と人事評価を現地人材の昇給・昇進に反映する仕組みを制度化することである。人材育成と評価を制度化することが功を奏し，離職の問題は今のところ起こっていない。それればかりか，現地人材のモチベーションを高め飛躍的に業績を上げることに成功した。

Govindarajan（2012）は，大企業のリバース・イノベーションではLGTにおいて，CEO直属と異なる業績評価方法を設定することの必要性とLGTの組織強化を行うことの重要性を主張しているが，その具体的な方法までは示されていなかった。このように，中小企業の現場から見えてくる具体的方法から，現地人材からの提案を新たなビジネスモデルの構築につなげていくためには，現地人材に責任と権限を与え，評価をフィードバックすることで定着率を上げるとともに，提案と実践の機会を与える（制度化する）ことが重要となることを指摘できる。

5. 実現の仕組み

M社は，海外進出先で実際にどのような仕組みで「現地発イノベーション」を実現したのだろうか。本事例を分析してみると，①ビジネスモデルのイノベーション，②組織のイノベーションに「変化」が起きていることが確認できた。詳細にみると，①のビジネスモデルのイノベーションでは，a.販売先（顧客），b.生産品目，c.製造方法と現地機能，d.流通経路と提供価値，の4要素に変化が起きている。続いて②の組織のイノベーションでは，a. 現地人材の活用と人材育成，b. 人事評価制度，c. 現地主導・権限移譲，d. 社外での学習と実践の機会，の4要素に変化が起きている。そして，こうした仕組みの導入が，現地発のイノベーションの実現が同社の成長要因となっている。以下，それぞれの変化を具体的にみていこう。

(1) ビジネスモデルのイノベーション

(a) 販売先・顧客

海外進出前，顧客は地元山梨に立地された特定の大手メーカーからの受注生産が大半を占めていた。大手メーカーの計画生産に基づき受注を受けるため，長期的な好景気は安定的に受注があったが，海外移転や不況に陥ると一気に受注は減少した。これに対して，海外進出後は，大小，日系・外資問わず多様なメーカーに現地で取引先を開拓した。このため，特定の受注先からの発注量に依存しなければならないリスクは軽減された。同時に，提案型の営業を自ら行うことで従属的関係から脱却し，価格交渉力を持つことができた。

(b) 生産品目

国内での生産は，「ものづくり（モノの製造）」の受注生産だったのに対して，海外進出後の生産品目は，主に，「ものづくり」にかかわる「サービス」の提供に変化した。技能・技術を強みとする点に変わりがないが，売る内容は抜本的に変化した。具体的には，これまで培ってきた技術とものづくりにかかわる知識を基盤として，ものづくりをサービス化する仕組みを導入した。例えば，タイにおける自動車工場のオートメーション化の効率性を高めるための産業用機械と生産ラインを大手自動車メーカーに提案した。これが導入されることで専門的なメンテナンスを一手に請け負うことになる。そして，メンテナンスを請け負うことで，（これまでは製品受注ロット数が事前に見込むことが困難だったことに加え納品後の収入だったのに対して）事前に収入が計画的に見込めるようになるメリットが得られた。

このシステムを実現するために必要となったのが，現地人材の育成だった。工場は持たなくても職人はモノづくりには不可欠である。そこで，A氏は，自社の従業員はもちろん，前掲のとおり，地場のサプライヤーに対して，惜しみなく指導を行った。自社の従業員は技術営業として育ち，ニーズの掘り起こしに貢献している。地場のサプライヤーは，技術者として育ち，委託工場として貢献している。技術学校では，機械修理の技術のみならずモノづくりの生産性を向上させるための，日本的経営が強みとしてきた，QCD管理について実践できる人材育成を目指したカリキュラムを組んでいる。この学校の卒業生に就職支援を斡旋することで，タイ現地拠点の将来的な取引先となる人材を育てる仕組みになる。

また，技術学校の運営については，長年のA氏自身の夢でもあった。A氏は，昔から「教育」に携わりたいという漠然とした夢があった。地場のサプライヤーを活用する中で，若きタイの人材に技術指導を行うことにモチベーションは上がった。技術学校を運営そのもので大きな利益を期待していないが，A氏にとっては海外販路開拓の原動力となっている。

(c) 製造方法と現地機能

製品のサービス化を実現するうえでタイ現地拠点は，自社工場を持たずファブレス方式を導入してきたことはすでに述べてきた通りである。例えば，自動車製造のオートメーション化と製造ラインの改善を行うタイの地場サプライヤーT社に対し，毎週2回程度工場を訪問し指導にあたった。タイの地場資本のサプライヤーの勉強意欲は高いものの，技術そのものはやはり日本の中小製造業の方がまだまだ相対的に高い。とくに，モノづくり産業全体を俯瞰し，自社の既存の技術を改良したり改善したりするアイデア（提案力）に弱く，この点について繰り返し一挙手一投足指導を行ったという。そうすることで，現地ニーズを汲み取る機会につながったり，現地での販路開拓の有力なパートナーを紹介してもらえたり，委託生産工場になってもらえたりしている。自ら製造するのではなく，現地のニーズを製品化するための媒介となることで，顧客のニーズにあった製品を適正な価格で提供することが可能となる。このモデルは，多額の設備投資を必要とせず，製造業にもかかわらず工場などの固定資産を持たないことで，リスクを最小限に留めることができてきる。日本の技術力は高いが，現地のニーズは必ずしも日本のニーズと同じとは限らない。タイの現地人材による営業活動（ニーズの探求）と日本本社の技術の組み合わせに目をつけたことで，新しい市場（とくに日本では入り込めない市場）に参入することが可能となった。

このような製造方法への転換により，現地機能は，日本国内の製造工場としての機能とは異なり，企画・営業・委託生産先のコーディネートが主なものとなった。

(d) 流通経路と提供価値

流通経路と提供価値も国際化後に，大きく変化した。国内では部品，治工具・装置製作，産業機械・設備製作を行っているため，流通経路は，親請から発注があり，それをM社が受注し，製作したものを納品する「モノの流れ」になる。あくまで産業機械や製品の部分的な分業の一端を担う形となるため，「適正価格」「高品質」「短納期」が提供価値となり，「低価格で不良品を出さず納期に遅れないこと」が信頼の指標となる。一方，タイではまず企画からはじまる。そのために，ニーズの掘り起こし作業となる「マーケティング」を自ら展示会に足を運んだり，ドブ板営業によって行う。足で稼いだ「情報」をもとに，ネタを仕込み再び営業をかける。営業で獲得できた顧客とのキャッチボールの中で，試作品を製作したり，設備を製作したり，メンテナスを請け負ったりしている。そのため，顧客自身がタイの生産工場の現場で抱えている課題に対するソリューションを提案することが「提供価値」となり，技能・技術にかかわる知識と経験を強みとして「ワンストップサービス」を提供できるかが信頼の指標となっている。

このように，抜本的に国内で構築したビジネスモデルとは異なるビジネスモデルが新たに構築されたことで高い成長を実現している。

(2) 組織のイノベーション

(a) 現地人材の育成

タイ現地拠点は，日本から赴任した社長と技術指導担当の2名を除き，残りすべての従業員（6名）は，現地人材である。理系大学の卒業生を中心に新卒とベテランの中途採用を行った。現地人材は大卒のため簡単な設計図をかけるなど基礎知識は修得しているが，日本本社での一年間の研修（インターン）プログラムを実施し，さらなるスキルアップの機会を与えている。日本本社の製造技術，修理技術を学ぶことで技術力と技能が向上するだけでなく，研修後，タイ市場で必要とされる新しいビジネスチャンスをM社の技術力の強みを理解した上で，タイ人目線によって，自主的に探索することができる人材へと成長してくれることへの期待があるのだという。実際に，日本研修を終えた現地人材は，営業力が向上し，業績が上がった。また，現地人材にしっかりと会社理念を伝え，会社全体の目標と従業員一人一人に与えられている仕事の関係を理解させる「ビジョナリー経営」を始めた。この背景には，A自身が経営理念を理解したうえで，日々業務を取り組むようになってから仕事のモチベーションが上がったからだという。実際に，会議での経営理念の唱和や，年度方針，日々の業務，面談，懇親会などを通して経営理念を浸透させるプロセスで，現地人材のパフォーマンスは上がった。

これに加えて，タイ現地拠点においては，言葉の壁の問題や商慣習の違い等があるため，年度方針(6) をA氏が全社員に，分かりやすく，面と向かって口頭

---

(6) 年度方針書は，経営目標や事業計画，人事に関する方針，内部体制に対する方針など，トップマネジメントの方針や全員で取り組む方針等10の活動方針を記したものである。中小企業としては珍しい18もの項目から構成され，社員の具体的な行動指針など多岐に渡った分厚い内容となっている。また，経営理念など抽象的な部分などは新入社員や外国人従業員にも伝わるように具体的に分かりやすい言葉遣いで書かれている。年度方針を作成したばかりの頃は，各部門に目標数値を検討させて，それをベースにA氏が計画を作成して下位部門に指示を下ろすというトップダウン型の形をとっていた。しかし，試行錯誤を経て能動性を促す観点から徐々にボトムアップ型にシフトしていき，2年後には数値目標とともにそれを達成する詳細な行動計画の作成は各部門で行うようになった。さらに現在では，全社の方針をA社長が決定し，そ

で説明する方法で，経営理念の浸透，中長期の目標，そして，その達成のための一年の行動計画を伝えている。A氏は「組織は社員を幸せにするためにある」とし，「会社の目的は人が育ち，利益をだすこと。利益が唯一公平な評価である」と，社員に徹底している。そこで，目標利益達成のために，各部門のマネージャーとA氏の間で毎月，経営数値の進捗状況の報告を義務化している。ここでは，売上や利益といった会計数値をチェックする。そこで進捗状況や方針との整合性，仕入れの状況などをみながら，社長の考えを各部門にフィードバックしている。これに対して，各部門のマネージャーが部門の状況を踏まえた改善案や考えをA氏に提言する。月次の予算と実績のチェックを通じて，A氏と各部門のマネージャーがコミュニケーションをとることで，課題の抽出や新しいアイデアの創出へとつながっている。すなわち，予算管理を目標達成への進捗状況の単なるチェック手段としてのみ用いるのではなく，むしろ予算管理を「報告と議論の場」にすることにより，インタラクティブなコミュニケーションの手段として用いている。何のために仕事をしていて，その仕事は，どのような貢献に繋がっているのかを丁寧に説明し，同時に彼らの意見に耳を傾けることで，現地人材と社長との間で，自主的な提案やアイデアの交換が頻繁に行われる。このような仕組みのもとに，モチベーションを高く持ち，積極的に楽しみながら仕事に関与していく姿勢が生まれている。

(b) 人事評価制度の導入

海外進出を機に自立した経営を目指す経営改革のひとつとして，人事評価システムを構築した。とくにA氏は，年度方針の中で社員に「人間性を高めること」の重要性を繰り返し述べている。人事評価は期中と期末の年に2回，

の方針をもとに全社目標の達成に向けて，各部門の予算計画，行動計画が作成されている。ここで重要となっていることは，このプランニングを通して，企業理念の共有を図り，A氏と部門，部門のマネージャーと下位のスタッフ，また部門間のコミュニケーションが行われる仕組みになっていることである。これにより従来の一匹狼の高度な職人集団から，「組織としての職人集団」へと変化しつつある。

トップマネジメントとの間で面接の形で行われる。年度方針の経営目標にしたがって期首に立てられた個人目標をベースに，期中は進捗状況，期末は結果を中心に評価し，相互評価の形で行われている。現地拠点では，タイの文化を勘案して，相互評価を行う上で，自ら改善点や問題点を挙げることを，特に重視している。これが現地人材のやる気と，モチベーションを向上させる仕組みになっているのだという。

この背景には，「人材は育てる」「技術を高めるだけでなく人間として成長できるよう育てる」「育てることで成長し会社に定着する」という「人間教育」の考え方がある。人として成長することで，自立心や利他主義精神が芽生え，自分にしかできないことができるようになり，何かに貢献できる人材になる。そのため，最初から転職を前提として代わりのきく人材として扱うのではなく，会社にとってなくてはならない存在として育つよう人材育成計画を立てている。

ちなみに，毎朝のミーティング，昼食を社員が持ち回りで作り一緒にとる，月に一度の食事会の実施といった，タイ文化を考慮した現地法人ならではの取り組みを行っている。この取り組みから得られる社員間の円滑なコミュニケーションが，社内のよい関係性をもたらしているという。こうした昼食を従業員全員と一緒にとるなど，家族のような関係を築くとともに，人事評価による会社組織としてのメリハリを大事することで効果的な結果をもたらしている。なお，人事評価の結果は点数化され，本人が獲得した昇格・昇給に必要となるポイント数は本人に開示される。獲得したポイントに応じて，次年度以降の昇格・昇給に反映される制度になっている。この制度によって，現地人材から実際にマネージャー（現地責任者）が誕生した。

(c) 現地主導・権限移譲

高度な技術者集団を強みとしていたM社であったが，海外進出前は「経営管理」「マネジメント」といった点では決して進んでいるとはいえない状況であった。トップである社長自身が海外進出に主体的に関わり海外駐在することを念頭においていたA氏は，「社長がいなくても経営できる組織」を目指した。すわなち，各部門への分権化とマネージャーへの権限移譲をすすめることで，中小企業のワンマン経営（トップダウン）からの脱却を図ることとした。このタイミングにおいてワンマン経営からの脱却を図ることは，同時に下請け受注体質からの脱却を意味し，開発・提案型体質への変革が自ずと求められた。そのため，国際化を契機に会社全体の成長につなげるために不可欠となる組織の改組・改変に取り掛かったのである。トップダウンからボトムアップ体質への変革に際して，これからM社がどこに向かい，何を目指していくのか，出発点にある理念（ビジョン）と最終的な到達目標（ゴール）を明確にし，それを従業員が理解して一丸となって取り組む「考える集団」に変えていく必要があった。

具体的には，主要となる部門を大きく4つに分け，ボトムアップ式の「アメーバ経営」を導入した。一般に，アメーバ経営とは，京セラの経営理念を実現するために稲盛和夫が創り出した独自の経営管理手法で，現場の社員ひとりひとりが主役となり，自主的に経営に参加する「全員参加経営」を実現するためのマネジメント手法のことをいう(7)。M社では，この手法を取り入れ，技術・開発部門，加工部門，営業部門，海外部門の4つの各部門にマネージャーを配置させた。マネージャーには権限移譲により責任と予算執行権を与え，予算の進捗管理など，各々の部門が各々の責任のもと業績の状況を意識する仕組みへと変化させた。マネージャーからの報告は，直接面談形式で報告を受けている。直接面談形式の対話方式で行うようになってから，マネージャーたちからは，単なる報告事項だけではなく，問題提起や提案など出てくるようになっ

(7) 稲盛和夫HPによれば，アメーバ経営とは「組織をアメーバと呼ぶ小集団に分けます。各アメーバのリーダーは，それぞれが中心となって自らのアメーバの計画を立て，メンバー全員が知恵を絞り，努力することで，アメーバの目標を達成していきます。そうすることで，現場の社員ひとりひとりが主役となり，自主的に経営に参加する全員参加経営を実現しています。」とある。稲盛和夫オフィシャルHP（URL：https://www.kyocera.co.jp/inamori/management/amoeba/）参照（情報閲覧日2018年8月8日）

ている。こうした提案とマネージャーたちのモチベーションが少なからず関係していることに気づいたA氏は，次に述べる学習と実践の機会を積極的に取り入れるようになった。

(d) 学習と実践の機会

タイ現地拠点では，業務上の組織における「研修」のほかに「学習」の機会を設けている。その違いは，研修が経営理念を理解し，業務に必要な知識とコミュニケーション力ならびに営業力を習得するための基礎的な人材育成の場であるのに対して，学習は，自分自身の専門性のスキルアップと独創力ならびに提案力の涵養を目的とした実践の場である。この学習と実践の場を設けることで，自ら変化を起こす力となる「イノベーション能力」の基盤を向上させたい狙いがある。

具体的には，社内に「委員会制度」を設けた。委員会制度とは，若手を各種委員会のリーダーとしベテランを補佐につけ，予算措置を行った上で企画運営するものである。各種委員会は，PR委員会，社内勉強委員会，職場環境委員会の3つ(8)が設置された。これら委員会のメンバーらは業務組織を超えて横断的に組み合わされるため，委員会活動を通じて，普段業務上のコミュニケーションがなくても，風通しのよい交流が活性化される。また，失敗をしても，人事評価に響くものではないため，積極的に自分のアイデアを実践する絶好の機会となっている。このような非公式な取り組みは，業務上のリーダーの育成や全員参加型経営の土台を構築しているという。

また，社長やベテラン社員などは，社外での異業種勉強会などにも積極的に参加している。タイは，自動車産業や家電産業などを中心とするサプライヤー

(8) M社提供資料（2016年度）によると，PR委員会の目的は会社の知名度アップにつなげることであり，会社のホームページの更新や会社案内の改善などを行う。社内勉強委員会の目的は，コミュニケーション力や技術力の向上であり，勉強会を実施したり，資格取得や講習会への参加，全員参加の懇親会の企画などを行う。職場環境改善委員会の目的は職場環境の改善であり，グループで定時前・後に会社周辺の清掃や掲示物の充実を図る。

が集積しているため，日系，外資，地場など様々なサプライヤーが社会的分業の中で重層的に混在している。サプライヤーは，それぞれ独自の専門的技術を保有しており，それぞれの知恵を持ち寄ることで課題解決や新たなビジネスチャンスに遭遇することもあるのだという。実際に，これにより新たなビジネスアイデアにつながったケースも少なくないとのことである。

若手現地人材については，国際展示会や地場企業などに「ドブ板」営業を行わせている。社長と一緒に行うケースもあれば，彼ら単独で実施させるケースもある。地場のサプライヤーについては，地元のタイ人同士のコミュニケーションの方が取りやすいことから，営業の実践の機会は多く設けているとのことである。

こうした実践の機会は，彼ら現地人材の実力を試す機会でもあり，実践の数だけ提案力は高まっている。このように研修によるインプットと実践のアウトプットの両面の機会を仕組みとして取り入れることがイノベーションの効果を生んでいる。

6. 小括

本章では，タイにおいて海外展開を行った日本中小企業M社を対象に，積極的目的による海外進出による成長戦略の実態を調査し，イノベーション活動を円滑に推進するための仕組みに関する優位性の推進要素となる「技術」に焦点を当てて，現地発イノベーションを実現させるための要因と仕組みを分析した。

具体的には，脱下請戦略のもと技術力を武器に，販路や流通などのビジネスモデルと，それを推進する現地拠点の組織に現地でどのような変化が起きていったのかを細かく抽出し，それら現地発のイノベーションを実現した要因，仕掛けなどを確認した。まず，日本で培われた技術・技能は，現地人材やサプライヤーを育成することで活かされていたこと，そして，現地の技術力の高い外資・日系企業との共同開発による新商品開発に生かされていた。そのうえで，現地人材や現地サプライヤー，共同開発企業の活用がビジネスモデルの構築につながっていく要因となっていたことを示した。こうした結果を生み出す要因に，現地人材の育成と日本人材自身の学習が効いていたという事実発見は注目に値する。それゆえ，脱下請によるしがらみのない販路開拓を前提とした現地発イノベーション活動は，抜本的なビジネスモデルの変革と，それを支える組織の変革（主には人材育成）の両輪の支えが不可欠となる。そして，タイの事例における検討・分析による示唆は，他の海外諸国に進出している日系中小企業においても，適用できるものと考えられる。

本章の結論としては，中小企業は，その規模的特性からイノベーション活動のための資源を現地資源に依存するため，それだけビジネスモデルもプロダクトも組織も「現地発」の影響を受けやすい。それゆえ，海外市場の日本国内のしがらみがない場所で，新たな販路開拓や新たな挑戦はしやすい。すなわち，もともと技術力という優位性を持っていれば，中小企業だからこそ現地発イノベーションを実現しやすいといえよう。こうしたタイの事例分析から明らかにされた課題は，中小製造業と海外市場の特性から，他の新興国へ進出する中小製造業にも一般的に起こり得る事象であるゆえ，参考になるであろう。

第6章

イタリアに進出したF社の事例

1. 本章の目的

本章では，イタリアでの現地発のイノベーション創出を実現することで成長につながった産地型地場中小企業の事例[(1)]を取り上げる。本事例は，海外展開を機に，もともと日本で培ってきた技術力の優位性を武器に，現地での積極的なマーケティングよって現地発イノベーション創出に成功した事例である。さらに，現地発イノベーションが，本国に還流し「世界標準化」された事例である。そのプロセスには，現地化を進めたものと進めなかったもの，標準化を進めたものと進めなかったものがある。現地発イノベーションの実現には，何をグローバルに標準化し，何を現地化するかを，市場の発展段階，企業の戦略によってかえる視点が重要になる。これまでの先行研究の蓄積では，経営資源の限られた中小企業の優位性がどのように現地に持ち込まれ，どのように活用されていったのか，中小企業におけるマーケティングに関する分析が希薄であったことを分析視角の中で，既に述べてきた。中小企業の現地発イノベーションにおけるマーケティングの有効性を検討するには，現地でのマーケティング活動諸要素（例えば，製品・流通・プロモーションなど）における「メリハリ」を明らかにする必要がある。そこで，現地での優位性を再構築するため

(1) F社には，第1回インタビュー調査を2015年3月30日に佐賀県本社にて2時間実施，第2回インタビュー調査を2015年6月17日にイタリア・ミラノ拠点にて2時間実施，第3回インタビュー調査を2015年12月15日に佐賀県本社にて3時間実施，第4回インタビュー調査を2016年7月22日に佐賀県本社にて3時間実施した。御多忙のなか御協力いただいたF社のF社長に心より御礼申し上げたい。

に，中小企業の本国優位性がどのように現地に持ち込まれ，それがどのように現地で活用されていったのか，逆に，どの部分が持ち込まれず現地化されなかったのか，標準化されなかったのか，マーケティング諸要素の観点から分析する。そのうえで，本国で構築した「技術」の優位性(2)を，どのように現地資源を活用し，どのようなマーケティング活動によって，現地発イノベーションへと発展していったのかを検討する。

2. 事例選定理由と事例企業F社の概要

（1）イタリアの選定理由

イタリアは，ローマを首都に持つ人口6,060万人，面積約30万2,073万平方キロメートル（日本の約5分の4），グッチ，サルバトーレフェラガモなど数々の世界的有名ブランドを生み出してきた，言わずと知れたファッションの集積地である。中でも今回取り上げる事例が拠点を構えたミラノは，中世の古い建造物や街並みが至るところに残る古い歴史を持つ一方で，最先端モードの発信地でもある。ミラノは，1813年に完成したドゥオーモと近代的なオブジェや高層ビルが混在する都市である。古いものと新しいものの融合は，街並みだけに限らず，多くの産業で職人が伝統を保ちつつ，付加価値を持たせた高品質で独創的な商品を生み出し続けている点で日本との共通点もある。

JETROが実施した調査（ジェトロ世界報告2018年）によると，2017年の対日貿易は，輸出が前年比9.0％増の65億6,400 万ユーロ，輸入が4.1％増の41億8,400万ユーロとまだ少ないが，近年のミラノ万博日本館(3)やミラノサ

---

(2) 前章で明らかにしたように，現地発イノベーションのために持ち込まれたもの（優位性）は製品そのものではなく「技術」である。

(3) 日本館の総来場者数は228万人に達し，同博来場者の約1割が日本館を訪れた計算になる。高い人気は長蛇の列になり，9時間待ちの日もあり「行列嫌いのイタリア人を並ばせた」と地元メディアでも話題になった。イタリア新聞社のアンケートでも「一番素晴らしいパビリオン」「万博を見た後で訪れてみたい国」の1位に選ばれるなど高い評価を受けた。電通報参照（2015年11月5日掲載記事「ミラノ万博閉幕

ローネにおける日本ブースへの関心の高さから，イタリアの日本への関心は，製品だけでなく質の高い日本のサービスや高度な技術にも向けられていることがうかがえる。

(2) Ｆ社の選定理由

本章で取り上げる深川製磁株式会社（以下「F社」という。）は，日本で培ってきた技術力を武器に，イタリアへの海外進出を機に全く新しいビジネスモデルの構築に成功した企業である。今回取り上げるF社は，佐賀県焼き物産地の400年近く歴史を持つ老舗窯元（陶磁器メーカー）として存立し，明治33年より海外（ヨーロッパ）輸出の経験を持つ。しかし，80年代以降，国内需要拡大とは対照的に輸出事業は低迷し，輸出事業をとりやめた。しかし，90年代以降，国内市場も大きく低迷することになる。このような背景から，同社は原点回帰の戦略を打ち出し，2005年にミラノに海外拠点を設立した。ミラノ拠点設立を機に，輸出事業を再開した。80年代までの輸出とミラノ拠点設立後以降の輸出再開では，同社の輸出製品は抜本的に変化した。輸出停止前までは，日本で販売していた製品と同じものを輸出していたが，海外拠点設立以降の輸出製品は，日本で販売していた製品とは明らかに異なる海外仕様に変化した。そして，その海外仕様製品の開発・製造・販売マーケティングによって，同社のビジネスモデルは大きく変化し，低迷する国内市場でも売り上げを伸ばすことに成功した。このような理由から同社を選定した。

(3) 事例企業Ｆ社の概要と海外展開の経緯

F社 は，1650年に深川栄左衛門によって佐賀県有田に創業された窯元・香蘭社に創業の系譜を辿ることができる。会社組織「深川製磁株式会社」は，栄左衛門の次男である忠次が香蘭社から独立し，東京高等商業学校（現・一橋大学）で，語学と貿易を学んだのちに自ら起業したことによって1894年に設立

日本館はパビリオンサプライズ」)。

された。忠次が設立した会社組織・F社には，他ではまねできない唯一無二の製法で，宝石のような陶磁器を創り上げたいという強い思いが込められていた。この「工藝思想」で「世界を獲る」ことを掲げ，すぐさま「有田様式」を世界に発信したことに企業・F社としての原点がある（表6-1参照）。

【表6-1】F社の企業概要

会社組織設立	1894年1月23日（窯元としては1650年に創業）
代表者	代表取締役社長　深川一太（4代目）
ビジョン	「新たな美感を創造し，匠な技を世界へ」
経営理念	精神的に豊かになれる文化水準の高い社会作りに貢献するために，私たちは，匠の技を有した新たな美感を創造し，お客様の感性を刺激する商品/新たな自己実現を可能とする商品を革新的な事業活動をもって提供していきます。
資本金	2億3百50万円
従業員	133名（内・約100名が職人，内・伝統工芸士7名）
本社	〒849-4176　佐賀県西松浦郡有田町原明乙111番地
営業所等	札幌出張所，仙台・東京・大阪・福岡営業所
	イタリア・ミラノスタジオ，The House六本木
取引先	全国主要百貨店・専門店，病院・介護施設，海外販売代理店
事業内容	飲食用陶磁器，装飾用陶磁器の企画・製造・販売

（出所）F社HP「企業概要」及びインタビュー調査等をもとに筆者作成。

1900年のパリ万博では，最高名誉メダーユドール（金賞）を受賞した[(4)]。これを契機に，輸出による販路開拓を積極的に推し進め，バーミンガム，パリ，ミラノ，ハンブルグなどのヨーロッパ各地に販売代理店を設け，格式の高いヨーロッパの愛好家たちに，有田様式を広めることに成功した。愛好家の心を

(4) 有田焼のパリ万博の初出展は1889年。そのときは受賞ならず。しかし，忠次はそのときのパリ万博で得たヨーロピアンニーズをヒントに，中国様式，エジプト様式の色彩を融合し，鮮やかな色で描かれる繊細な絵付けに特徴を持つ「日本様式」を確立した。このような美しさに加え，薄くて丈夫な耐久性に優れた「日本様式」は高く評価され，1900年のパリ万博で受賞に至った。伝統技術に裏付けされた洗練されたデザイン性を持つ「深川スタイル」の真骨頂はこのころから確立されていく。1910年には「宮内庁御用達」拝命し現在に至る。

捉えた作風は「深川スタイル」と呼ばれ，ブランド[(5)]を確かなものとした。文化・芸術意識の高いヨーロッパで高い評判を得たことが，国内の格式ある陶磁器ファンや富裕層の獲得を成功させた。そして，そのブランドを武器として，ヨーロッパ向けの輸出用陶磁器および国内の富裕層向けの陶磁器を製造する企業として発展していったのである[(6)]。

3. ケーススタディ
—海外展開とマーケティング戦略

(1) 確かな伝統技術と海外展開（再開）の契機

F社は，創業以来陶磁器の「自主技術の開発」を基本理念としている。創業者は「精巧さのない磁器は，決して工芸と呼ばない」と言い，完全分業で成り立ってきた有田焼の伝統から一歩踏み出し，成形・絵付・施釉・焼成などの工程ごとに熟練した職人を自社に集めた（写真6-1参照）。すなわち，産地でありながら分業にほとんど頼らない「インハウス（社内一貫生産体制）」を確立した。その結果，原料から製造，販売まで一貫して見渡し，高いクオリティを創出するだけではなく，宝石のように美しく個性溢れる唯一無二のオリジナル作品を創り上げることを可能とした。

技術革新（イノベーション）の開発に関わる組織体制は，伝統工芸品の開発を目的とした「芸術室」，ユーザーニーズの入手及びデザインの開発を目的とした「デザイン開発部」，及び新しい製造技術の開発や歩留りの向上を目指す「有田工場技術部門」がある。これらの部署の研究開発費に毎年，数千万円を投じている[(7)]。

このような日常的なイノベーション活動から生まれた，F社の作品に彩られ

---

(5) 作品には「富士流水」が裏印され，確かなブランドとして世界中の陶芸ファンの間で認知されている。

(6) 1949年に福岡証券取引所に株式を公開し上場する。ただし，2007年に上場廃止となる。

(7) 有価証券報告書（2015），p.10参照。

【写真6-1】本社外観および工場内の伝統工芸士の作業風景写真

（出所）2015年12月，有田本社にて筆者撮影

る，透き通るような青色の染付[(8)]は「フカガワブルー」と呼ばれ，他社が決して創りだすことができない，深川スタイルの特徴となっている。この工法は，高品質の天草陶石を原材料に，一般的な工法よりもはるか高温で焼成するため，歪が生じやすいとされている。その歪みまで計算したうえで，寸分の狂いなく美しい形に焼き上げる技術力をF社は持つ。F社が世界と勝負できる技術基盤はここにある。この技術によって，薄くても丈夫な耐久性を持ち，透き通るような「透白磁」の風合いや，「フカガワブルー」の染付などが可能となる[(9)]。固有の伝統技術があるからこそ，新たな美感が成立するのである。

かつては，確かな技術に裏付けされた近代磁器の元祖として，ヨーロッパ各地で珍重された同社の製品だが，80年代以降，国内需要拡大とは対照的に輸

---

(8) F社は，高品質の天草陶石を原材料に1350度の高温で焼成するのが特徴である。磁器の焼成は，一般的に1250度程度。温度を100度上げると，固体から液体に変化する限界に達し，歪みやひずみ，キレが生じやすくなり，製品として出荷できなくなるものが増えてしまうようである。

(9) さらに高温で焼切ることで，生地はより強くなり，軽く，ガラス状の釉薬も溶け切り汚れが落ちやすい高品質な磁器を精製する。住友商事CLASSY HOUSE STYLE. Vol.10（http://www.classy-club.com/classyclub/style/vol10/03.html）参照。情報閲覧日2015年12月1日。

【図6-1】伝統地場産業の生産額・従業員数・企業数の推移

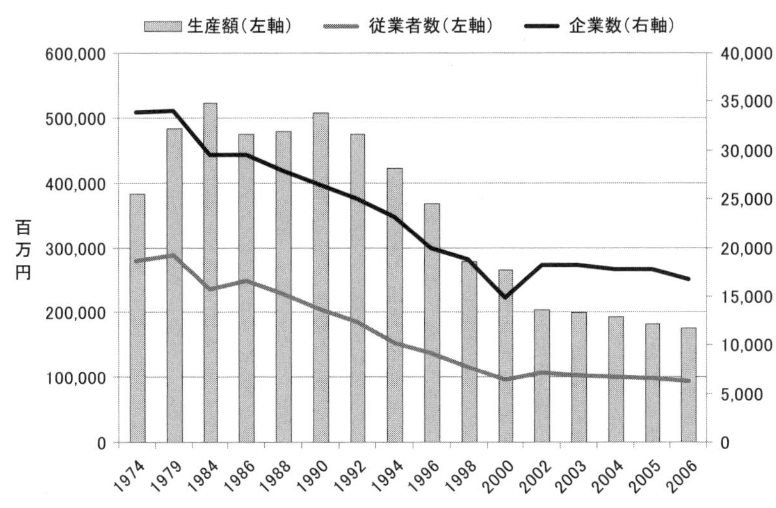

（出所）経済産業省「伝統的工芸品産業をめぐる現状と今後の施策について」2008年抜粋

出事業は低迷した。一方では，独自の作風と海外の陶磁器ファンからの高い評価によって，F社は国内市場の開拓に確かな手応えを得てきたが，やがてそれもグローバル化や少子高齢化に伴うライフスタイルの変化が，行く手を阻む強い向かい風となる。他の地場産業の衰退の要因と同様，国内市場の縮小，消費志向の変化，安価な輸入品の大量流入などによって深川製磁の製品も，それまでと同じやり方では売れなくなった。陶磁器産業は，紙コップやプラスチック素材の器の普及による「食器離れ」に加え，旅館や割烹などの低迷による業務用和食器需要の減退が衰退に拍車をかけた（図6-1参照）。

分業による限られた資源の「選択と集中」，技能職人の流動性による人材確保や，産地問屋から入ってくるマーケット情報などの「外部経済」，さらに，分業ゆえの量産体制から得ていた「規模の経済」に後押しされ，発展してきた小規模の窯元は，外部環境の変化に加え，こうした経営上のメリットを失うことで，次々と時代の波に淘汰されていった。有田焼主要3組合の2011年の販売売上高は，ピーク時の約13％の20億9,600万円まで減少し，厳しい業況が続いている[10]。相対的な陶磁器産地（産業集積）の衰退は，産地の製造工程における分業に頼らないF社であっても，影響がないわけではない。例えば，産地における職人の高齢化，陶磁器に対するイメージの低下，若者の職人離れ，マーケット情報不足などの影響は，同社の逆風に追い打ちをかけた[11]。

陶磁器産業における国内市場の衰退は，海外販売戦略のさらなる弱体化と認知度・ブランド力の低下にも繋がる悪循環となっていく。国内の高級百貨店や専門店からの扱われ方にも陰りが見え始めた。ついには，海外高級ブランドと同じコーナーの陳列から，格を下げた百貨店もあった。

他の製造業が価格過当競争の消耗戦に凌ぎを削る荒波の中で，F社は，「原点回帰」の経営戦略を打ち出す。すなわち，価格競争ではなくモノや機能性を売るのでもなく唯一無二の「価値」と「スタイル」を売る，そして，その価値やスタイルは文化の成熟するヨーロッパからのグローバルでラグジュアリーな評価を武器に築く，いわば「原点回帰」による攻めの戦略に舵をとったのである。折しも，有田焼創業400年のタイミングであった。

(2) 海外拠点の戦略と新製品開発

2005年，服飾・繊維ファッション・インテリアなどの産地イタリア・ミラノに「ミラノスタジオ」を設立した。ミラノスタジオは，日本よりも文化・芸術面において成熟するヨーロッパでF社のスタイルを発信・啓蒙し，それがヨーロッパでどのように評価されるのか知り，そこから得られる情報をもとにF社のドメインを更に深化・発展させることを目的に設立したものである。す

---

(10) その後，有田焼陶磁器の窯元約260社の2013年売上高が前年比9.3％減の19億5,900万円で，記録がある1985年以降で最低となった（佐賀新聞2014年6月25日付）。しかし，有田400年事業の海外展開が追い風となり，有田焼主要組合の翌年2014年の共販売上高は，前年（2013年）比0.2％増の19億6300万円だった（佐賀新聞2015年6月20日付記事）参照。

(11) F氏は，「産地というものは我々窯元にとってインフラそのものである。産地衰退は，インフラの衰退を意味する。それは，産地の生活と経済活動に関わるあらゆる企業・住民たちに打撃を与えている。」と述べる。

【写真6-2】ブレア地区のミラノスタジオ周辺の風景写真

（出所）2015年6月，伊ミラノにて筆者撮影

なわち，自社の変革を目的に，世界標準のニーズを探求するためのマーケティング拠点を海外に設立したのである。

そのため，ミラノスタジオは，「販売店」というより「ライフスタイルを提案する」「F社のスタイルを浸透させる」といった意味合いが強い。入居したテナントは，地元の有名画家が，アトリエとして利用していたスペースであった。周辺には，ブレラ美術館やブレラ大学を中心として，有名家具メーカーやアンティークショップ，ファッションブティックなどが立ち並び，デザイナーやスタイリッシュな若者で賑わう伝統と革新が息づく界隈として知られる世界最高峰の文化・芸術に関わるクリエイティブ産業の集積地である(12)（写真6-2参照）。

スタジオの総合プロデュースは，現・4代目社長の深川一太（以下「F社長」という。）の夫人（取締役）でありブランディング・マネジメント（BM）部長兼デザイナーを務めるE氏が担当し，現地スタジオの管理・運営は，ミラノの大学院・美術専攻を修了されたミラノ在住のK氏（当時）が行う。

スタジオでは，「アトリエ」という創作空間の中で陶磁器を通じて，400年

(12) スタジオで開催するインスタレーションや特別企画展は，いつもSold Outになるほど人気である。F社公式HP（http://www.fukagawa-seiji.co.jp/milano/index.php）参照（情報閲覧日2015年11月29日）。

【写真6-3】ミラノスタジオの入り口とアトリエ内の風景写真

（出所）2015年6月，伊ミラノにて筆者撮影

の伝統に裏付けされた有田焼の確かな技術と文化を表現すべく試行錯誤が行われている。ヨーロッパの古きよき，芸術の面影を残すアトリエのスペースを改装した店内では，主に，インスタレーションなどの各種イベントの企画・開催を行っている（写真6-3参照）。

イベントでは，イタリアの陶磁器ファンへの商品コンセプトや新商品に関わる情報発信に加え，現地で収集した情報を本社へフィードバック(13)する作業を欠かさない。また，直接日本本社のデザイナーや職人がミラノスタジオで，陶磁器ファンと交流する場として活用されている。この交流から，思わぬ「イノベーション」が生み出されてきた。例えば，現地で開催した立食パーティ形式で実際にF社の陶磁器を使い料理を楽しんでもらうイベントでは，参加者の食べ方や陶磁器の使い方，要望などから食器の用途・機能の可能性を広げた。例えば，もともとスープの容器として日本で販売していたカップは，イタリアではコーヒーを楽しむマグカップとしての用途が好まれた。日常のディスプレイからは，多色を用いた複雑な柄よりもシンプルで一色のデザインを好むなどの陶磁器デザインに対する嗜好性のヒントを得られた。このような日常の交流

(13) 現地の常連顧客やサローネ訪問者などから得られた情報は，ミラノスタジオで一元管理し，ブランディングマネジメント部に報告するために，フォーマットを作成し本社へ報告を行っている。

【写真6-4】フラワーシェイプの「NERO」シリーズ，「SUMIランプ」展示風景

（出所）2015年6月，伊ミラノスタジオにて筆者撮影

を通じた体験からは，現地ならではの用途やインテリアとしての陶磁器の確かな可能性を感じ取ることができた。日本から招いた職人と，現地参加者が陶磁器に挿絵をする体験工房の催しでは，日本人にはないヨーロピアンの陶磁器ファンならではの感性を学びとることができた。

こうした海外の現場から吸い上げられる情報や知識を「F社のスタイル（ブランドイメージ）」に落とし込むことで，プロダクトイノベーション（新製品）が生まれた。具体的には，料理に合わせ様々なシチュエーションで活躍する使い勝手のよさが特徴の新製品「ARTE」シリーズ，黒・赤・白のシンプルなフラワーシェイプのデザインが特徴の「NERO」シリーズ，透白磁のベースに墨でデザインするモノトーンを特徴とした，インテリア用品の「SUMIランプ」などが，ヨーロッパ市場向けに開発されたその成果である（写真6-4参照）。さらに，これらを日本の色彩と職人の「手技」を取り入れ，日本国内市場向けに再開発されたものが「TEWAZA」シリーズと呼ばれるダウンサイジングされた新製品である。このTEWAZAシリーズはのちに国内市場の復活を象徴する製品となった（写真6-5参照）。

このように，「情報発信の場」として，戦略的にミラノに設置したコンセプトショップではあったが，むしろ，彼らの新たなデザインやアイデアを生み出

【写真6-5】日本市場の国内回帰に繋がった「TEWAZA」のポットとピッコロ

（出所）F社より提供

すための「マーケティング活動の場」となり「学習の場」になっている。すなわち，Face to Faceの交流から得られる現地情報，文化や風習に関する知識，感性は，デザイナーや職人の肌感覚の中に蓄積されている。現地で一度「暗黙知」として蓄積されたこの「体験知」は，最終的に日本本社の工房の中で，これまでの発想とは全く異なる新製品（形式知）という形で表出化されている。特筆すべきは，産地が従来恩恵を受けてきた「集積のメリット」で失った資源の一つである「市場情報」「顧客ニーズ」を，海外の産業集積から補完・吸収し，自らの経営革新に取り込んでいることである。

(3) 現地発イノベーションと国内販路開拓

ミラノスタジオでは，設立年以降，毎年出展しているインテリアデザインにおける世界最大規模の海外展示会である「ミラノサローネ」への出展サポートを行っている。

2006年の初挑戦は，既述のARTEシリーズの「器」である「ARTE-WAN」の「ワークショップ」によるF社の品質を世界に啓蒙し，翌年2007年以降本格的にミラノサローネに参加した。2007年，2008年のミラノサローネでは，フィエラ見本市とフオリサローネに同時に出展した。

フィエラ見本市では，モルテーニとの共同開発がマスメディアの大きな関心を呼んだ。フオリサローネでは，E氏デザインの「墨」を用いたモノトーンでシンプルなデザインが特徴の「Sumiランプ」（写真6-4）を中心としたインスタレーションが，イタリア大物デザイナーやインテリアアーティストから大きな反響を呼び，ヨーロッパにおけるポテンシャルを内外に示した(14)。2015年のミラノサローネでは，フランス・パリの超有名店のCafé de Floreが，このSumiシリーズの作品を購入し，店舗のインテリアとした。ファッションデザイナーの巨匠Paul Smithは，ギャラリーのインテリアとして高額の花瓶を購入した。Comme ca du modeからは，インテリア関連商品の共同開発の打診があった。

このように，ミラノサローネではF社の存在を世界に知らしめること評価が功を奏し，日本国内の高級百貨店のバイヤーの目に再び留まった。大阪市北区の阪急うめだ本店内にある「特選食器コーナー」に出店が決まり，関西圏の新たな客層開拓に繋がった。特選食器コーナーには，英ウエッジウッドや独マイセンのほか，仏バカラなど有名ブランドが並び，F社は「日本代表」として名を連ねる格式の復活を果たしたのである(15)。

現在，ミラノ拠点は初代忠次が事業を始めたときの社訓ともいえる「工藝思想」を強みとして，「世界を獲る」ための情報発信や情報収集するために重要な役割を果たすとともに，新たな「ブランド」を再構築し，そのブランド価値を日本にフィードバック（いわば逆輸入）する機能を果たしている。この新たな優位性が，日本国内の販路開拓にも繋がっているのである。

特筆すべきは，ミラノサローネ出展の準備から開催，評価，そして次年度への準備にフィードバックしていくサイクルの中で，グローバルに通用する「普

---

(14) F社公式HP（http://www.fukagawa-seiji.co.jp/milano/）参照（情報閲覧日2015年12月11日）。

(15) 2012年12月に開催した催しでは，伊ミラノで発表した作品を日本向けにアレンジした商品もあり，30代から40代の客層に好評だった。売り場を担当するF社大阪店の永尾誠副店長は「世界の中の日本というコンセプトで出店できたことが何よりうれしい。今後もセンスの良い商品をたくさん提供したい」と語る。2012年12月26日付『佐賀新聞』「深川製磁，阪急本店に関西の客層開拓狙う」参照。

遍的な価値」を，深川製磁自ら再確認する機会となっていることである。すなわち，グローバルに通用する「技術」の価値の確信があってこそ，デザインという付加価値を斬新に革新していく挑戦ができるのである。

2011年には，六本木の閑静な住宅街の一角に，「家」と「店」を融合させたF社のコンセプトショップ「The House」をオープンした。The Houseは，ミラノに次ぐ，いわば「旗艦第2号店」，ミラノと同じく「ライフスタイルを売る」ためのコンセプトショップとして創設された。「家」という生活空間の中で，陶磁器を通してヨーロッパ仕込みの洗練されたお洒落な「ライフスタイル」の提案を行っている。マンションの1階の居住スペースを改装した店内は，自分のライフスタイルに合わせて器の選び方や使い方をシュミレーションする事が出来る空間となっている。

このように近年のF社は，多様化する現代の食生活に対応した優れたデザインの食器を多数生産し，文化集積地の富裕層をターゲットとして，洗練された多彩なテーブルコーディネイトという具体的な提案型のスタイルで発信を行う，独特の戦略が展開されている。特筆すべきは，ミラノで構築した新たな「ビジネスモデル」の優位性をそのまま国内に還流させたことである。すなわち，モノではなく価値（ライフスタイル）を売る。情報を発信し収集もする，その「ライフスタイルの提案」という形の情報発信とそれに対する市場の反応を収集（吸収）することの繰り返しによって，洗練された製品開発のヒントとなって，新製品を生み出していく。さらに，その新製品は顧客やマーケットからのダイレクトなニーズに基づき高付加価値化された「共創」型のブランドとして，グローバルに新たな顧客層を開拓していく，そんなビジネスモデルの本国へのフィードバックである。

現在は，新興国アジアの富裕層を新たなターゲットとして，ミラノ仕込み・六本木仕込みの深川スタイルの発信・啓蒙を広め，アジア富裕層のニーズを吸い上げていく戦略を進めている。2014年に新たに設立された海外需要開拓支援機構（クールジャパン機構）[16]と共同開発し，食品，レストラン，ファッション衣料・雑貨，リビング用品などにおいて，単に日本のモノを並べるにとどまらない「日本の魅力（クールジャパン）」を発信することで，現地での新たな需要の創出と，日本国内への波及効果を目指す戦略を展開させた。

(4) 海外展開を契機とした多角化

2012年には，病院や介護施設向けに「抗菌効果」を謳った新商品「スーペリア・グレイズ」シリーズの販売をスタートさせた（写真6-6参照）。抵抗力の弱ったお年寄りや子どもが，安心して使える抗菌食器の新市場の開拓である。

F社の製品は，美しいだけではない。強く割れにくいという機能的価値もある。そういう機能的な面を両立させてきたことにF社の特徴があり，その延長線上に抗菌事業が位置づけられる[17]。遡ること2005年に，都内の病院に試験的に食器を提供したことから本事業の構想は始まった。病院食でも見た目が楽しめ，高齢患者の食欲が増して回復や退院が早まるという裏付けのもと，本格的な開発が始まった。実験段階では，従来のプラスチック製のメラミン食器に比べ抗菌効果の難点が浮き彫りになるが，光触媒関連開発の地元ベンチャー企業と連携し試行錯誤の末，光を当てると殺菌効果を発揮する光触媒の酸化チタンを釉薬に混ぜて製造する製法の開発に成功した[18]。抗菌効果は，専門機関

(16) クールジャパン機構と直接または間接的に共同出資して設立する新会社を主体として，マレーシア・クアラルンプールにおける（三越伊勢丹の連結子会社が所有する店舗を再構築し，「日本の優れたモノ・サービス」を発信・提供する新たな店舗モデルとするプロジェクトを，クールジャパン機構と共同でスタートするもの。2014年9月25日付『流通ニュース』「三越伊勢丹HD/クールジャパン機構とマレーシアで新企画」参照。

(17) 博報堂コンサルティング『経営はデザインそのものである』ダイヤモンド社，2014年，p.133参照。

(18) 見た目に問題が生じ，繰り返し使ううちに剥がれ落ちる欠点を試験的に導入した病院の調理室から指摘を受けた。地元のベンチャー企業「ティオテクノ」が製品化した酸化チタンを，F社の釉薬と融合させる方法で研究を重ね，国内初の抗菌釉薬（AB釉＝アンチバクテリア釉）の開発に成功した。従来の表面に塗り付ける方法では

【写真6-6】抗菌食器「スーペリア・グレイズ」シリーズ

（出所）2015年12月，チャイナ・オン・ザ・パークにて筆者撮影

による試験で実証済みで，特許庁の実用新案登録も取得した(19)。また，施設で大量に食洗機で洗浄する際のサイズや耐久性などの課題が利用施設側からは指摘されたが，佐賀大学の研究室と共同開発し，その解決策にあたり難なくクリアした。その後，高齢者施設や佐賀県内の病院などで好評を博している(20)。

続く翌年には，病院・介護施設などのB to Bビジネス市場に加え一般向けのB to C市場への展開を始めた。一般向け商品として，新たに子ども用の抗菌食器を加え，歯ブラシ立てや石けん入れなどの小物もカバーし，全15種類

なく，釉薬の中に溶け込ませ，1350度の高温で焼成することで，F社本来の色合いや丈夫さも再現可能となった。2012年12月14日付『佐賀新聞』掲載記事「深川製磁が抗菌食器　光触媒と釉薬を融合」参照。

(19) 2013年4月19日付『佐賀新聞』「抗菌食器を陶芸市で販売　深川製磁」参照。

(20) 佐賀県では，平成2003年から全国初となる「トライアル発注事業」を実施している。トライアル発注とは，県内の中小企業等が開発した製品等について，県の機関が試験的に発注し，また使用後は当該製品等の有用性を評価し，官公庁での受注実績をつくることにより，販路の開拓を支援するなど，県内企業の育成を図るための制度のこと。2013年に同制度のもとで導入した県立病院好生館は「普通の食器と変わらないため，食べる側としても気持ちよく摂取できたのではないかと思われ患者にも好評であった。さらに，思ったより軽量だが，強化磁器と比較しても特段割れやすいわけでもないので，抗菌の効果を期待するだけでなく，通常の給食用食器としても十分使用できると思われる。」と述べている。佐賀県庁HP参照。

の新商品を販売している[21]。価格帯は，比較的安価に抑え，ライフスタイルにはこだわりがあるが日常のシーンで求めやすいことを狙った。特に，食が進むようデザインや色合い器の形状にも工夫が凝らされているのが特徴である。

こうした従来の事業領域を超えた新ブランドの構築には，F氏にきっかけとなる出来事と，そこから湧き上る強い思いがあった。東日本大震災後に何かできることはないか，と思い立って被災地を訪問した。そのときの光景が脳裏に焼き付いて離れなかった。災害が起きたとき，お年寄り，幼い子供，病人など「弱者」が，少しでも笑顔になれる方法はないのか，自分ができる「社会貢献」はないのか，自問自答する日々が続いた。少子高齢化を先進国で最初に経験する日本のライフスタイルに貢献できる企業の先駆者でありたい，という社会貢献に対する強い思いが湧き上ったのである。

この思いを形にするうえで，ミラノスタジオのインスタレーションや六本木The Houseのライフスタイル提案などの直接顧客からニーズを聞き出す経験が活きた。ヨーロッパや六本木の目利きができるエンドユーザーの声にヒントが隠されていた。現地の陶磁器ファンや文化人からの，2005年にミラノ進出して最初の反応は，実際のところ製品価格に対する厳しい意見が多かった。F社の製品は高いものだと数百万円，数千万円になる。平均的なものでも，食器で数万円はする。インテリアや装飾品となると，数十万円となり高級ジュエリーと同等の価格帯である。陶磁器食器のデザインに興味を示し，手を伸ばすものの価格で躊躇する。そこで，実際にターゲットとする人に試してもらうと，機能性・実用性の高さが十分に認知されていないことが分かった。

この課題を克服するために，ターゲット顧客にとって手ごろなエントリー価格と便益，そして機能性に関する明確なメッセ―ジが必要と考えた。こうした情報を咀嚼し，市場ニーズと社会性の観点からF社長の思いを込めて棚卸を行った結果生まれたのが，美しく機能性も高い新ブランドの抗菌食器である。

(21) 抗菌食器は同社の直営店や催事のほか本店やチャイナ・オン・ザ・パークなどで販売。価格帯は2,500円から15,000円。

量産できる体制にも工夫を凝らし，エントリー価格は2,500円と安価になった。単なる社会貢献ではなく，歓びを与えなくては意味がない。いくら美しく技術力が高くても実用的でなくてはならない，そして，手の届くエントリー価格がなくてはならない，という具体的な改善の道筋を得ることができた。

このようにF社は東日本大震災の経験から，社会志向を追求するようになった。特筆すべきは，海外展開や六本木コンセプトショップの展開を契機に確立した市場志向とともに，社会志向を実現する具体的な改善の道筋を描き出し，それを実行できる組織へと進化していることである。

4. 要因分析—現地発イノベーションを引き出すマーケティング

F社の「イノベーション」の実現には，どのようなマーケティングの要因が関係しているのだろうか。冒頭でも述べたように，海外市場では習慣，文化，制度，所得などが大きく異なることから，マーケティング活動のすべてを標準化できるわけではない。したがって，何をグローバルに標準化し，何を現地適応化すべきかを，市場の発展段階，企業の戦略によってかえることが現地発イノベーションを成功させるために肝要となる。ここでは，海外市場における現地発のプロセスにおけるマーケティングでは，現地でのセグメント・ターゲット・ポジション（STP）を加味したうえで，製品，価格，流通，プロモーション（マーケティング4P）の4つの要素から，上掲に起こったイノベーションとの因果関係を分析していく。

（1）セグメンテーション，ターゲティング，ポジショニング（STP）

成功に導いたF社のイタリア拠点設立におけるマーケティングのポイントはどこにあるのだろうか。F社の売りたい製品は，陶磁器である。F社が創り出す製品は単なる陶磁器ではなく，宝石のように美しく個性溢れる唯一無二の「インテリア」としてのこだわりがある。加えて，F社は伝統地場産業として存立してきたことで高い技術力を持つ。とりわけ，技術開発には余念がなく

【図6-2】イタリア拠点のセグメンテーション

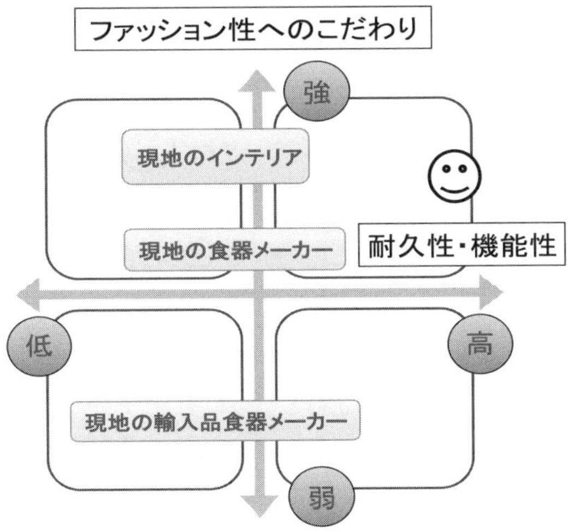

（出所）筆者作成

「耐久性・機能性」の高さには絶えず磨きをかけてきた。したがって，同じ食器でも薄く透き通るような薄さと耐久性が高く長持ちするインテリアとしての演出を可能とセグメンテーションがF社の得意とするところである（図6-2）。

製品のポジショニングとしては，職人が一つ一つ手作りで丹念に時間をかけて作り上げる製法から，食器としては高級価格帯である。価格は，ハイブランドの高級インテリアやファッションブランドと同等の競合ポジションになるが，流行によって変化が激しくプロダクトライフサイクルが短いインテリアやファッションブランドとは異なりプロダクトライフサイクルは長いポジショニングを狙った（図6-3）。

しかし，ごく一部の限られた富裕層というよりは，（あるいは流行りに流されやすい富裕層というよりも），こだわりある製品にはお金をかけてもよいと考えていて，物持ちのよいオシャレを好む大衆層を狙った。ヨーロッパの大衆に好まれる評判が，本国やアジア地域に対するブランドという付加価値になっ

【図6-3】イタリア拠点のポジショニング

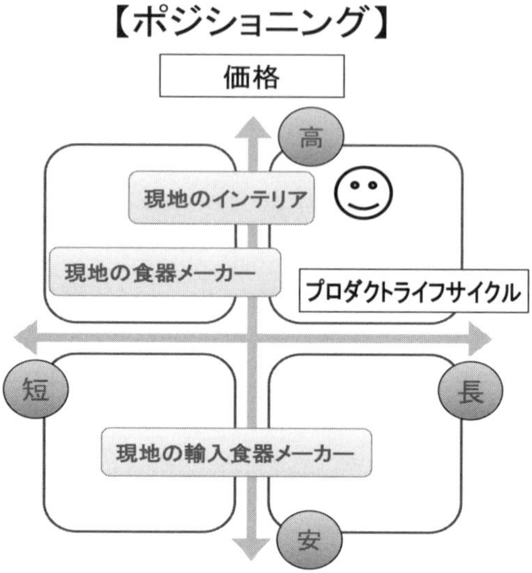

【ポジショニング】
価格
高
安
短
長
現地のインテリア
現地の食器メーカー
プロダクトライフサイクル
現地の輸入食器メーカー

（出所）筆者作成

た。F社は現地で次々と製品イノベーションを起こしていったが，その背景には，敢えて戦略的に，世界市場の中でも，とりわけインテリア・ファッションの競争が激しい市場に打って出ていき，価格が多少高くても機能性と耐久性の高い長いプロダクトライフサイクルを好む市場をターゲットに定め，自社のポジションに求められるニーズをファッションセンスの高いセグメントから汲み取り，そのニーズに見合った製品を開発するというマーケティングを行っていたことが指摘できる。

（2）製品と価格

ミラノ拠点でターゲットとする人たちから汲み取ったニーズは，本国本社の製造方法や収益に直接影響を与えるものであったため，容易に実現できたわけではなかった。例えば，ターゲットからはシンプルな色合いを好む傾向がうかがえた。しかし，本来，F社（F社独自というより産地として）の特徴は，色

【写真6-7】ミラノ進出後の変化

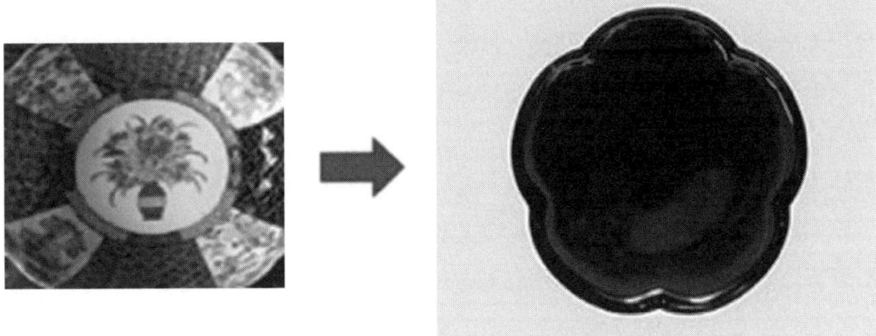

（出所）Ｆ社公式ホームページ

鮮やかな絵付けにある（写真6-7）。シンプルな色合いにすることで，自社の優位性が活かせるのか職人たちからは疑問の声があがった。また，食器に関しては，薄さよりも，重厚感・存在感，そして曲線美が好まれた。そのため，複数の色を使い，薄くて丈夫な製品を製造する工程と，シンプルな色合いで重厚感と独特の曲線美のある陶磁器の製造工程とでは製造方法が異なってくる。製造方法が変われば，原価計算が変わるため収益も変わる。

ここで活かされた優位性は，本来持つ技術が生み出す機能性・耐久性と技能から発せられるシンプルながら美しい色合いである。重厚感と曲線美を守りつつ耐久性や殺菌力は維持する。持前の技術力を活かし，長く使っても色あせない美しい色合いを新たな製造方法を構築した。絵付けの製造工程を簡素化する一方で，デザイン性を高めるための曲線を生み出す工程や，色合い物持ちの耐久性を高める開発方法に時間を費やした。職人の説得には，社長とブランディング・マネージャーが直接熱心に説得にあたった。社長自ら何度も繰り返し試作を行った。職人には，ミラノに足を運んでもらい，直接，ターゲット顧客からの声に触れさせる機会を設け，モチベーションを与えるなど，あの手この手を使い，新商品NERO（販売価格５千円前後）は誕生した。この発想と技法を応用して，TEWAZAシリーズやスーペリアグレイスシリーズなどが次々と完成していった。

反発はあったものの，異国のアイデアを取り入れることで，イノベーションは生み出され，その感性・発想と技術・技法は標準化され，研究開発の成果を複数の国・地域で応用することでコスト削減にもつながったのである。

(3) 流通とプロモーション

F社は，ARTE・NERO・TEWAZAシリーズにみられるプロダクトイノベーションのように，長年受け継がれてきた職人に蓄積された伝統技術に基づく確かなものづくりの製法を強みとして，世界の「伝統」や「格式」の情報基地となっているロケーションに進出し，そこで情報発信したことを契機に新たな販路開拓に成功した。ミラノでは，ミラノスタジオはもちろんのこと，ミラノ開催の展示会に積極的に出展し，そこで得られたバイヤーとの商談からヨーロッパの販売店やヨーロピアン老舗ブランドとの共同開発（写真6-8）に現地販路を開拓していった。ミラノでの販路開拓が契機となり，ヨーロッパへの販路開拓を広げ，ヨーロッパでの販路開拓が日本国内の販路復活，さらにアジアへの販路開拓へと広がっていったのである(22)。つまり，自社の新商品を「最初にどこでどのように知ってもらうのか」は，その後の販路開拓に影響を及ぼす試金石となる。すなわち，時代の変化に伴う産地衰退によって脆弱となっていった情報収集と情報発信の機能をヨーロッパの洗練された感性やトレンドの集積地から行われたことに，成功要因を見出すことができよう。世界に通用する

---

(22) ミラノ拠点から生まれた新商品は，ミラノサローネなどの海外展示会において有名デザイナーや評論家の注目を集めた。海外での高い評価は，国内市場で再び評価され，一時見放されていた国内の高級百貨店の売り場復活を果たした。海外で情報を収集し，本国で培った強みと掛け合わせたコンセプトの再構築と商品開発を行い，それらをグローバルに発信し海外市場で評価を得たものが，国内の再評価に繋がっていた。ミラノスタジオが生み出したこのビジネスモデルは，その後，国内で展開するThe Houseにおいても同様に機能していた。抗菌食器「スーペリア・グレイズ」シリーズの開発は，この海外と東京において実践した「集積の外部経済」の活用を，これまで関わりを持たなかった地元産地である佐賀で再現を試みることを契機に生まれていた。産地との新たなコラボによる新商品開発の取り組みは現在進行形である。

【写真6-8】ディオール・メゾンとの共同開発作品

※価格　87,000円（税別）

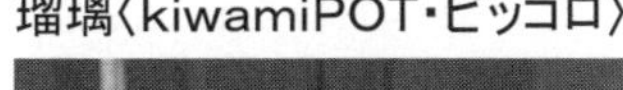

※価格　13,200円（税別）

（出所）ディオール・メゾン（左），F社より提供（右）

ファッション関係者が集積するミラノに上掲のようにターゲットを設定し，そこから直接的に社長やデザイナー・職人自らが体験知としてその知識を吸収・学習することで，現地顧客と「共創」された新商品が生み出されたのである。技術や技法の優位性は有田からミラノに逆流し，ファッション分野では世界最高峰と呼ばれる場所で，マーケティングによってそれらが結合（共創）され新商品が生まれた。だからこそ，そこで再構築されたブランドは標準化され本国や第三国の販路開拓を成し得たといえる。

5. 実現の仕組み

F社は，海外進出先で実際にどのような仕組みで「現地発イノベーション」を実現したのだろうか。本事例を分析してみると，海外拠点を設立することを契機に，マーケティング戦略を採り入れたことが大きく影響している。そして，国内と海外との国境を跨ぐ形でのマーケティング活動を展開する中で，情報・知識の移転，すなわち，暗黙知の共同化が行われることで，商品にも組織にも抜本的な変化をもたらしている。以下に詳しくみていこう。

(1) 暗黙知の共同化とマーケティング

この抜本的な変化をもたらした新商品開発の実現には，(1) 進出拠点を販売拠点というよりマーケティング拠点としてのコンセプトショップと位置づけ，(2) 現地採用人材が現地で収集してくるニーズ情報や現地ならではの感覚から発案される提案を本社が積極的に取り入れていったこと，(3) 重要な局面においては社長や海外営業部長が進出先に自ら足を運び，現地でしか得られない情報収集と現地でしか行えない情報発信の方法を直接とったこと，(4) 現地で発見した気づきを柔軟に受け入れ，迅速かつ粘り強く職人にフィードバックさせたこと，が要因と考えられる。

イタリアという市場が，世界最先端のインテリア・ファッションの発祥地であるからこそ，現地から得られるインテリアとしての感性・発想は，本国を第三国へ還流され標準化された。ただし，開発のすべてを現地に適応させたわけではなく，持ち込まれたものは「技術」と職人ならではの「体験知」(図6-4)(23) に基づくマーケティング手法であった。本国に標準化されたものは，研究開発された成果とビジネスモデル，そしてこれらを支える組織体制であった。

この背景にある一連の知識移転には，国境を越えても常に人の学習（能力開発）が基盤となって，人から人へのコミュニケーション・チャネルが重要な役割を果たしていた。すなわち，本社が現地拠点の情報を重視しある程度の権限

---

(23) 紺野・野中（1995）の知識創造プロセスに本事例でみられた展開を当てはめて，整理してみると次のようになる。まず，海外展開することは，グローバルに通用する普遍的な価値や強みを知る契機となっていた（暗黙知・共同化)。続いて，基盤となる技術の強みがあって，デザインという価値を加えることが可能となっていた（形式知・表出化)。そして，技術を使って，デザインを製品に落とし込んでいく作業段階に，人材の能力開発（暗黙知・内面化）が行われていた。この人材の能力開発は，本ケースにおいては，必ずしも戦略的に獲得していったものではなく，海外の産業集積から得られる外部経済による，偶発的なものであった。そんな偶発的なものではあるが，集積内から補完された外部資源は，マーケットイン（需要条件）という意味において，国内産地のそれよりも外部経済の効果は高質なものといえる。そうした効率的かつ高質な外部資源の獲得と競争優位である技術が結合し，差別化されたデザインや製品コンセプト，そして新製品として連結化されていた（形式知・連結化)。

【図6-4】F社の知識創造プロセスの展開

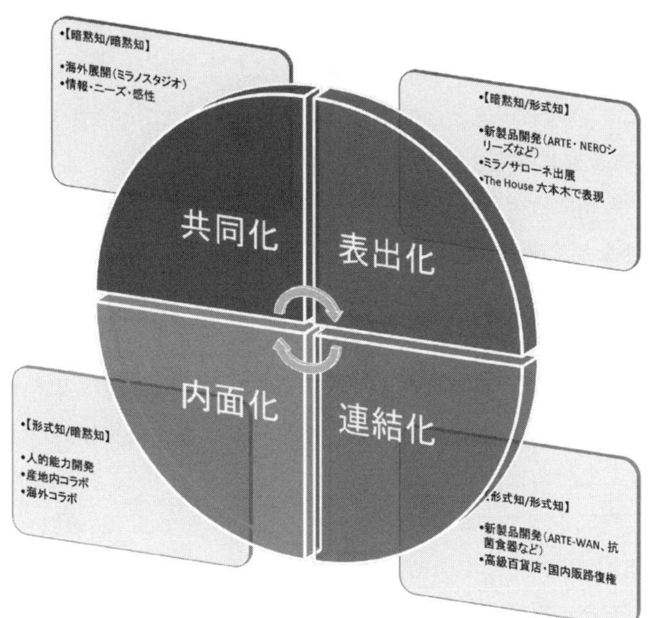

（出所）紺野・野中（1995）を参考に筆者作成

移譲を図り，現地拠点の責任者がその権限のもとで，情報を集め分析し，提案する。本社がその情報を吸収し，提案を検討するための情報交換チャネルを設けることである。F社は，社長や部長や職人が，頻繁に現地人材と直接電話やメールを通じてやりとりを行っていたり，出張で意見交換をしたりしていた。同時に，暗黙知（体験知）を形式知（マニュアル）に落とし込んでいくプロセスが，製品コンセプトのみならず，生産効率をも高める抜本的な変化に繋がっていた。こうした国境を乗り越えた知識のスパイラルアップの中に，マーケティング活動[24]が機能していたことが，グローバルに通用するイノベーショ

(24) 意思決定を行う権限を持つ社長やデザイン面・商品コンセプト面の決定権を持つデザイナー・職人が現地拠点からの情報や提案に耳を傾け迅速に本社で取り入れたり，海外拠点に自ら出向き，海外の現場（外部）から直接気づきを得たりして，社内

ンを創出させている。

(2) オープン・イノベーションへの転換

2016年は，産地有田にとって創業400年という記念すべき年である（図6-5参照）。これを機に「有田焼創業400年事業」が構想された。企画された事業プランは，欧州向けの新商品を開発し，欧州の見本市への出品や高級レストランとの連携などである。江戸期に欧州で人気を博したかつての有田焼の「復権」を目指した。プランは，2012年4月から2016年3月までの4年間，市場開拓，産業基盤整備，情報発信の3本柱の事業に取り組んだ。

市場開拓では，世界的デザイナーと窯元が組んで欧州向けの新商品開発を行った。欧州三大見本市の一つで，バイヤーの注目度が特に高い「メゾン・エ・オブジェ」に有田焼ブースを出展して新商品を並べた。欧州の高級レストランに一定期間トライアルで有田焼を使ってもらうなど，話題性を高めるPR事業も展開して欧州市場を開拓に取り組んだ(25)。同事業には，地元の窯元26社が参加し，F社は幹事企業となり，一太社長は，400年有田の魅力展・実行委員会の委員長としての大役も務めた。F氏が，会をまとめるために創ったキャッチフレーズは「伝統と未来の継承」であった。

F氏は「この事業に関わるまで，インハウスを積極的に展開してきたF社が，地元の窯元と深く関わる機会はほとんどなかった」と語る。本事業によって，これまで関わりの薄かった地元関係者と，「産地の問題意識」と「ビジョン

内部の資源と結合を図る。そして，すぐさま外の資源（市場の反応）との結合を図る。こうしたプロセスによって，社長が単なる社長ではなく，デザイナーが単なるデザイナーではなく，各々が職務（担当業務）をこえた個々のアントレプレナー（経営と専門を両立できる人材）となり，アントレプレナーがもたらす提案力によって新商品開発と販路開拓に結実していた。このプロセスから，日本型の組織的知識創造と西洋型知識創造，組織と個人といったダイコトミーの対立項を乗り越え（Nonaka & Takeuchi, 1995），日本的経営システムと知識創造経営の両立（長山，2012）を実現する柔軟に外部資源を内部化する中小企業の実態の姿を確認できる。非階層的組織構造を特徴とする中小企業ゆえの事象ともいえる。

(25) 2013年9月3日付『佐賀新聞』「有田焼400年　佐賀県が事業プラン発表」参照。

【図6-5】有田焼創業400年事業の位置づけ：国内外販路開拓の戦略

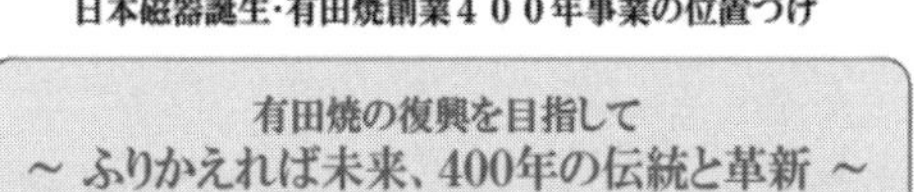

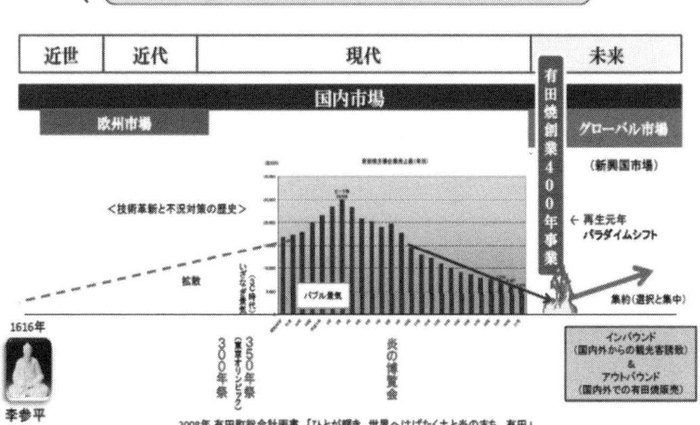

（出所）日本磁器誕生・有田焼創業400年事業実行委員会（2013）

（方向性）」に関わる共有を行うことができた，という。興味深い点は，F社は本事業をきっかけとして，それまで全く実施してこなかった他社との共同開発（連携）を積極的に取り入れるようになったことである。例えば，既述の抗菌食器開発に際しての地元ベンチャー企業との共同開発，地元佐賀大学との共同開発，国内ブランドのみならず，海外ブランドとの新商品開発の共同開発も始まっている。「400年事業があったおかげで，全く異なる考え方や戦略を持つ，一歩引いて距離を置いてきた窯元同士が，互いを知り繋がるよい機会になった。産地に対する見方も考え方も明確に変わった。今となっては，この残されたインフラに感謝する」とF氏は続けて述べた。

特筆すべきは，産地の窯元との共同開発に取り組み始めたことである[26]。F

(26) F社に実施したインタビューによれば，明治期の陶磁器を再現しようと産地の人間国宝の協力を得て花瓶を制作した（2018年4月に実現）。また，認知浸透を狙って地元の窯元とコラボして産業観光にも取り組むようになった。例えば，幕末・明治社の強みである，マーケットインの高付加価値の商品開発に，地元の窯元の強みとなるシーズ型の技術や発想（デザイン）力を補完し，全く新しい商品開発企画に取り組み始めたのである。

F社は海外展開を契機として，産地で足りなくなった資源を独自のマーケティングによって補完することで唯一無二の製品開発とブランド化に成功する。しかし，それに留まることなく，グローバルな視野を持つことで，あらためて世界に通用する地域資源の価値に気づき目を向けるようになったことは，産地の重要性を再認識させられる事実であろう。

インハウス，すなわち，「クローズド・イノベーション」によって革新をし続けてきたF社は海外展開を契機に，埋もれた地域資源に目を向け，さらなる革新と成長のために本国産地資源との共同開発，すなわち，「オープン・イノベーション」による革新の道を模索し始めている。この点については，先に述べたARTEシリーズやTEWAZAシリーズのプロダクトイノベーション創出に関するメカニズムにおいて同様のことがいえる。自社の強みである技術と，進出先の集積の中に存在する外部資源（情報・知識）と掛け合わせ，本社にフィードバックさせること（学習すること）で新しい価値を創造している。

以上みてきたように，同社は，産地有田の恩恵を受け培ってきた独自の強みである伝統技術とデザイン力を活用しながら，海外展開を契機に様々なイノベーションを起こしてきた。どのようなイノベーションが具体的に創出されたのかは，次のとおり整理できる。

時代に活躍した有田の偉人を，町内の美術館や町屋のショーウィンドウを使って紹介するほか，明治時代に西洋から伝わった型の技術を用いて，かつて有田で親しまれた銘菓を復刻するなど，明治維新150年を記念して有田町で開催する博覧会「明治有田偉人博覧会」を開催（2018年11月に実現）した。

- ビジネスモデルのイノベーション（ミラノスタジオ，The House）
- 新製品のイノベーション（ARTE・NERO・TEWAZAシリーズ）
- 新市場のイノベーション（国内外の富裕層，健康志向のファミリー層）
- 新製法のイノベーション（抗菌・機能性陶磁器）
- 新組織のイノベーション（人材学習，市場志向と社会志向）

これらのイノベーションは，海外展開を行ったことで得られた，現地産業集積から得られた「資源」と，自社の持つ強みとが結合を起こした結果生み出されたものである。ここでいう資源とは，市場やニーズに関わる情報であったり，目利きをできる人材資源だったり，そうした人たちとの交流から生まれる，文化知識や感性に関わる暗黙知だったり，をさす。したがって，こうした資源は，距離の近接性がもたらす輸送コストの削減など，古典経済学派が示す外部経済のメリットとは質を異にするメリットといえよう。

6. 小括

本章では，イタリア・ミラノに進出した日本中小企業を対象に，「技術」を活用し，現地で優位性を再構築するためのマーケティング活動に着目しながら，現地発イノベーションの実態と成功要因を現地でのセグメント・ターゲット・ポジション（STP）と4つのマーケティング諸要素から分析した。具体的には，海外の産業集積の形成が進むイタリア・ミラノにおける伝統地場産品・陶磁器の新商品開発と販路開拓を事例として取り上げ，海外市場におけるマーケティング活動を確認した。まず，海外展開によって，マーケティング活動を統一化，標準化することのメリットは，様々な国・地域の多岐にわたるニーズへの対応を，ひとつの製品・サービスに統合していくことで，競争力のある製品イノベーションを生み出すことを示した。このことは，研究開発の成果を複数の国・地域で応用することでコスト削減にもつながる。それゆえ，技術を日本から持ち込み，現地のSTPから得られる情報・知識を活用し，現地におけるマーケティング活動によって（製法や価格，プロモーションまで抜本的に変えてしまうことで）生まれる新商品開発を行う方法は，ひとつの有効な戦略となりえる可能性を十分に持っている。

次に，事例分析から標準化か現地化の二者択一ではなく，標準化をすすめるべき点と現地化すべき点とを，現地で臨機応変にメリハリを利かせ展開することが，成功ポイントとなることを示唆した。具体的には，STPの設定とその背景にある戦略によって，製品，価格，流通，プロモーション4つの要素のメリハリの程度は変化する。本事例企業F社では，技術や技法の優位性は有田からミラノに持ち込まれ，ファッション分野では世界最高峰と呼ばれる場所で，マーケティングによって，現地の感性・ニーズと技術力とが結合され新製法，新商品が生まれた。イタリアで再構築された「ブランド」は標準化され，本国に還流した。それを支える本国のビジネスモデルと，組織文化までもが標準化されていった事実発見は，注目に値する。そして，イタリアF社における検討・分析による示唆は，他の海外諸国に進出しているモノづくり系の技術・技能を強みとする，日系中小企業においても当てはまる点が多いものと思われる。当然，モノづくり系の日本中小企業には従来の伝統や製法に対するこだわりの強い職人気質ゆえのコンフリクトも付きまとう。本事例でみてきたように，現地人材と日本の責任あるポジションの人材との直接的なコミュニケーション・チャネルを設け，職人みずからの体験知によってコンフリクトを緩和させることが有効な手段となるであろう。結論としては，マーケティング活動のすべてを標準化できるわけではないが，またその必要もないが，海外展開におけるイノベーションによる成長戦略として何をグローバルに標準化し，何を現地化すべきかを，市場の発展段階，企業の戦略によってかえることは外してはならない重要な視点となろう。STPを明確化したうえで，製品，価格，流通，プロモーション，それぞれに標準化・現地化の判断が求められる。これらのメリハリを利かせたマーケティング活動が成功の鍵を握る。

第7章 フィリピンに進出したG社の事例

1. 本章の目的

本章では，フィリピンでの現地発のイノベーション創出を実現することで成長につながった日系ITベンチャー企業の事例(1) を取り上げる。

分析視角で既述したとおり，現地の資源を有効活用し，現地主導のイノベーション活動を行うためには，それを担う人材育成の視点が重要となる。また，先行研究で示したとおり，イノベーションを促すためには，知識を共有させたり移転させたりするための知識のマネジメントが不可欠となる。この知識移転をする側も，それを吸収する側も，「人材」がそのコミュニケーション・チャネルとなる。したがって，現地発イノベーションにおける人材育成の仕組みには，このナレッジマネジメントの視点が欠かせない。その際，規模的特性から中小企業ならではのイノベーション能力と，それを補完するための手段としての産業集積の活用に目を配り，検討を行う。

以上を踏まえ本章では，イノベーション活動を促進させる人材育成と知識移転に着目しながら，フィリピンに海外進出する日本中小企業の現地発イノベー

(1) G社には第1回インタビュー調査を2013年9月24日にセブ支店にて2時間実施（B支店長対応），第2回インタビュー調査を2014年10月2日にマニラ支店にて2時間実施（H社長，K取締役対応），第3回インタビュー調査を2015年3月10日にセブ支店にて3時間実施（N人事担当役員，B支店長対応），第4回インタビュー調査を2015年9月24日にセブ支店にて3時間（B支店長対応），第5回インタビュー調査を2017年1月30日に小生の研究室にて3時間実施（K取締役）した。

【写真7-1】G社最初の海外拠点となったフィリピン・マニラのオフィス街

(出所) ジェトロ・マニラセンターより提供

ションによる成長戦略の実態を明らかにすることを目的とする。

2. 選定理由とG社の概要

(1) フィリピンの選定理由

近年，フィリピンは他のASEAN諸国に比べて労働者供給が十分であること，人件費上昇が比較的緩やかであること，投資優遇が手厚いことなどの理由から，日系企業の進出に関心が高まっている。

フィリピン共和国は，東南アジアに位置する日本の国土の0.8倍の面積，7千以上の島々からなる約1億人の人口を持つ。首都はマニラである（写真7-1)。人口は現在も毎年2%ずつ増加している。若くて質の高い労働力が豊富に存在するため，外資系の進出先として再評価されている。公用語は，タガログ語と英語の2ヵ国語であり，国民の多くが英語でコミュニケーションを取れる。特に，英語人材が豊富であるため，技術移転・知識移転に時間がかからないことも魅力の一つである。こうした点は他のアジア諸国と比較して，イノベーション活動を展開するうえでフィリピンの優位性といえる（表7-1参照)。2004年以降一人あたりのGDP経済成長率は6パーセント前後で好調に推移しており，ASEAN主要国の中でも中国・タイに次いでベトナムと並びトップクラスである。日本から首都マニラまでのフライト時間は約4時間，時差1時間とアクセスの良さは抜群である。このように，フィリピンは新興国の中でも近

【表7-1】フィリピンが投資先として評価される点と日系企業の進出状況

（単位：％）	フィリピン	インドネシア	タ　イ	マレーシア	ベトナム	ミャンマー	イ ン ド
人件費の安さ	68.3	19.8	20.2	7.8	53.7	49.0	40.5
ワーカー・スタッフの雇いやすさ	42.4	24.1	15.8	4.6	33.1	4.1	10.0
専門職・中間管理職の雇いやすさ	12.9	3.1	3.7	1.8	6.6	2.0	5.5
従業員の定着率の高さ	13.7	7.8	7.3	3.9	9.8	4.1	3.0
ワーカーの質の高さ	17.3	4.9	6.2	5.7	14.2	2.0	4.7
専門職・技術者の質の高さ	12.2	1.1	6.8	7.8	8.7	0.0	6.5
中間管理職の質の高さ	15.1	2.2	6.5	11.3	6.4	0.0	6.7
税制面での優遇措置	37.4	2.0	13.7	13.4	12.1	4.1	4.0
言語・意思疎通上の障害の少なさ	70.5	6.0	10.7	51.2	5.9	6.1	23.4

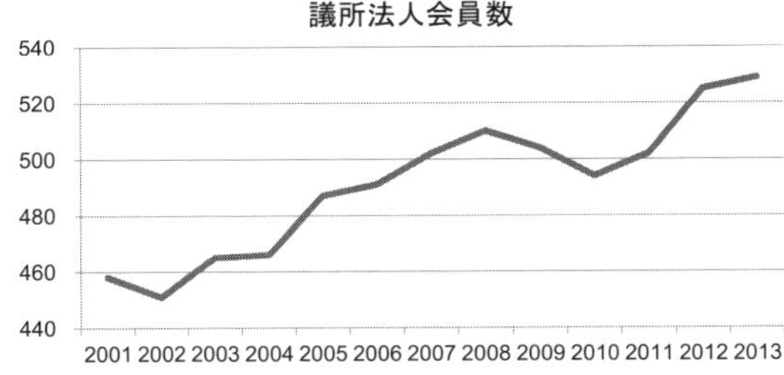

（出所）ジェトロ「在アジア・オセアニア日系企業実態調査（2014年10～11月実施）

年，日本中小企業の進出が堅調であること，そして，現地人材を活用した研究開発拠点としての機能拡大を見込む傾向が高い国であることから，日本中小企業のイノベーション活動の実態を調査する対象国として適格と考えたため選定した。

（2）G社の選定理由

フィリピンは，消費市場としての潜在性は高く，今後は製造業における販売市場として，さらにはサービス分野におけるB to Cビジネス市場としての期待が高まっている。近年の堅調な成長を支えるフィリピンの産業の特徴に目を向けると，「IT-BPO」分野の成長が著しい（図7-1参照）。IT-BPOとは，Information Technology-Business Process Outsourcingの略である。いわゆる

【図7-1】IT-BPO産業の売上高の推移

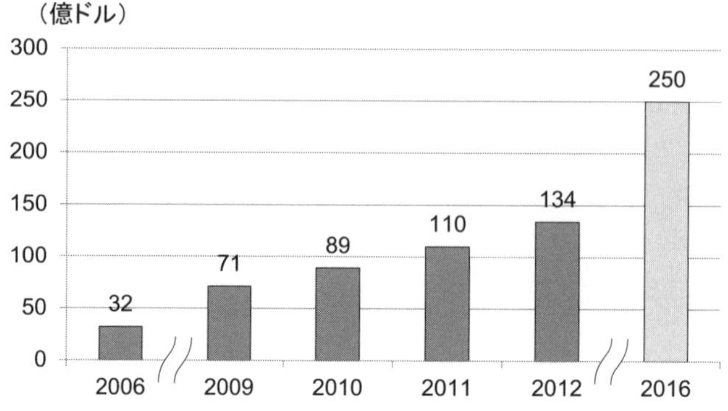

（出所）ジェトロ・マニラセンター

コールセンターやソフトウェア関連のオフショア開発(2)などである。コールセンター部門の売上高は，2010年にインドを抜いて世界1位となった。ノンボイス部門のBPOサービス（主に財務会計，給与計算，人事関連業務等）でも，世界第2位の重要なグローバルサービスデリバリー拠点となっている（図7-2）。2013年のIT- BPO産業の売上高は155億ドル（前年比17%増），直接雇用者数は約90万人（16%増）に及んだ。こうしたIT-BPOの日系企業の進出状況としては，家具・住宅などの図面のコンピューター設計のほかオフショアソフトウェア開発・Web広告作成，そして，オンライン英会話学校が主な業種である。

IT-BPO以外では，エプソンやキヤノンなどの大手電化メーカーの進出およびトヨタやホンダなどの大手自動車メーカーの生産・販売体制の強化に伴い，付随して進出する日系中小サプライヤーが増加している。このような潮流の中で，フィリピンにおける産業集積は求心力を高め，日系企業の進出も年々増加

(2) オフショア開発とは，システム開発やweb制作などのIT分野における製造を日本より安い労働コストを活用し生産コストの安い国に生産拠点を移転させたりアウトソーシングしたりすること。製造業のアジアへの生産拠点の移転と同じ論理によるものでコスト削減を狙った戦略の一つである。

【図7-2】セグメント別売上高シェア

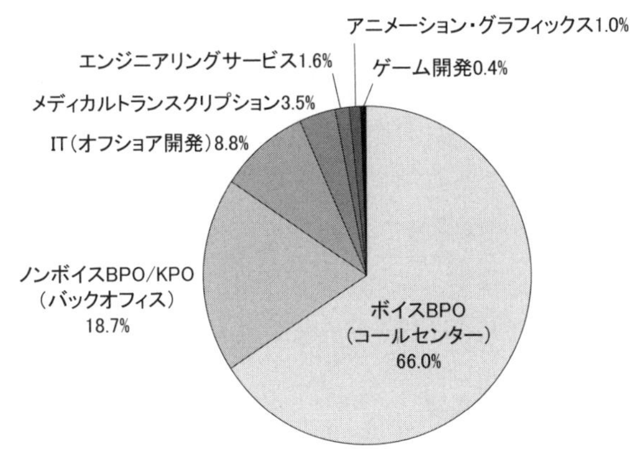

（出所）ジェトロ・マニラセンター

基調にある。今回事例として取り上げるG社は，もともとの本業であった金属加工会社を廃業させたのちに，新たに電子商取引分野に参入し，フィリピンのIT-BPOの分野で新たな市場を初期（2005年）に開拓した先駆的日系中小企業である。最初は電子商取引に不可欠となるWebページのオフショア開発拠点としてフィリピンに進出し，その後も，現地でコールセンターや人材派遣事業を拡大させ，急成長を遂げた。同社の強みは，現地人材の質の高さにあるが，現地人材を使ったオフショア開発に必要となる技術は，元々の金属加工で培ってきたCAD技術の知識を使って，人材教育を行うことで習得されたものである。当時まだ日系中小（零細）企業の多くが現地人材の活用と人材育成を制度化できていない状況にあって，G社は早くから専門家をヘッドハンディングし，積極的に人材育成制度を取り入れた実績がある。G社の海外進出を機に急成長できた背景には，技術力と語学力を備えた現地人材のグローバルな人事評価システムの構築がある。このような理由から同社を選定した。

（3）事例企業G社の概要

G社は2002年（有限会社としての創業は2000年）に設立された海外ブラン

ド品 の並行輸入商品におけるオンライン通販会社である。オンライン通販事業から派生する形で，現在はWebページ作成のオフショア開発事業やコールセンター事業，人材派遣，そしてコンサル事業など幅広く事業展開を行っており，主にフィリピン共和国に拠点がある（表7-2参照）。フィリピンでは，現在，マニラ支店とセブ支店がある。マニラ支店では，BPO事業，オフショア開発事業，人材派遣事業が主な業務であり，セブ支店ではコールセンター業務が主な業務となっている。なお，G社を創業前は，H社長は，埼玉の八潮でCAD技術を用いた金属加工の町工場を営んでいた。

【表7-2】株式会社G社の企業概要

会社組織設立	2000年2月
代表者	H代表取締役社長
主要メンバー	専務取締役K，人事担当執行役員N，セブ支店長B（※2015年取材当時）
ビジョン	文化，言葉の壁を壊し，日本ブランド，プロダクトをブルーオーシャンへ導く！
資本金	1,000万円
売上高	3,600,000,000円（2015年実績）
従業員	340名（グループ全体）
本社	埼玉県八潮市
拠点	埼玉，シンガポール，マニラ，セブ
子会社	A社，B社，C社（セブ拠点の一部）
取引先	楽天，アマゾン，Yahoo，NTT，ソフトバンク，マンパワーグループ，スピーノ
事業内容	輸入雑貨を中心としたEC事業，オフショア拠点を活用したBPO事業，海外技術人材派遣業

（出所）G社提供資料を基に筆者作成

3. ケーススタディ —現地人材育成とサービス・イノベーション戦略

（1）第二創業，金属加工からeコマースへの転換

G社創業の背景は次の通りである。国内産業の空洞化に伴い，元々の本業であった金属加工会社の経営が年々厳しくなる中，社長のH氏が個人的にRIMOWAなどのスーツケースの有名ブランドから直接小口輸入し，それを国

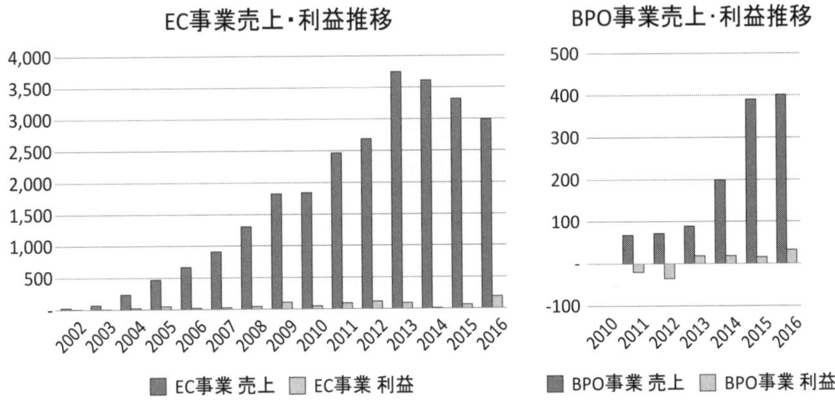

（出所）G社提供資料を基に筆者作成

内で直接販売することから始まった。当時，日本国内において海外メーカーは，一般的に，正規代理店を介して商品を販売していた。そのため，本国の販売価格に比べて何割も高く，場合によっては倍近い高価格帯となっていた。それでも，日本において既に「ブランド」が確立された商品であれば好調に売れていた。そこに，H氏は最初のビジネスチャンスを発見したのである。ブランド力のある商品を厳選し，それを正規販売店より安く売ることで，十分収益が得られるビジネスになることを確信したのである(3)。折しも2000年というと日本におけるeコマースの黎明期であった。「楽天市場」が台頭し，一般消費者によるeコマースが普及していたことに加えて，ヤフーオークションが立ち上がった年でもある。eコマースによる個人売買が誰でも容易に行えるようになったことが追い風となり，急速にG社の取引量は増大した。個人が副業で小口輸入するには，対応が追いつかないほど売上・利益ともに成長したため（図7-3参照），経営難に陥っていた金型会社を閉じて，創業者のH氏の身内を

(3) H氏は一つの商品あたり数万円の利益を得られることを実際に自ら検証したうえで実行に移した。

中心にあらたに法人登記し，会社組織として事業を開始した[4]。電子商取引の商品の肝となるWebページの制作は，長らく町工場として培ってきた技術を活用した。

【表7-3】G社の沿革

年	出来事	事業内容	主導した拠点
2000年	有限会社G設立	輸入小売業	日本本社
2002年	株式会社Gとして組織変更上設立	輸入小売業	日本本社
2003年	楽天市場，Yahoo!ショッピング等の大手インターネットモールに出店	EC事業	日本本社
2005年	EC・WEBソリューション事業展開の為，A子会社を設立	ECサイト制作事業	フィリピンマニラ（海外拠点）
2009年	AACD（日本流通自主管理協会）認証取得	EC事業	日本本社
2009年	G社オンラインショッピング楽天市場店が2009年SHOP OF THE AREAを受賞	EC事業	フィリピンマニラ（海外拠点）
2010年	BPO事業展開の為，B子会社を設立	BPO事業	フィリピンマニラ（海外拠点）
2010年	BPO事業展開，日本国内営業強化の為，C子会社を設立	BPO事業	日本本社
2010年	コールセンター事業強化のため，セブ島にコールセンターを設立	BPO事業	フィリピンセブ島（海外拠点）
2010年	EC事業拡大のため，物流会社及び第二物流センター設立	EC事業	日本本社
2011年	セブコールセンターを100席規模に増床	BPO事業	フィリピンセブ島（海外拠点）
2012年	海外販売支援（新規営業開拓）サービスを開始し，日本語/英語/中国語/韓国語での対応を拡充	BPO事業	フィリピンマニラ（海外拠点）
2012年	越境ECサポート業務を開始	EC事業	フィリピンマニラ（海外拠点）
2015年	マカティオフィスを200席規模に増床	BPO事業	フィリピンマニラ（海外拠点）

（出所）G社提供資料を基に筆者作成

(4) 法人はH氏が当時在籍していた金属加工会社の所在地と同じ埼玉県八潮市に2002年に登記している。八潮市内に在庫を保管するための倉庫を借り始めたのもこの時期である。以後，売り上げは数年内に数億円から十億円の大台を超える規模まで増大し，会社規模はみるみる成長していった。

(2) マニラ拠点の開設

会社規模が大きくなるにつれ，世界各国から輸入する商材数は急速に増加し数千点に及んだ。その結果，それらをインターネットショッピングサイト（楽天，Yahoo，自社サイト等）上で告知するための「商品Webページ」の制作に追われることになった。こうした背景から，日本国内で高い人件費を使ってWebページを制作するのではなく，人件費が格段に安価なフィリピン・マニラに拠点を移転し，「オフショア開発」を始めた。デザインや仕様は単純，しかし作業量が大量という状況には，人海戦術によるオフショア開発が威力を発揮すると考えた。これによって大幅なコスト削減を得られた。フィリピン人材の利点として，人件費の安さだけではなく，他の新興国と比べ英語力の高さとエンジニア能力の高さが挙げられる。G社は，こうした利点を活かして，技術移転に伴う指示内容の交通整理や作業手順のマニュアル化は，制作フローにおける生産性の向上とノウハウの蓄積を狙えると考えたのである。その狙いは当たり，現在ではWebページの制作ノウハウをベースに，動画編集に加えてグラフィックデザインDTP，システム開発，SNS運営管理と業務の幅を広げていった。このようなオフショア開発を担うA子会社は，G社最初の海外拠点として2005年フィリピンに設立された。A子会社の社長にはH氏，役員は大手複合機メーカーの管理職から脱サラして経営陣に加わった専務取締役のK氏に加え，K氏のかつてのマニラ駐在員時代[(5)]の上司にあたるフィリピン人有力者や，日系会計事務所のスタッフなど信頼の置ける人脈から構成された。のちにK氏は，G社グループのイノベーション活動に欠かせない重要人物となる。

さらに事業の多角化による拡大を推進すべく，2010年に子会社として新たにマニラにB子会社を設立した。新たな事業領域としてオフショア開発によって培ってきた，これまでのノウハウや，人材を外部の企業向けに提供する「オフショア・アウトソーシング」サービスを始めた。端的にいえば，コンサルタ

(5) K氏は某人手複合機メーカーの駐在員および駐在所長として1996年10月から2002年10月までフィリピン・マニラに滞在している。

ント業務と人材派遣業務の融合サービスである。つまり，B子会社ではA子会社が手がけているITエンジニアに加え，金属加工の会社で雇用していた領域のCAD技術者(6) などを日本に派遣する事業，および中小企業向けのコンサルと他社（日本中小企業が主な顧客）のオフショア開発を受託する事業を担う(7)。

(3) セブ拠点の開設

マニラではオフショア開発を中心に活動していたが，新しい拠点であるセブ支店では，日本語のコールセンターや翻訳業務を主力事業としてスタートした。このコールセンターでは，日本国内に住む個人または日本国内の法人顧客向けに日本で販売する商品（輸入品）に関する注文を電話で受けたり，営業の電話を入れたりする業務が中心となる。これに加え，ユーザーの声を吸い上げる，マーケティング(8) を行うなどの電話対応業務と，海外から英語による商品の仕入れ交渉，そして多言語翻訳業務を行っている。このため，セブのコールセンターには，マニラと同様に日本人材と現地人材が混在する。翻訳業務では，販促用チラシから重要な契約書，通販ECサイトの翻訳など多岐にわたり対応している。日本語からの英訳については，フィリピン人が英語ネイティブチェックと校正を行う。英語からの邦訳については，日本人がネイティブチェックを行うことで，質の高いサービス提供を可能としている。このようなBPO業務を行う海外拠点として，2011年，C拠点がセブに支店として開設さ

---

(6) CAD技術者とは，コンピューターを使って工業製品や電子回路，建築物などの設計を行う技術者のこと。また，その設計を行うためのシステムやソフトウェアに関する知識を持つ技術者のこと。

(7) この事業の顧客側の便益は，第一に，自社で訓練された現地人材をフィリピンから日本に派遣することで得られる人的コスト削減である（人的コストを30%～50%削減できる）。第二に，OEM生産をオフショア開発することで得られる生産コスト削減である。

(8) 顧客の問い合わせやクレームに対応する単なるコスト・センターで終わらせないために，企業に成り代わり，顧客・エンドユーザーの声を吸い上げ，新商品や新サービスの開発やアイデア作りのきっかけを提供している。

れた。セブ支店開業当初は，小さなレンタルオフィスを借りて5名の体制でのスタートだった(9)。

(4) 多角化展開と現地発イノベーション

セブの拠点を開設後，G社では人海戦術による業務を背景にフィリピン人の現地人材の採用を積極的に行い，2015年末にはセブ拠点で100名体制，マニラのA社，そしてBPO業務を担うB社を含めて子会社240名の計340名体制（うち日本人80名，フィリピン人260名）に至っている（図7-4参照）。日本本社の従業員は管理部門の人員を含めても30名程度であり，現地法人の従業員数がおよそ8倍の規模に逆転増加するという状況になった。

G社が現地で生み出した特徴的なイノベーションとしては，2014年から海外のECサイトの構築支援事業である(10)。この事業は，これまでG社が経験してきた業務，すなわち，自社運営のEC事業と，コールセンター業務・HP作成・HPデザイン・翻訳などの様々なアウトソーシング業務を掛け合わせて，日本のEC事業者向けに海外進出のノウハウを含めた「フルセット型」のECサイト構築ための支援サービスである。もとより国際化，グローバル化のニーズが高まる中，言語の問題や現地情報不足等が障壁となり，人材リソースが足

(9) フィリピンは世界各国の英語コールセンター業務市場を次々と席捲し，2010年ついにはインドを抜いて世界一となった。このような追い風に吹かれて，日本語のコールセンタープロジェクトに加えて，英語のコールセンター業務も将来的には取れるであろうという見込みがあった。そのためオフィスは，100名を収容できる規模の物件を思い切って借り上げ，意欲的に営業を開始したのだという。当初はセブのITパークというビジネス特区のレンタルオフィスで活動していたが，2011年にセブ最大の中心市街地に位置するアヤラビジネスパーク地区のオフィスビルに移転した。このときオフィススペースは100人収容規模まで拡大した。

(10) この背景には，世間は訪日中国人や東南アジアからの観光客が多く日本に押し寄せ，百貨店や家電量販店，スーパーなどでの爆買いなどが話題となっていたことがあげられる。こうした動きから越境ECという言葉が使われ出し，日本の事業者が中国やその他海外圏に対してEC事業を展開しようとする潮流になっていた。そこに，同社のフィリピンで蓄積されたノウハウとビジネスモデルがウリとなる新たな事業領域となっている。

【図7-4】創業時から直近の従業員数推移（単位：人）

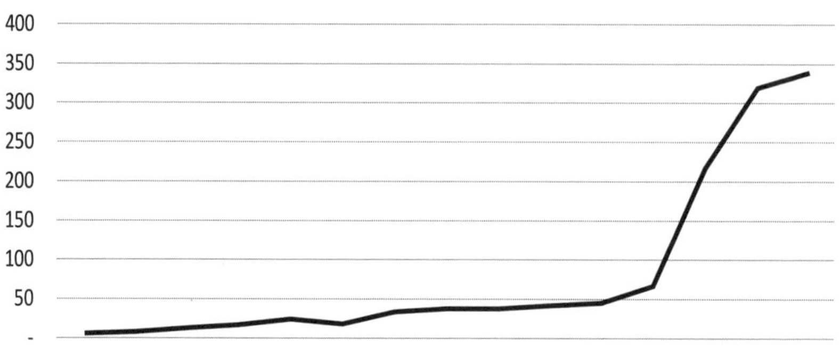

（出所）G社提供資料を基に筆者作成

りない中小企業は，国際化がなかなか思うように進まないのが現状である。ここにビジネスチャンスを模索した結果，同社のビジネスモデルを変化させることとなる，新たな人材育成によって成り立つサービス業務（サービス・イノベーション）を生み出した。このサービス・イノベーションは，オフショアによる生産性向上を実現したECサイト構築から発展し，最終的には，日本の中小企業が海外進出の際にボトルネックなっていた営業，マーケティング，交渉，契約におけるノウハウをワンストップに提供するものである。同じ中小・ベンチャー企業目線から依頼元の中小企業が強みとして持つ製品・技術を可視化し，世界に売込むという価値を加えた新たなサービスは好評を博した。対象国は，お膝元でもあるフィリピンをはじめとするASEAN諸国から欧米[11]を含む全世界に対応する事を可能としている。

多角化された新しい事業は，アウトソーシングすることなく常に自社で一から開拓していったものであり，それゆえ，他社から「アウトソーシングされる」サービスが事業の中心となっていった。最終的には，新事業を支える販路

(11) K氏の話によれば，最近では，米国シリコンバレーからの引き合いも増えたという。

開拓交渉，契約手続き，社内体制，人材育成に至るまで一連の海外進出に必要となるノウハウがG社自体に蓄積されていった。このワンストップサービスとしてのノウハウの蓄積は，他社がそう簡単には模倣することができない体験知と暗黙知によるところが大きく追随が難しいため，付加価値が高く利益率も高い。トータルコーディネートとしての価値の提供だけではなく，逆に，部分的にサービス（例えば，依頼元の中小企業のサービス・製品の強みを映像によって可視化して提供したり，製品やサービスを代理で売り込んだり）の請負を求められても，大抵のことは対応できることが強みとなった。G社自身が直面した一連の課題は，現地に進出後の日系企業だけではなく，当然のことながら，これから海外進出しようと真剣に考えている日本の中小ベンチャー企業にとって，同様の課題でありニーズとなる。ニーズがあり，利益率も高いこのサービスにより，同社の成長は堅調なものとなったとみることができる。

4. 要因分析　ビジネスモデルと組織変革の要因

本節では，現地発イノベーションが，いかにして創出されたのか，そのプロセスと要因を紐解いていく。

(1) ビジネスモデルの変化と収益構造の変化

既に述べてきたように，海外進出におけるイノベーションの契機はG社の主力事業であるブランド商材の並行輸入ネット通販の商品Webページを海外で制作するというところから始まっている。製造業の工場の海外移転などと同様，豊富な人材の確保とコストの削減が実現し，全社全体の生産性を向上させた。創業当初しばらくの間は，管理部門（倉庫管理以外）とマーケティング部門，さらには顧客対応部門や仕入れ部門などほぼすべてのルーティン業務のマネジメントを担う人材はすべて八潮本社[12]に配属されていた。

---

(12) その後，本社は東京都千代田区神田に移転しそれまで本社であった八潮は現在

しかし海外進出後は，商品Webページ制作部門以外にも仕入れ部門，価格・在庫調整部門，顧客対応部門（コールセンター）など，徐々に機能を進出国であるフィリピンに移管された。例えば，海外から商品を仕入れ交渉する場合は，当然のことながら英語での交渉には，ネイティブレベルのフィリピン人が担当する方が，英語を普通に得意とする日本人が担当するよりも格段に効率的だった。この仕入れ部門の例のように，適材適所に事業部門の配置転換を行っていった結果，他の事業部門はすべてフィリピンに移管された。最終的に本社に残されたのは，全社のトップマネジメントと倉庫管理のみとなった。そのため現在では，現地に事業部門が置かれ，そこでオペレーション業務と，現場レベルのマネジメント業務の双方が行われている。トップマネジメントを担う社長や役員，営業責任者は年の約半分を本社，残り半分を海外拠点（および海外営業先）に滞在し，本社と海外拠点を日常的に行き交う体制になっている。

この間，組織再編のみならずビジネスモデルそのものに変化が生じ，先に述べたサービス・イノベーションが創出されることとなる。すなわち，海外進出を狙う日系中小・ベンチャー企業をターゲットにした対外向け「フルセット型」のオフショア・アウトソーシング・サービスである。このサービス導入に伴い，提供価値，顧客との関係，顧客セグメント，チャネル，収益の流れが一変した。

G社が一度自社で経験して培ったフィリピン人活用のノウハウは，自社の経営資源として蓄積され，やがてコア・コンピタンスとなっていった。実際のニーズに基づいて事業再編を繰り返す中で，G社の成長とともに育成された人材はG社の強みとなり，先行者利益を感受し，日系ビジネスにおいてフィリピン最大級の人材派遣バンクとなったのである。この「人材」と海外ビジネスのスタートアップにおける「ノウハウ」をプラットフォームとして，必要なプロセスを必要なタイミングで継続的なサービスとして売ることで事業の拡大再生産を可能とした，と分析することができる。

「管理部門」の拠点となっている。

この拡大再生産によって，図7-3にあるように，収益構造に変化をもたらした。それまで内情は厳しく，並行輸入業界は競合他社も成長拡大していたが，競争も激化しG社の小売業ビジネスは飽和状態に陥り利幅が少なくなってきていた。そこで2005年にA社をマニラに設立し，いち早く間接費の圧縮に務めた。それだけでなく2010年に多角化戦略を打ってB社によるBPO事業を導入したのが，このサービス・イノベーションへの転換である。その結果，一過性のサービス提供から長期に渡るサービス提供を重視したシステムに転換されたため，長期的予測に基づくランニングコスト収入が確保できるようになった。このサービス・イノベーションへの転換以降，売上，利益ともに右上がりで推移した。2013年末よりBPO事業の売上で小売業の売上をカバーしている。特に2013年から2015年にかけてはB社，C社の売上は倍々ゲームで成長している。その要因は，既に述べたB社，C社に取り入れた新たなビジネスモデルによって組織全体の生産性が高まったことにある。このサービス・イノベーションによる収益構造の変化は，EC事業部門の10分の1の規模のBPO部門の利益が同額あるいはそれを越す規模にまで達するに至っている（図7-3参照）。こうしたイノベーションを実現するために欠かせなかったのが，次に述べる組織・マネジメントにおける現地発標準化の人材育成の取り組みであった。

(2) 組織・マネジメントの現地発標準化

① 日本における人的資源管理上の課題

G社の海外進出に伴う人的資源管理上の組織課題には，日本からの現地駐在員派遣および現地で採用する日本人とフィリピン人社員の定着（リテンション）と管理（マネジメント）の問題があり，進出当初からその改善に取り組んできた経緯がある。

まず日本人材については，日本本社で働いていた人材が進出先であるフィリピンの拠点に駐在するケース（以下，駐在員という）とフィリピン現地に派遣を前提として採用するケース（以下，派遣人材という）とがある。そもそも人事採用については，海外進出前まだ無名の中小企業であったG社にとって日本での人材確保は困難であった。募集しても人が集まらなかったのである。このような状況に一計を案じ，八潮にECサイトのコールセンターを構えるのではなく人件費の安価なフィリピンのリゾート地として知られるセブ島にコールセンターを構えることにし，募集を行った。そうしたところ，八潮ではほぼ応募がなかったところ，セブ島には日本全国から50名以上の応募があり，その中から精鋭の5名を採用した。

セブ島は言うまでもなく，日本の地方都市（コールセンターが多く存在する宮崎や沖縄など）と比べて相当物価が安いため，生活コストも安く，しかもプール付きのコンドミニアムなどに暮らすことができるため実質的には相当ハイレベルな生活を送ることができる。そのような魅力的な勤務生活条件に惹かれ，全国から応募者が殺到したのである。

このように，海外進出したことで，実際に仕事が増えたこと（成長企業に見えたこと），海外で仕事をできることを「売り」にしたこと，そのことで企業イメージに変化があらわれ応募者数が増えた。そのため，人事採用の戦略として，現地で働く日本人材を積極的に取り入れていく仕掛けを導入した。その結果，人材確保に事欠かなくなっていった。

② 現地における人材の課題

現地で日本人を採用した際に発生した具体的な問題としては，定着率である。すなわち，定着率が低いと回転率（ターンオーバー）が高くなる特徴を持つ。人材はいうまでもなく回転率を低く抑え，企業理念に基づき育成した人材が根付くことで企業の原動力となる。駐在員については，この問題は起こらなかったが，派遣人材採用では目立った。

特にマニラ勤務の回転率は非常に高かった。日系企業の現地採用人材（日本人）の給与は，一般的に，現地で無理なく生活ができるレベルに給与設定がなされている。G社でも，マニラやセブで快適なコンドミニアム（リゾートマンション）に住める給与が，日本人材に提供されている。しかし，リゾート地であるセブと比べると，治安がよくない都会であるマニラに長期滞在するというインセンティブが，日本人全般に対してはあまり有効ではないため，マニラでは離職率が高く在籍期間が短くなる傾向がある。

もとより，異国での勤務・生活であるので，適応へのストレスもあり，日本国内で勤務するより離職率は高くなる。特に，海外就職ブームに乗って日本から応募を行い，一度もオフィスを訪れることなく入社という形態で渡航した，日本人材の現地適応化への難易度は高く，離職率は高くなる傾向にあった。これに加えて，本社経験がなく直接海外事業部の担当業務に配属されるため，会社に対する愛着や忠誠心が低くなる傾向があり，より条件のよい企業へステップアップするスタッフも少なくはなかったという。大企業の駐在員生活としてではなく，海外の日系のベンチャー企業で働くことの情報やイメージがまだまだ十分ではなかった当時，海外で働くことへの憧れと現実とのギャップによって帰国するスタッフも少なくはなかったのである。

さらに，日本人材については能力の問題もある。海外就職ブームに乗って応募が多いとはいえ，事業拡大期にあった同社では需要がそれを上回る状況であった。すなわち，売り手市場になっていた。そのために同社が求める十分なレベルでない能力だったとしても採用せざる得ない状況が発生していたのである。そこで，回転率の課題をカバーするためには，現地人材を育成していくことが有効なのではないかということに気づき，現地人材の即戦力の活用から育成の視点を取り入れるようになっていったのである。

③ 現地人材の課題と活用とグローバル人材育成システムの導入

同社では，Webデザイナー，BPO向けのデザイナー，IT技術者，翻訳者，コールセンターに現地人材を雇い担当させている。現地人材を採用し始めたころは，コストパフォーマンスを得るために，なるべく給与の安い大卒の人材を雇用していた。そのため，特にデザインにおける能力が十分ではない場合が見受けられた。一方では，IT技術者，翻訳者は給与水準が高く，採用基準のスペックが高いため，そのような苦労はなかった。コールセンタースタッフも特

【図7-5】オフショアビジネスプロセスアウトソーシングの優位性

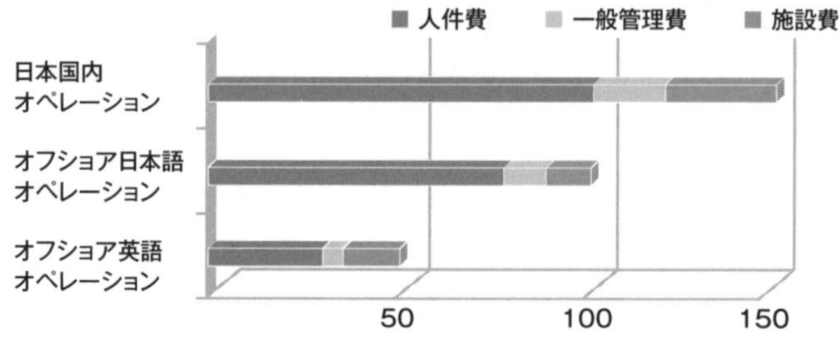

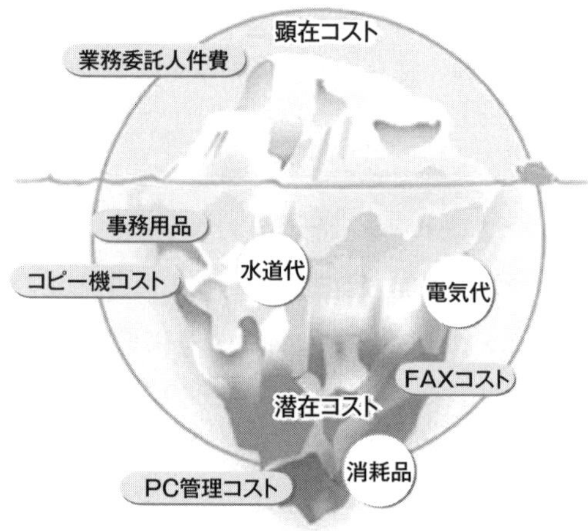

（出所）G社BPO公式HPより抜粋

に英語案件の場合，十分な能力を発揮した。しかし，そうした優秀な現地人材は，より良条件を他社に出され，辞めていくケースが少なくなかった。

一般に，コストパフォーマンスを強みとするBPOビジネスにおいては，人件費の安さ（顕在コスト）と，現地のランニングコストの安さ（潜在コスト）から生まれる価格競争力が価値の源泉（図7-5参照）である。一律に，高い給与で雇い入れをするわけにもいかない。

このため，安価で採用した能力の足りない現地人材を育成させ定着させていく方法が重要になる。そのためには，育成の場とモチベーションが不可欠になる。そこで，すぐに難易度の高いタスクを振らず，限られた予算の中で可能なプロジェクトに割り当てる方法を試験的に取り入れた。そこに，現地人材を育成し定着率を高めるためのヒントがあった。そうしたプロジェクトをOJTと位置づけ，このOJTによって育った現地人材を正当に評価し，昇格や昇給していくなどのインセンティブと責任を与えることを始めた。具体的には，現地人材にモチベーションを与え，育成し，現地人材を優位性とするための現地発標準化の人材育成の仕組みを導入した。この仕組みの特徴は，現地人材と日本人材を統合して人事管理する人事評価制度にしている点である。給与システムは，3つの異なるトラック（現地人材，派遣人材，駐在員）からスタートするものの，評価システムによる昇進で管理職になった暁には全て同一のグローバル人材トラックになるというシステムを構築した。つまり，OJT・管理者研修などの研修と人事評価を連動させ，なおかつ現地人材と日本人材との垣根を取り払う形の人材育成システムとなっている。この評価システムは，入社トラックに関わらず，同じ評価基準に基づき，目標設定と目標管理制度の構築，自己評価と上司との面談形式による調整によって行われる。このシステム構築の一躍を担ったのが，K氏がヘッドハンティングしてきたN氏である。N氏は外資系大手人材コンサルタントで人材育成のシステム開発とコンサルの長年の経験を持つ。外資系コンサル在職中に，経営心理学の分野で博士号も取得している。

N氏が開発した新システムの導入・運用により，現地人材の定着率は高まり，責任感および能力向上につながったという。既に述べたように，フィリピン拠点開設当初は，本社のマーケティングチームがマニラの現地人材チームを日本から遠隔で指示し，管理する体制をとっていたが，人事評価導入後は現地でマネージャーを育成し，そのマネージャーが現地で管理・指示するような「現地化」の体制に変化しつつある。その結果，ルーティンは現地の商慣習が尊重されたうえで，日本的慣習は押しつけにならない程度の「良いとこ取り」という独特のスタイルで運用されるようになり，それぞれの人材の強みが活かされるポジションで活躍することができている。このような人事評価制度は，アジア諸国に進出する日系ベンチャー・中小企業の数少ない先例になっている。

日本的慣習という意味では，日本では最近こそ疎遠になりつつある古きよき日本の「飲みにケーション」，「社員旅行」や「社内イベント」などのオフの場での交流の機会が設けられている。例えば，セブ拠点では，毎年，外国人観光客が利用する高級リゾートホテルで，家族同伴のパーティを開催しているが，日本人材と現地人材ともに大変楽しみにしている恒例行事となっており，モチベーション向上につながっているのだという。このアイデアは，セブ支店長のB氏が提案したものを実現したものであった。フィリピン人は，一般的に仕事以上に家族との時間や関係を大切にする国民とされているが，会社主催行事を家族で楽しめる企画にしたことで，参加率を高めるに成功した。家族ぐるみで会社関係者とオフの場でコミュニケーションを取ることで人間関係が築かれる。こうして，会社関係者への忠誠心向上のためのシステムとして定着し，現地流と日本流の掛け合わせによる折衷型の人材育成（現地化スタイル）が機能していったのだという。

このように，進出国の現地人材を育て，定着させるための組織や制度を改革・構築し，実施したことで，現地発イノベーションとなったコンサル事業や人材派遣にみられる新たな「サービス・イノベーション」を創出するに至ったと考えられる。すなわち，現地の慣習や国民性・地域性に配慮したインセンティブを見つけ出し，それを日本で実績のある，日本式システムに適合する「ハイブリット型」の人事制度の構築である。これにより，単に現地人材の定着率を高めるだけではなく，モチベーション・提案力までも高める相乗効果を生んだ。長く務める人材はそれだけ能力開発が進み，先行者利益もあってG社は「人材バンク」としての優位性を構築するまでに進化した。その結果，この人材バンクを競争優位として，新たなサービス・イノベーションを生み出している。

【写真7-2】IT企業が集積するセブ市内のITパーク

（出所）ジェトロ・マニラセンターより提供

（3）産業集積の活用

① 語学留学学校の集積と日系企業家コミュニティ

セブではコールセンター案件の大きな需要を見込んで大規模なオフィスを構えたが，開業しばらくは予想していたような受注は得られなかった。埋まったのは100席中9席のみでオフィスを持て余す格好での運営が2年間ほど続いた。潮目が変わったのは2013年の後半に入ってからである。もともとセブ島はリゾート地として数十年以上前から観光地としては日本をはじめするアジア諸国から多くの観光客が訪れていた。

近年におけるセブ島の渡航目的の新たな動きとして，語学（英語）留学する日本人が急増し，リゾートへの旅行以外でのセブ島の認知度が急速に高まっていった。2010年には年間4千人，2011年には1万人，2012年に2万人，2013年には2万4千人という急増ぶりである。語学学校の成功を背景にビジネスとして認知が広がることで，日系の語学学校，コールセンター業などのサービス，IT業（オフショア含む），ものづくりなどの製造業の進出が相次ぎ増加基調にある（写真7-2参照）。日系企業は2016年現在では，およそ120社（ほとんどが中小企業）となっている[13]。フィリピン，特にセブ島で英会話のレッスンを受けるという「語学留学ブーム」は元々韓国が火付け役であった。アジア通貨危機後に，韓国は国策として留学を推し進めた。国民に英語を学ばせグローバルに活躍できる人材育成を強化すべしと，内向き姿勢から外向きへと政策の舵を切った。このような政策支援が後押しする形で，フィリピンへの韓国資本の英語学校の進出が2000年代以降急増した。

欧米に留学するより安く英語の留学ができるメリットから，瞬く間にブームは広がった。また，フィリピンではタガログ語と英語が公用語であるため，小学校からの義務教育の課程で英語を学ぶ。そのため，教育を受けた国民であれば，誰でも英語を話せる[14]。このような背景から，安価な労働賃金で手軽に英会話教師を雇える環境に恵まれ，少人数で手厚いレッスンを格安で提供することを可能としている。少人数教育は，実際に英語を話す機会が相対的に多いため，大人数で相対的に話す機会が少ない欧米留学に比べ上達も早くなることを売りとしている[15]。語学留学といえば欧米としか考えられなかった日本でも，瞬く間にセブの語学留学が認知されるようになる。長期不況から脱却することができず，可処分所得が減った日本では，海外留学が盛んであったバブル前に比べ留学人口が減少し続けている。しかし，格安で実践的な語学習得につながる留学ができることは，日本の留学回帰の契機となっている。当初は韓国資本や米国資本しかなかったセブの英語学校であるが，2009年に日本資本の「QQイングリッシュ」[16] が参入し，その後，日本資本の学校の進出が相次いでいる。

---

(13) ジェトロ提供資料による。日本アセアンセンター「在ASEANと中国の日本商工会議所等会員企業数」も参照した。

(14) 長らく米国の植民地下に置かれていたことや米国への出稼ぎ労働がフィリピン経済を下支えしている実態もその理由となっている。

(15) セブで開講している英語語学学校およびスカイプ英会話学校の日本人が経営する3校に行った聞き取り調査結果による。うち1校の経営者は，G社セブ支店で1年ほど働いたのちにセブで自ら語学学校を起業した。

(16)「QQイングリッシュ」はセブにある日系オンライン英会話の先駆け企業であり最大手。母体となっているのは日本の「株式会社キュウ急便」バイク便の会社である。QQイングリッシュは現在英会話教師750名を抱えるフィリピン最大の語学学校にま同時に，オンライン英会話（スカイプ英会話）もインターネットの普及に伴い普及し，その供給拠点が人件費の安いフィリピンに集中している。

このように，フィリピンで英語を学ぶ，あるいはフィリピン人から英語を学ぶということが日本国内において認知されていった。筆者が現地調査を行った2014年時点で，フィリピン全体では外資を含めおよそ500以上，セブでは60以上，うち日本人経営者の語学学校（セブ）は25以上の学校が存在している(17)。特筆すべきことは，徐々に日本社会の中にセブ島でビジネスが行われているという認知度が浸透するにつれ，セブに進出する日本中小企業が増え始めたことである。このため，G社が手持ち無沙汰にしていたオフィスにも，一時期サブリースするプロジェクトが入るようになる。2013年の暮れには，コールセンター業務や翻訳業務をアウトソーシングという形で受注した。その半年後には，セブ支店のすべての席が満席となった。

華僑にみられるように，一般的に，海外では日系企業同士の垣根は低く関係性を日本国内よりも構築しやすい。そして，海外では小さなコミュニティゆえにその関係を大事にする傾向がある。フィリピンも例外ではなく，Face to Faceの関係に基づく日系企業家コミュニティのつながりは，公私にわたり大事にされビジネスに発展していた。例えば，かつてG社で働いていた日本人材は，独立後G社での経験と人脈を活かしてセブで英語学校を創業し経営者となった。G社もまた，マニラの日系企業家コミュニティでの大企業との垣根を越えた付き合いから，発展の契機をつかんできた。K氏のヘッドハンティングに端を発し，K氏の人脈によるヘッドハンティングにつながる。K氏の大企業駐在時代の人脈やアイデアは，G社のビジネスに活かされている。このように海外進出先における日系企業家コミュニティから受ける恩恵は，資源に限りのある中小・ベンチャー企業が現地で発展するために貴重かつ有効なものと

で成長している。卒業生13,000人以上を送り出している。ちなみに有名にはならなかったが日本資本の最初のスカイプ英会話の学校は2005年設立である。

(17) 現地調査で行った聞き取り調査による。公表されている統計データは筆者が探した限り見当たらなかった。

なっている。

② 人材という地域資源の活用

G社のアウトソーシング業務は，日本語のコールセンター，英語のコールセンター，マーケティングリサーチ，そしてフィリピン（タガログ）語のコールセンター業務に加え，Web制作に関わる翻訳業務などである。この翻訳業務は，日本語のウェブサイト，特に親会社のG社も行っているeコマース事業の日本語サイトを英語サイトに翻訳することが主な仕事内容である。ここでは，きめ細やかな人の手で行う機械ではできない作業が大量に発生するため，安価かつ技術の知識が豊富な労働力が不可欠となる。こうした工程に現地人材が力を発揮している。英語のコールセンターでは言うまでもない。

フィリピンは理系の大卒技術者が安価で雇える環境にある。英語を話せるフィリピン人は他のアジア諸国に比べ圧倒的に多い。この点はフィリピンならではの優位性である。こうした優位性を活かし日本の企業へ派遣するオンサイトでの業務請負を可能とした。派遣する技術者のリクルーティングにおいては，当地有数の工科大学，日本語学校との提携により，約数百倍の競争率から選抜したレベルの高い優秀な人材を確保している(18)。

G社の最大の強みは，これらの現地人材である。G社は，単に優秀な人材を確保するだけにとどまらず，上掲の現地人材の抱える課題を克服し，モチベーションを与え，育成し，人材の付加価値と定着率を両輪で高めることで現地での優位性を構築している。こうした人材の優位性を早くから獲得できた先行者利益によって，G社は事業を拡大・多角化することで急速な成長を遂げることができたのである。

(18) 外国人技術者のビザ申請，渡航手続き等の煩雑な業務は全て同社で代行している。

5. 実現の仕組み

以上，フィリピンに海外進出したことで急成長を遂げたG社のケースを取り上げ，現地人材の活用と人材育成を切り口に整理し，その実態をみてきた。本節では，イノベーション活動を促進させる人材育成と知識移転と産業集積との関係性に着目しながら，現地発イノベーションの実現要因の分析を行う。加えて，先行研究でも示してきたように，「統合と分散の二次元のジレンマ」におけるバランスの均衡をつくりだす「橋渡し役人材」の役割が重要であるにもかかわらず実態におけるその機能が示されてこなかった。したがって，橋渡し人材の役割や機能にも目を配りながら，現地発イノベーションの実現要因の分析を試みる。

(1) 知識移転とイノベーション能力

G社がフィリピンで創出した現地発イノベーションは，人材バンクとしての優位性を生み出した人材開発システムと，人材バンクを活用したサービス・イノベーションであった。結局のところ，いち早くオフショア開発に乗り出したことで先行者利益を獲得できたことに加え，試行錯誤を繰り返し現地に適したシステムを取り入れたことで，地域資源である現地人材の育成とその活用とが連動する形で機能したことに成功要因が見いだせる。この2つの成功ポイントを引き出せたのは，H，K，N，Bといった日本人材の「イノベーション能力」によるところが大きい。そして，彼らがイノベーション能力を発揮できたのは，中小企業ならではの組織特性を有効に活かせていたことと現地人材の活用方法による。

企業の成長と収益増にこだわり続け，戦略を練り変革に導いたのはK氏である。K氏は，ほぼ一年のうち半分以上は海外拠点に出張滞在している。現地拠点における長期期間に及ぶ観察を何より重視し，現地から上がってくる意見をしっかりと吸い上げ，社長にそれを伝え説得し決断を取り付けたうえで，積極的に新しい取り組みを実践していた。すなわち，G社のイノベーション活動の背景には，(1) H氏による新しい知識や市場にアクセスする能力，(2) N氏やB氏，駐在員が実践した新しい知識を機動化し，変化の契機を作り出す能力，(3) その変化を現地人材を活用することで，売上・利益拡大につなげたKの事業創造能力がある。それぞれ個々の貢献とこれらの能力がチームワークにより結合されていった結果，抜本的な変革を短期間に実現できている。このチームワークは，中小・ベンチャー企業特有の風通しがよく意見が通りやすい非階層性組織構造だからこそ機能しやすい。

繰り返し述べてきたように，兎にも角にも本事例の成長を支えたものは人的資源である。もとより経営資源に限りがある中小企業にとって，若くて優秀な英語人材やエンジニアを容易に確保できることは，極めて重要な外部経済となる。本事例においても，海外移住した（あるいはしたい）日本人材を有利に雇用できたという面においてセブの立地優位性は高い。また，進出企業の増加に伴って形成された日系企業家コミュニティは，新たな取引先の確保に繋がる重要なプラットフォームになっていた。試行錯誤のうえ行き着いた現在のG社のビジネスモデルは，進出国資源の人材活用がなければ，むしろ存立そのものが難しく，同社の成長の源泉は進出国資源の活用が，現地発イノベーションの前提条件となっている。

(2) 知識移転と現地発イノベーションにおける橋渡し人材の機能

進出国の優位性を有効に活かすためには，言い換えれば，現地人材を育成し定着させるためには，日本と異なる現地の文化や風習に合ったシステムの再構築が必要であった。そこには，現地の責任者が提案する改善案と向き合い，議論したり（暗黙知），現地責任者が自主的に試行錯誤行う実験をよく観察したりと（暗黙知），現地に適した新しい慣習を寛容に受け入れ日本のよき面と折衷する形でシステム化（形式知）していく地道な作業とコミュニケーション・チャネルがあった。K氏は，マニラやセブ拠点に長期出張する中で，現地のこうした動向や，そこで得られた気づき（暗黙知）を本社や経営陣に持ち帰り，フィードバックすることを繰り返し行っていた。フィードバックされた情報がやがて制度化（形式知）されることで，組織全体のルーティン（形式知）に落とし込まれていった。例えば人事評価システムの構築プロセスが，まさしくこのプロセスのうえに成り立っている。この制度で現地スタッフは育ち，現地発のアイデアが出されるようになった。ここには，日本人材の発するアイデアと，現地人材の吸収する機会をつなぐコミュニケーション・チャネルが不可欠となると同時に，受け手側の吸収能力の巧拙が成功を規定する。それゆえ，吸収能力・学習能力を強化するためのモチベーション向上や，訓練の機会は重要な機能を果たすことになる。それを橋渡しする日本人材のアントレプレナーシップも，重要な機能を果たすことになる。いうまでもなく，モチベーションを与えるためには，現地人材に不可欠となる能力が何なのか，どこまで育てる必要があるのかを明確化し，能力開発の仕組みを構築する必要がある。この情報や知識を，日本人材が現地集積のコミュニケーション・チャネルの中から得ていたことは興味深い発見事実である。

日系中小企業の海外進出をニーズとしたワンストップサービスとして進化したサービス・イノベーションは，社内でしか通用しない専門的なノウハウを，日系企業家コミュニティの中で得られた情報をヒントに，フィリピンの産業集積の地域資源を活用し，社外でも通用するシステムへと転換を顧客とともに共創し進化させたサービスである。すなわち，一連のグローバルな知識移転の流れの中で，社内でしか通用しない専門的な知識や常識が，フィリピンの産業集積の中で知りえる情報ニーズから学習という形で咀嚼されることで，社外でも通じる付加価値の高い専門的な知識として変換され，競争優位へと転換・進化していた。つまり，先行研究で示したように，グローバルな知識創造（知識移転）プロセスは人間同士のFace to Faceの関係性の中で展開されていくことが確認できた。本事例からの実態からの事実発見としては「対立項を乗り越えるための組織学習の場」である産業集積を通じて，この知識創造プロセスが進行していたとみることができる。この意味で，社内だけでなく現地産業集積の人脈や知識を「橋渡しする人材・機能」そのものが現地発イノベーションの実現には有効となる。それゆえ，集積にアクセスし，能動的にコミュニケーションをとり，社内にフィードバックするためのコミュニケーション・チャネルを創り出すことも，橋渡し人材の重要な機能・役割になっているといえそうである。

6. 小括

本章では，フィリピンにおいて海外展開を行ったIT系日本中小企業を対象に，海外進出したことで現地人材の優位性を武器に創出した現地発イノベーションの実態を調査し，イノベーション活動を促進させる人材育成と知識移転に着目し，橋渡し人材と産業集積の機能・役割を分析した。具体的には，日系企業の進出が進むフィリピンにおいて現地人材を活用したオフショア・ビジネスプロセスアウトソーシング事業に成功した事例企業を取り上げ，現地で構築した優位性とその要因を確認した。まず，異文化・考え方の違い，商慣習の違いなどを踏まえ，日本とは異なる現地発の人材育成と評価システムの構築から現地発イノベーションに至った実態を確認した。成功要因の分析から，日本人材のイノベーション能力，現地人材の吸収能力・学習能力が人材を武器とした現地発イノベーションの実現に影響を与えていること，日本人材と現地人材のコミュニケーション・チャネルが存在するという事実発見は，注目に値する。そして，人材育成制度を構築するうえで，現地人材と日本人材のどのような能力を活用し，どこまで能力開発が必要で，どのようなモチベーションを与えるべきかを明確にするためには，現地集積から得られる情報・知識が必要となり，そのために集積と企業とをつなぐ橋渡し人材が有効な機能となりえることを指摘した。そして，集積から社内へ，社内日本人材から現地人材へと，知識移転するためのナレッジマネジメントが現地発イノベーションへとむすびついていく重要なプロセスであることを示した。結論としては，中小企業ならではの特有の能力と進出先の地域資源の活用と掛け合わせによる学習効果を発揮できるかどうかが，現地発イノベーションの実現の鍵を握る。経営資源の限界を克服するためにオープンに現地のリソースを活用することが前提条件となる。

このような能力と実現のための要件を考慮することが，日本中小企業の現地発イノベーションの成功率を高めるうえで重要なポイントといえよう。

第8章

中国に進出する日系中小企業の法的リスク管理
―中国天津の事例―

1. 本章の目的

国際化を行う日系企業にとって法務の視点からのリスク管理は，持続的発展のために重要な対策となる。なぜならば，国際化の企業活動では，現地特有の商慣習に加え，民族・宗教・政治体制・文化・国民性に至るまで，周辺環境が激変する。このような違いを認識した上で，適切なリスク管理を行わないと，大きなトラブルとなり企業活動に大きな支障をもたらすばかりでなく，最悪の場合，撤退や訴訟提起を受けるケースもあるからである[(1)]。したがって，当該国の法制度や規則，さらには慣習を理解した上で，リスク管理に役立てる必要がある。とりわけ，「労働法務（労働実務に関する法的課題）」は，日々の企業活動に直結する重要な検討・分析対象といえる。事実，日本中小企業が海外進出先で必ずといっていいほど直面する中心的課題は労働法務である。その労働法務は，「人材の労務管理」に関わる分野となっている。いうまでもなくイノベーション活動を担う「人的資源の管理・育成」の巧拙は，本研究における現地発イノベーションの実現に関わる重要な課題である。特に，現地人材の定着や育成は，現地での企業活動の要となる。中小企業の場合，大企業の子会社が海外展開する場合と異なり，現地人材の労務管理に対する知見や蓄積が乏し

(1) 高橋（2018b），pp.263-264. 参照。

い場合が多いことから，事前に特段の対策をとることなく，海外進出後に，こうした問題に直面して初めて対処を強いられる実態が，ほとんどである。このために，実際に法的トラブルには，多大な労力と経費を迫られることになり，経営資源の乏しい中小企業にとっては存続の危機に陥るケースさえある。翻って，他章でみてきたように，現地人材の定着や育成がうまくいっている企業は，現地での好調なイノベーション活動につながっているケースもある。こうした課題への「対策（リスク管理）」は，事前に対策をしておくことが，国際化を成功させるために重要な戦略となる。

そこで本章では，海外展開の中でも，中国に進出している日系企業の数が多い中，労働問題に直面している企業も少なくないことから，中国天津に進出した独立系の日本中小企業44社を対象に，当該中小企業が海外進出の際に直面する法的リスクの実態を調査し，イノベーション活動を円滑に推進するための法的リスク管理について検討する(2)。

なお，本研究では，海外における産業集積の活用と現地発イノベーション創出の関係性について着目している。したがって，産業集積の形成が進む地域の現地人材の労働問題を取り上げたい。以上をふまえ，中国における近年の政策転換に伴って「産業集積」の形成が進む中国天津を対象に，そこで直面する日本中小企業の経営課題，とりわけ労働実務に関する問題に焦点を当てながら，法的リスク管理の対策を明らかにしていく。

2. 労働法務の検討の重要性と事例都市の選定理由

日本中小企業の労働実務を検討する意義は，主に以下の3点にある。

①　労務法務は，各国の文化・国民性を反映しているために，各国の労働法の法規定はかなり異なっている一方で，海外における事業展開のためには，各国の労働法や関連法令を適切に理解する必要がある。

---

(2) 本章は，拙稿吉田・石井（2011）を大幅に加筆・修正したものである。

② さらに，単に労働法令を理解するのみでは足りず，労働法令が適切に運用されることがリスク管理上も重要であり，現場の労務管理にもかかわってくることである。とりわけ，労働時間管理（休日の在り方）及び賃金体系はその中心となるべき論点である。
③ 法令遵守体制には，現地スタッフを含めた研修・教育体制が大切である。

中国の天津をその分析対象とする選定理由は，主に以下の3点にある。
① 労働法制が日本の労働法と大きく異なり，かつ労務管理が難しいと言われている中国の事例を分析・検討することで他の国・地域への示唆が得られる。
② なかでも天津地域はとりわけ日系中小製造業の集積が進んでおり[(3)]，集積内の労働問題の特徴を見いだせると考える。
③ 日本中小企業の海外展開が比較的早かった地域であり，失敗（苦戦）をしている中小企業と成功（売上・収益増）を収めた中小企業との両者が混在しているため，経営課題の法的対処経験が豊富である中小企業が比較的多いと考えたためである。

3. 先行研究と調査方法

（1）先行研究

近年，中国[(4)]へ進出する企業は，産業集積の形成と内需拡大にみられる中

---

(3) 天津は，トヨタグループにとって中国最大の生産拠点として位置づけられる。トヨタグループの現地法人である天津一汽トヨタ自動車有限公司（以下，天津トヨタ）は中国資本企業との合資企業（中国では合弁が義務）として，2000年6月に設立された。天津トヨタの土地面積は161万㎡で，設立当初から生産能力は年間20万台以上で，従業員規模は12,000人を超えていた。現在90社余りのサプライヤー企業が天津に設立し，天津トヨタ関連の下請従業員規模は50,000人に達している。

(4) 近年中国は，外資主導の外発的発展戦略から産業集積の形成と内需拡大による内発的発展戦略へと大きく成長戦略を転換してきている。中国経済は1978年に改革・開放政策に転じたことを皮切りに「対外開放」体制を推し進め，沿海部の大都市圏を

国の大きな成長戦略の転換(5)という文脈の中で，中国進出における有効な経営戦略を展開していかなくてはならない状況にある。しかし，分業構造上，下請（サプライヤー）に位置し大企業と比較して，経営資源が乏しい中小企業にとっての経営課題は深刻であるうえ，一筋縄では紐解けない。一般に資金力，労働力が乏しい中小企業にとって，立地転換まして海外進出は決して容易なことではない。他方で，日本の大手製造業（とりわけ自動車産業）においては，部品会社の品質や開発能力に対する要求水準が高いこともあって，日本で長い取引関係を持つ系列のサプライヤーに国際化を強く要請することは少なくない。あるいは，要請はなくても長年付き合いのある親企業からの受注を求めて，自ら追随する中小企業も少なくない。その結果，従来の取引関係を重視するサプライヤーが，大企業の進出に併せて国際化するケースは数多く実在している。中国天津では2002年のトヨタ自動車の進出に伴って，トヨタ自動車の組立ラインに帯同するかの如く各種部品関連サプライヤーが当該地域内に集中的に進出し，自動車産業集積地を形成している(6)。

中心にめざましい発展を遂げてきた。その勢いは，グローバル経済を背景としたアジア通貨危機，世界経済不況，世界金融危機等の深刻な状況を乗り越え，長期的には高度経済成長を維持した。こうした背景には，外部環境の変化に対し臨機応変に対応してきた中国の成長戦略がある。アジア経済危機下では，外資導入による経済成長を狙った規制緩和と経済制度の整備に着手し，企業誘致による外発的発展戦略を展開した。2001年にはWTO加盟を果たし，事業環境の改善への期待から外資企業の一層の参入を促した。中国は，良質かつ安価な労働力が豊富に存在することに加えて巨大な国内市場を擁することを武器に，製造業における生産拠点としての立地優位性をアピールし，見事に「世界の工場」として経済大国の地位を確立した。

(5) 世界経済不況下では，既に推し進めていた（1）人民元の切り上げ，（2）最低賃金の引き上げ，（3）輸出優遇税制の大幅削減等の政策が「輸出不振」を深刻化させた。しかし，その後金融財政両面で強力な経済刺激策を発動し，国内の既存の産業集積の強化と国内に新たな産業集積を形成させることで，従来の輸出主導型の経済発展方式を改め内需主導型戦略へと大きく舵を取ることで成長率を維持してきた。かつての世界金融危機下においても，内陸部の都市化，交通物流インフラ網の整備により内需拡大路線を突き進めた。こうした政策展開が功を奏し，産業集積の形成促進とイノベーション力の強化にも繋がり，過去10年，2008年からの実質GDP成長率の平均値は7%前後をキープし好調である。

(6) このようなケースは，上海，広州，広東地域にも同様に観察できる。

中国天津の産業集積に関わる経済学的アプローチの先行研究は，有賀(2010)，朽木（2007）や駒形（2005）等が参考になる。有賀（2010）は，トヨタグループの企業を中心として，天津の産業集積の実態を地理的に解明することを試みている。現地調査を通じて，国内外でのトヨタグループの生産拠点配置の特徴，中国で外資が自動車生産を行うに際しての制約，当該地域へのトヨタグループの進出状況について明らかにしている。朽木（2007）は，天津市の自動車産業集積の形成プロセスと発展要因について分析を行い，トヨタ自動車の進出とサプライヤー企業群の集積形成との関係性を明らかにしたうえで，産業集積形成における核企業の存在の重要性を強調している。駒形（2005）は，産業集積の役割に触れながら，国有一社体制から中小企業主体構造への変容による内発的発展が天津の自転車産業の振興をもたらしていることを論じている。これらの先行研究からは，近年の天津が主に製造業関連の産業集積によって著しく経済発展している地域であることが分かる。中国の労働実務に目を転じてみると，馬成三（2000），山下昇（2003），佐々木信彰（2010）等の先行研究が参考になる。馬成三（2000）は，中国沿岸地域各都市に進出した日系及び欧米系企業に焦点を当てながら，その従業員，企業側代表，及び各地方当局を対象としたヒアリング調査をもとに各国企業の労働問題の実態を考察している。山下昇（2003）は，中国労働契約法の形成過程，特にその内の労働者解雇法制に焦点を当てて同法の特徴を論じている。佐々木信彰（2010）は，2008年リーマン・ショック以後の中国経済の回復，及び「第三次産業育成へ」と構造転換する中国経済の労働の実態を中国主要産業分野に焦点を当てた分析を行っている。しかしながら，海外展開する日本中小企業の成長戦略を念頭において，労働実務からリスク管理を検討する先行研究は筆者が調べた限りほとんど見当たらなかった。その点で，本研究に重要な示唆を与えてくれた数少ない研究が，高橋（2018b）である。高橋（2018b）は，法学研究者の立場から，海外で設立・活動する会社の特有のリスクを整理し，法的リスクへの対応の基本的方向性を会社法およびコーポレート・ガバナンスの論理から示しており，海外での成長戦略（アクセル）のオペレーションに欠かせないリスク管理（ブレーキ）の重要性について極めて実践的な考え方を示している。高橋（2018b）によれば，海外展開する中小企業のリスク管理の実現には，次の5つの基本方針が必要だと述べている。具体的には，（1）リスク管理体制の基本方針の周知徹底，（2）法令遵守状況を評価項目に入れること，（3）外国会社の役職員への定期的な法令遵守教育，（4）現地の外部専門家の活用，（5）リスク発生のおそれや発生した際の情報伝達体制の整備，の5つである。ただし，これらのリスク管理に対して実例を用いた検証については行っておらず今後の課題と論じている。そこで，本章の分析作業では，高橋（2018b）の法的リスク対応の基本的方向性を踏まえ，中国天津の実態との比較検証作業を行うことで，一般化の精緻化を試みたい。

（2）調査方法

調査データは，2010年8月から2011年3月にかけて実施したものを活用する。この調査方法は，現地拠点の代表者または責任者の立場にある日本人駐在員に対する半構造化インタビューである[(7)]。調査対象は，産業集積が急速に形成される中国・天津市に進出する日本中小企業44社（表8-1）とした。ここから得られたインタビュー調査の結果を整理し，日本中小企業の労働問題における経営課題を抽出した。この抽出した経営課題から，日本中小企業が直面する労働実務の課題をマトリクス表に細分化し，該当する法律の類型化を行った。そのうえで，このマトリクス表を使って，日本中小企業が，（1）直面する労働実務問題，（2）その問題を引き起こす要因と経営課題を分析し，対策を考察した。その際，現地で避けることのできない中国の体系法，とりわけ労働法との関係性，ならびに先行研究で示した高橋（2018b）の5つのリスク管理方針との整合性も踏まえ，現地での具体的リスク管理対策を提示した。

本調査における「中小企業」としての判断は，日本本社または現地拠点の従

(7) インタビューには，現地の法律に詳しい敬海法律事務所のリーガルアソシエイト（調査当時）の石井誠行氏に同行頂いた。ここに感謝申し上げたい。

【表8-1】44事例インタビュー企業一覧表

会社名	従業員数 （本社/現地法人）	資本金 （本社/現地法人）	会社規模の分類	業種・事業概要	分業の位置	取引先	進出時期
西青経済開発区 K社	本　社：701人 現地法人：250人	本　社：4億4,100万円 現地法人：240万ドル	本　社：中堅企業 現地法人：中小企業	自動車部品製造業（精密樹脂成形・精密金型）	下請け（2次）	現地生産 現地の日系企業に販売	2002年 11月18日
西青経済開発区 K社	本　社：約650人 現地法人：190人	本　社：2億2,500万円 現地法人：330万ドル	本　社：中堅企業 現地法人：中小企業	自動車部品製造業（プラスチック製造・ブロー成形・自動車部品販売）	下請け（2次）	現地生産 現地の日系企業に販売	2004年 1月1日
西青経済開発区 T社	本　社：1,380人 現地法人：130人	本　社：8億800万円 現地法人：1,000万ドル	本　社：中堅企業 現地法人：中小企業	自動車部品製造業（自動車用印刷プレス製品製造）	下請け（1次）	現地生産 現地の日系企業に販売	2004年 5月12日
西青経済開発区 S社	本　社：153人 現地法人：320人	本　社：1,200万円 現地法人：225万ドル	本　社：中小企業 現地法人：中堅企業	自動車等各種製品製造業（プラスチック金型製造・成形加工・自動車内装部品・パソコン部品・通信機器部品製造）	下請け（1次） 横請け 異業種間取引	現地生産 現地の日系企業に販売	2002年 4月1日
西青経済開発区 J社	本　社：10,105人 現地法人：190人	本　社：451億円 現地法人：1,175万8,321ドル	本　社：中堅企業 現地法人：中小企業	自動車部品製造業（自動車部品の製造）	下請け（1次） 異業種間取引	現地販売	2004年 8月1日
東麗経済開発区 N社	本　社：5,788人 現地法人：100人	本　社：267億円 現地法人：800万ドル	本　社：中堅企業 現地法人：中小企業	自動車部品等製造業（自動車用合成ゴム製造販売・接着剤粘着テープ製造）	下請け（1次） 横請け 異業種間取引	現地生産 現地の日系企業に販売	2006年 9月23日
西青経済開発区 S社	本　社：409人 現地法人：40人	本　社：9,000万円 現地法人：250万ドル	本　社：中堅企業 現地法人：中小企業	自動車部品等製造業（自動車・一般機械産業向け金型部品の設計製造）	下請け（2次） 横請け 異業種間取引	現地生産 現地の日系企業に販売	2004年 6月10日
北辰区 T社	本　社：104人 現地法人：75人	本　社：2億円 現地法人：3,000万ドル	本　社：中小企業 現地法人：中小企業	自動車等各種製品製造業（自動車部品等プラスチック原料着色加工）	下請け（2次） 横請け 異業種間取引	現地生産 現地の日系企業に販売	1997年 12月1日
新技術経済産業苑区 O社	本　社：783人 現地法人：86人	本　社：61億325万円 現地法人：585万ドル	本　社：中堅企業 現地法人：中小企業	各種製品製造業（自動車用等高性能塗料等の製造）	下請け 異業種間取引	現地生産 現地の日系企業に販売	2006年 1月1日

武清開発区 I社	本　　社：218人 現地法人：80人	本　　社：9,750万円 現地法人：258万800ドル	本　　社：中小企業 現地法人：中小企業	自動車等各種製品製造業（化学機械設計製造）	下請け 異業種間取引	現地生産 現地の日系企業に販売現地販売	1996年 11月12日
静海県 J社	本　　社：5,212人 現地法人：170人	本　　社：233億2,016万円 現地法人：220万ドル	本　　社：中堅企業 現地法人：中小企業	自動車部品製造業（ゴムパウンド販売）	下請け（2次）	現地生産 日系現地法人に販売	1995年 12月6日
新技術 経済産業苑区 N社	本　　社：405人 現地法人：280人	本　　社：8,000万円 現地法人：500万ドル	本　　社：中小企業 現地法人：中小企業	自動車部品製造業（自動車用プレス部品製造）	下請け（1次）	現地生産 日系企業に販売	2006年 8月1日
武清開発区 T社	本　　社：855人 現地法人：230人	本　　社：108億3,700万円 現地法人：660万ドル	本　　社：中堅企業 現地法人：中小企業	自動車部品製造業（成型組付けの一貫生産）	下請け（2次） 横請け 異業種間取引	現地生産 現地の日系企業に販売	2003年 5月19日
河西区 T社	本　　社：1,575人 現地法人：213人	本　　社：108億3,700万円 現地法人：1,578万4,085ドル	本　　社：中堅企業 現地法人：中小企業	自動車部品製造業（自動車用各種ケーブル生産）	下請け（1次）	現地生産 現地の日系企業に販売	2003年 9月29日
南開区 T社	本　　社：1,575人 現地法人：110人	本　　社：108億3,700万円 現地法人：60万3,646ドル	本　　社：中堅企業 現地法人：中小企業	自動車部品製造業（自動車用冷間成形ばね製造）	下請け（1次）	現地生産 現地の日系企業に販売	2003年 11月1日
静海県 S社	本　　社：100人 現地法人：300人	本　　社：8,000万円 現地法人：83万ドル	本　　社：中堅企業 現地法人：中小企業	各種製品製造業（合成樹脂製品生産・携帯電話部品・薄型テレビ部品等アッセンブリー）	下請け（1次） 横請け 異業種間取引	現地生産 現地の日系企業に販売	2006年 9月1日
東麗経済開発区 S社	本　　社：40人 現地法人：30人	本　　社：500万円 現地法人：120万ドル	本　　社：中小企業 現地法人：中小企業	各種製品製造業（金属部品製造・釣具台所用品生産）	下請け（一次） 横請け 異業種間取引	現地の日系企業に販売 日本の第三者企業に販売	2004年 7月2日
西青経済開発区 N社	本　　社：50人 現地法人：25人	本　　社：953万5,800円 現地法人：300万ドル	本　　社：中小企業 現地法人：中小企業	自動車部品製造業（自動車等薄型コーティング加工サービス）	下請け（1次） 横請け	現地の日系企業に販売	2008年 3月1日
西青経済開発区 U社	本　　社：530人 現地法人：30人	本　　社：3億300万円 現地法人：410万ドル	本　　社：中堅企業 現地法人：中小企業	自動車等各種製品製造業（自動車等各種金型・型部品製造・特殊鋼）	現地製造現地の他の日系企業に販売	現地製造現地の他の日系企業に販売	2006年 11月3日
西青区 M社	本　　社：140人 現地法人：10人	本　　社：6,873万1,650円 現地法人：7,546ドル	本　　社：中小企業 現地法人：零細企業	自動車等各種製品製造業（自動車用等アルミニウム製造設備設計製造）	現地製造現地の他の日系企業に販売	現地生産 現地の日系企業に販売	2010年 1月26日

武清区 T社	本　　社：135人 現地法人：128人	本　　社：4,500万円 現地法人：157万ドル	本　　社：中小企業 現地法人：中小企業	自動車部品製造（プレス部品））	下請け（2次）	現地生産 現地の日系企業に販売	2004年 6月28日
西青経済開発区 S社	本　　社：2,155人 現地法人：300人	本　　社：101億5,696万円 現地法人：312万ドル	本　　社：中堅企業 現地法人：中小企業	自動車部品製造業（自動車用電磁クラッチ,ブレーキ製造）	下請け（1次）	現地生産 現地の日系企業に販売	1994年 8月22日
西青経済開発区 N社	本　　社：545人 現地法人：120人	本　　社：47億5,308万円 現地法人：570万ドル	本　　社：中堅企業 現地法人：中小企業	自動車部品製造業（自動車防音部品製造）	下請け（1次）	現地生産 現地の日系企業に販売	2004年 2月25日
西青経済開発区 P社	本　　社：239人 現地法人：550人	本　　社：19億355万円 現地法人：2,136万ドル	本　　社：中小企業 現地法人：中型企業	製造業（ミシン部品生産）	下請け	現地生産 日本の本社に卸す	1994年 2月19日
津南区 T社	本　　社：50人 現地法人：130人	本　　社：1,000万円 現地法人：100万ドル	本　　社：中小企業 現地法人：中小企業	ペット用品製造業	下請け 異業種間取引	自社製品製造親会社に卸す 現地生産 現地販売	1993年 12月14日
西青区 R社	本　　社：1,000人 現地法人：270人	本　　社：25億3,700万円 現地法人：1,190万ドル	本　　社：中堅企業 現地法人：中小企業	食品製造業	下請け	現地生産 日本にある日系企業と取引	1993年 10月25日
東麗区 R社	本　　社：81人 現地法人：81人	本　　社：1,000万円 現地法人：42万ドル	本　　社：中小企業 現地法人：中小企業	製造業（紐バンド等加工と成型品生産）	下請け 横請け 異業種間取引	現地製造日本の第三者に販売	1996年 3月2日
漢沽区 S社	本　　社：13,855人 現地法人：104人	本　　社：1,394億円 現地法人：920万5,602ドル	本　　社：中堅企業 現地法人：中小企業	製造業（自動車用等潤滑油の製造）	下請け 異業種間取引	現地生産 現地日系企業に販売・現地販売	1995年 1月1日
東麗区 O社	本　　社：60人 現地法人：220人	本　　社：1,000万円 現地法人：105万ドル	本　　社：中小企業 現地法人：中小企業	製造業（化粧用具全般製造）	下請け	自社製品製造のため親会社に卸す	1992年 1月23日
保税区 N社	本　　社：330人 現地法人：154人	本　　社：5億円 現地法人：150万ドル	本　　社：中堅企業 現地法人：中小企業	製造業（テープ等加工）	下請け（一次） 横請け 異業種間取引	現地生産 現地日系企業に現地販売	2000年 3月16日
西青経済開発区 K社	本　　社：40人 現地法人：50人	本　　社：1,000万 現地法人：300万ドル	本　　社：中小企業 現地法人：中小企業	製造業（食品製造用機械製造）	下請け	現地生産 日本の第三者企業に販売	2005年 11月30日
武清区 T社	本　　社：440人 現地法人：70人	本　　社：1億2,000万円 現地法人：9,926万3,472ドル	本　　社：中小企業 現地法人：中小企業	製造業（コンクリート二次製品の製造）	下請け・異業種間取引	現地販売 日本の日系企業に販売	2002年 11月15日

河西区 W社	本　　社：35人 現地法人：35人	本　　社：1,000万円 現地法人：20万ドル	本　　社：中小企業 現地法人：中小企業	製造業（アクリルラック製造）	下請け・異業種間取引	現地生産 日本の第三者企業に販売・現地の他の日系企業に販売	1993年 3月18日
西青経済開発区 M社	本　　社：600人 現地法人：300人	本　　社：1億円 現地法人：400万ドル	本　　社：中小企業 現地法人：中小企業	製造業（プレス加工，全工程，樹脂，プレス，電子部品のアッセンブリ）	下請け（2次） 異業種間取引	現地生産 現地の日系企業に販売	2005年 5月1日
西青経済開発区 M社	本　　社：65人 現地法人：50人	本　　社：9,990万円 現地法人：175万ドル	本　　社：中小企業 現地法人：中小企業	製造業（自動車用合成樹脂原料加工）	下請け（1次）	現地生産 現地の日系企業に販売	2002年 9月14日
西青経済開発区 M社	本　　社：250人 現地法人：94人	本　　社：2,300万円 現地法人：200万ドル	本　　社：中小企業 現地法人：中小企業	製造業（自動車用等塗料製造）	下請け（2次） 横請け 異業種間取引	現地生産 現地の日系企業に販売現地販売	2006年 8月1日
北辰区 M社	本　　社：100人 現地法人：135人	本　　社：9,600万円 現地法人：500万ドル	本　　社：中小企業 現地法人：中小企業	自動車等各種製品製造業（自動車用及び一般機械器具製造業）	下請け（1次） 異業種間取引	現地生産 現地日系企業に販売	1995年 4月5日
和平区 T社	本　　社：394人 現地法人：6人	本　　社：68億円 現地法人：30万ドル	本　　社：中堅企業 現地法人：零細企業	商社（化学製品専門商社）	異業種間取引	現地企業と現地の日本企業に売買	2004年 4月8日
河北区 T社	本　　社：140人 現地法人：7人	本　　社：2億2,760万円 現地法人：20万ドル	本　　社：中堅企業 現地法人：零細企業	商社（石油化学製品専門商社）	異業種間取引	現地の日系企業に販売	2002年 8月20日
河西区 Y社	本　　社：120人 現地法人：16人	本　　社：1億2,438万円 現地法人：20万ドル	本　　社：中堅企業 現地法人：中小企業	商社（産業機械専門商社）	異業種間取引	現地の日系企業に販売・現地販売	2002年 6月1日
和平区 I社	本　　社：553人 現地法人：5人	本　　社：93億6,400万円 現地法人：20万ドル	本　　社：中堅企業 現地法人：零細企業	商社（化学製品等商社）	異業種間取引	現地企業に販売・現地の日系企業に販売	2004年 8月1日
和平区 T社	本　　社：2,280人 現地法人：30人	本　　社：20億円 現地法人：20万ドル	本　　社：中堅企業 現地法人：中小企業	販売会社（電子部品販売・但し本社は電機製品製造業）	異業種間取引	現地の日系企業に販売現地販売	1996年 12月19日
河西区 M社	本　　社：2,433人 現地法人：53人	本　　社：3億9,100万円 現地法人：20万ドル	本　　社：中堅企業 現地法人：中小企業	販売会社（精密測定機器輸入販売・但し本社は製造業）	異業種間取引	現地販売・現地の日系企業に販売	2004年 8月18日
華苑産業区 N社	本　　社：574人 現地法人：20人	本　　社：4億3,800万円 現地法人：30万ドル	本　　社：中堅企業 現地法人：中小企業	オフショア開発（システム開発・ITサービス）	下請け・異業種間取引	現地の日系企業に販売	2005年 4月1日

（出所）吉田・石井（2011）

業員数，または資本金が日本の中小企業基本法の定義に準拠する中小企業のところとした。加えて，分業構造上のサプライヤー（下請）に位置づけられる「独立系の中小企業」とした[8]。業種の選定にあたっては，本研究の目的とする現地発イノベーションに影響する要因を調査する上で，製造業および製造関連業[9]を対象とした。その理由は，サービス業などに比べ，設備投資のコスト面から移動性が低いことから地域産業集積との何らかの関わりが生まれやすいと考えられるためである。そして，最も重要な条件として，現地で何らかの経営課題上の法律相談を行っている日本中小企業を対象とした。こうした条件のもと，現地の法律事務所のデータベースから適性企業を抽出し，約100件が該当した。電話にて調査依頼を行った44件から応諾の回答が得られた[10]。

あらかじめ設定した質問項目に加え，インタビュー調査を実施する中での文脈に合わせて聞き取りをしたのは次の5項目となる。(1) 進出前あるいは進出時から準備していたリスク管理，(2) 現地で直面した経営課題，(3) 対処法と法的措置，(4) 現地人材の育成と労務課題，(5) リスク管理と対策，である。

4. 事例都市の概要

(1) 天津の概要

天津は中国で直轄市として，政治・経済・交通の要衝として発展を遂げてきた。天津は，面積は約11,917㎢，北京市・河北省に隣接する15区3県の行政

(8) 独立性の設定については，自社のみで意思決定のできるところとするため，資本関係の確認をした。

(9) 主には，ここでは製造品を専門に扱う商社のことをいう。44社のデータの中には，このような専門商社が6社含まれる。

(10) データの入手に関しては，当該法律事務所に対して，第一に，学術研究を目的とした調査であること。第二に，研究成果の公表によって企業と個人が不利益を被ることのないように，調査結果を論文や学会発表等の形で公表する際は，企業名および個人名が特定されないよう，原則として匿名で公表するか，特定されないように配慮する旨を伝え了解を得ている。

区画に分割されている，人口979.8万人の都市である[11]。そのうち日本人の常住人口は約3,300人となっている。次に経済状況についてみていくと，天津全市の合計GDPの推移は，2006年度が43億4,427万元，2007年度50億5,040万元（前年比15.2%増），2008年度63億5,438万元（前年比16.2%増）となっており，人口と比例し年々増加基調にある[12]。続いて2008年の天津市業種別のGDPは，第一次産業が2008年で112.58億元（天津市全産業のGDPのうち1.9%を占める），第二次産業（工業及び建設業）が3,821.1億元（60.1%），第三次産業が2,410.7億元（38.0%）となっている。なかでも特筆すべき点は，上記2008年度の天津全市のGDP業種別構成をみると，第二次産業のうち，工業のGDPが全産業のそれに占める割合が55%（3,533.86億元）に昇るという事実である。データが示す通り，まさに近年の天津地域は工業製品を生産する製造業企業の産業集積都市へと変貌を遂げていることが理解できる。

(2) 天津の日系企業進出状況

天津に進出している各国別外資系企業数をみると，全外資系企業6,050社のうち，日系企業は802社である[13]。これは，第三位の米国系企業に次ぐ数字である。天津に進出する約800社のうち天津トヨタ，天津ヤマハ，天津三洋電機などの主要な大手日系企業は約40社弱進出している。これを差し引くと天津に進出している中堅・中小企業は約760社程度進出していることになる[14]。また，製造業に限れば，天津日本人会に登録している企業だけでも主要な大手日系企業は20社弱程おり中堅・中小企業サプライヤーの数は約400社あまり存

(11) 常住人口（6ヶ月以上滞在する者の人口）は，近年増加傾向にあり2008年末時点で1,176万人である。ジェトロ（2010a）参照。

(12) 天津市統計局（2009）参照。2007年度で3,924万米ドル，2008年度で5,077万米ドルにのぼり毎年増加基調にある。天津の外資系企業が集積する濱海新区における海外直接投資額・実行ベースのデータをみても，当該産業集積への外国資本進出の活発さが窺える。

(13) ジェトロ・前掲（2010a）参照。

(14) ジェトロ・同上（2010a）のデータをもとに算出。ただしここには元請中堅・中小企業も含まれる。

在し，全体の半数以上のシェアを占めていることが分かる(15)。

【表8-2】天津日本人会法人会員数（1998~2015）

1998年	1999年	2000年	2001年	2002年	2003年	2004年
187社	192社	190社	201社	215社	230社	270社
2005年	2006年	2007年	2008年	2009年	2010年	2015年
283社	320社	331社	346社	346社	369社	401社

（出所）「天津日本人会事務局」提供資料を基に筆者作成

表8-2は，1998年から2015年に天津日本人会に登録した企業数の推移を示している。ここから登録企業数は，十数年のうちに約2倍以上に増加していることが分かる。特に天津地域には天津トヨタの生産拠点が存在し，それに付随するサプライヤー企業が同社周辺に産業集積を形成している(16)。一般に自動車産業の場合，一台の車両を組み立てるのに2万点から3万点に及ぶ部品を必要とする構造から，部品産業の取引関係が非常に重要な役割を果たすと言われている。すなわち，地理的に近接する地域に，親企業（大手自動車メーカー）に供給するサプライヤーがどれだけ集積しているかが，生産性を規定する。既に述べてきたとおり天津は，トヨタ自動車の進出を契機に，トヨタ系部品メーカーが集中し，中国最大の自動車集積地の一つになりつつある。例えば，トヨタグループのデンソー，アイシン，ダイハツ，その他グループの主要メンバーは中国でトヨタが進出するのとほぼ同時期に現地生産を始めており，またこれら一次サプライヤーに限らず一次サプライヤーの下請となる二次サプライヤーに至っても，近年，天津を中心に部品サプライヤーの生産拠点構える動きが活発化している。

---

(15) ジェトロ・前掲（2010b）によるデータと天津日本人会へのインタビュー調査から入手したデータをもとに算出した。

(16) 実際に調査を行った対象日系企業全44社のうち，製造業の分類に該当する企業は計37社を占めた。そのうち，天津のトヨタ自動車に部品を供給している一次・二次下請企業は回答があっただけでも18社あった。

【写真8-1】天津市中心地の様子（左）および天津産業集積地帯の様子（右）

（出所）2011年3月筆者撮影

5. 中国の法制度と日本中小企業の労働実務問題

（1）中国の法制度における労働法規の位置づけと労働法関連法規の特徴

中国へ進出する日本中小企業が，日常的に直面している労務実務問題を検討していくうえで，中国法の概要，各種労働法規の位置づけ，効力における体系的な理解が欠かせない。中国労働法体系及び労働法務事情はわが国と比較して未整備な部分が多く，そもそも法社会環境が大きく異なる。法整備が未成熟ゆえに，中国全土において労働関係訴訟が日本と比べて頻発している実態がある。そのため，現在中国全土において外資系企業の従業員により引き起こされる労務関連訴訟は，日本中小企業の経営を圧迫する結果を生み大きな社会問題になりつつある。以下では，中国の全法体系における労働関連法規の位置づけとその効力関係及び特徴について整理したものを簡潔に解説する。

中国の法律はその規定内容によって，①「憲法」，②「民法・商法」，③「経済法」，④「行政法」，⑤「刑法」，⑥「社会法」の6種類に大別される。それをまとめたものが表8-3である。上記6種類の法律のうち2008年に新たに制定された労働契約法及びその他の労働関連法規は⑥の「社会法」の中に含まれ，主に労働者の権利保護や労働契約の締結，履行，及び解除について規定している。そして法規範の階層に関して，上記6種類の法律のなかでは，第1階層の

①「憲法」を頂点として，その下位規範に第2階層の上記②～⑥「法律」が分類される[17]。更にその下位規範に，第3階層「行政法規」，第4階層「地方性法規」，第5階層「部門規定」，及び「政府規程」が存在する。上記法規範の各階層別の分類及びその制定機関に関して日本との相違点をまとめたものが表8-4である。

【表8-3】中国の法律の分類

	法律の種類	
1	憲法	国家的性質，公民の基本的権利と義務などに関する規定
2	民法・商法	民法総則・債権・物権・親族・商法総則・会社法等に関する規定
3	経済法	税収，財務，会計，銀行，保険などの規定
4	行政法	政府機構の行政管理の規定
5	刑法	刑事犯罪及び刑罰等の規定
6	社会法	労働制度，社会福祉等の規定

（出所）吉田・石井（2011）

【表8-4】法規範の階層及びその制定機関

階層	法規範の分類（中国）	制定機関（中国）	法規範の分類（日本）	制定機関（日本）
第1階層	憲法	中国人民代表大会	憲法	国会及び国民投票
第2階層	法律	中国人民代表大会及びその常務委員会	法律	国会
第3階層	行政法規	国務院	条例	地方自治体議会
第4階層	地方性法規	各地人民代表大会及びその常務委員会		
第5階層	部門規定	国務院各部委員会		

（出所）吉田・石井（2011）

現在，中国において最重要規定として位置づけられる労働実務に関連する法律は，「労働法」（1995年1月1日施行）及び「労働契約法」（2008年1月1日施行）の2つである。いずれも比較的最近になって整備されている。この2つ

（17）董和平（2009）参照。

の最重要規定に基づき，国務院とその所属部門である労働部が制定する「細則」や，各地方政府が各地域の状況に基づき制定した「地方性法規」，及び最高人民裁判所が制定した「司法解釈」が存在する。これら法規が，実際に最初の段階で関わる労働法規ということにある。例えば，本章で取り上げる天津を例に挙げれば，日系企業が労働実務問題に直面した場合に関わる重要な労働法規は14存在する。それをまとめたものが表8-5である。

次に，もう一つの最重要規定と捉えられている「労働契約法」関して解説を加えたい。中国では2008年の「労働契約法」（「労働合同法」，同年1月1日施行）を皮切りに，「労働争議調停仲裁法」（同年5月1日施行）に続き「労働契約法実施条例」（同年9月18日施行），及び「企業従業員年次有給休暇条例」（同年9月18日施行）が相次ぎ施行された。この労働契約法の主な特徴は，①「書面による労働契約を義務付ける点（労働契約法第10条）」，②「『無期限労働契約（終身雇用契約）』を企業に対し奨励する点（労働契約法第14条）」，③「試用期間を労働契約の種類別に定めた点（労働契約法第19条，20条）」等が挙げられる。これらが，実際の労働実務の問題の中で抵触する規定内容ということになる。

（2）天津で起こっている法的経営課題の実態

大企業こそ報道等で公にされ情報をつかめるが，中国における法的経営課題の実態は，中小企業となると，表面化するケースは決して多くはない。そのため，意外に日本中小企業の現地での問題は明らかにされていない。しかし，現地での法的措置が必要となる経営課題への対応次第では，経営存続を揺るがしかねない大きな問題へと発展するリスクを抱えている実態が存在する。以下では，天津の日系企業，特に中小企業の現地責任者（日本人）及び労務担当者へのインタビュー調査から得られた資料を基礎に，これら企業が日常的に直面する法的な相談が生じた経営課題について，その傾向と分析を試みる（表8-6参照）。なお，表には現地の法律事務所に相談するに至った法律問題を記載しているが，インタビューを行って共通していたことは，法的措置に至るまで問題

【表8-5】近年の労働関係の主要な法律法規

NO	法律名称	法律番号	実施日	公布部門	内容概要
1	中華人民共和国労働法	中華人民共和国主席令（8期第28号）	1995年1月1日	全国人民代表大会常務委員会	主に，就業の促進，労働契約と集団契約，業務時間と休憩休暇，給与，労働安全衛生，女性従業員と未成年労働者の特殊保護，職業研修，社会保険と福利，労働争議，監督検査，本法違反による法律責任等内容を規定している。
2	中華人民共和国労働契約法	中華人民共和国主席令（10期第65号）	2008年1月1日	全国人民代表大会常務委員会	主に，労働契約の締結，労働契約の履行と変更，労働契約の解除と終結，集団契約，労務派遣，非全日制雇用の特別規定，各級労働行政部門の監督検査，本法違反による法律責任等内容を規定している。
3	中華人民共和国労働争議調停仲裁法	中華人民共和国主席令（10期第80号）	2008年5月1日	全国人民代表大会常務委員会	主に，調停，仲裁等内容を規定している。その仲裁とは，主に仲裁の一般規定，仲裁の申請と受理，開廷と裁決等の内容を含む。
4	労働保障監察条例	中華人民共和国国務院令（第423号）	2004年12月1日	中華人民共和国国務院	主に，労働保障監察職責，労働保障監察の実施，本法違反による法律責任等内容を含む。
5	住宅積立金管理条例	中華人民共和国国務院令（第350号）	2002年3月24日	中華人民共和国国務院	主に，住宅積立金管理の機構及びその職責，住宅積立金の納付，受領と使用，政府関連部門の監督，本法違反による法律責任等内容を規定している。
6	社会保険費用収納暫定条例	中華人民共和国国務院令（第259号）	1999年1月22日	中華人民共和国国務院	主に社会保険費用の収納管理，関連部門の監督検査，本条例違反による法律責任等内容を規定している。
7	従業員年次有休休暇条例	中華人民共和国国務院令（第514号）	2008年1月1日	中華人民共和国国務院	主に，年次有休休暇の享受条件，享受できない当年の年次有休休暇の情況，年次有休休暇の待遇，年次有休休暇の手配，関連部門の監督責任及び，未使用の年次有休休暇の消化方法等内容を規定している。
8	天津市企業給与集団協議条例	天津市人民代表大会常務委員会公告（第19号）	2010年9月1日	天津市人民代表大会常務委員会	主に，給与集団協議代表，給与集団協議の過程，給与集団協議内容，給与集団協議，本法違反による法律責任等内容を規定している。
9	中華人民共和国労働契約法実施条例	中華人民共和国国務院令（第535号）	2008年9月18日	中華人民共和国国務院	主に，労働契約の締結，労働契約の解除と終止，労務派遣の特別規定，本条例違反による法律責任等内容を規定している。
10	《労働保障監査条例》の実施に関する若干規定	中華人民共和国労働と社会保障部令（第25号）	2005年2月1日	中華人民共和国労働と社会保障部	主に労働保障監査の適用範囲，労働保障監査の受理と立件，調査と検査，案件処理等内容を規定している。
11	最高裁判所の労働紛争事件を審理する際に適用する法律の若干問題に関す解釈	法釈〔2001〕14号	2001年4月30日	中華人民共和国最高裁判所	主に，労働争議の範囲，労働争議仲裁委員会の異なる処理結果に対する裁判所の処理方式，使用者変更時の労働争議当事者の認定，立証責任，労働争議倍賞等内容を規定している。
12	最高裁判所の労働紛争事件を審理する際に適用する法律の若干問題に関す解釈（二）	法釈〔2006〕6号	2006年10月1日	中華人民共和国最高裁判所	主に，労働争議発生日の確定，若干情況の下，裁判所の受理決定，労働争議に属しない事項，仲裁期間中断の情況，訴訟中の財産保全措置等内容を規定している。
13	最高裁判所の労働紛争事件を審理する際に適用する法律の若干問題に関す解釈（三）	法釈〔2010〕12号	2010年9月14日	中華人民共和国最高裁判所	主に，労働争議案件の受理範囲，労働争議案件の訴訟主体，残業事実の立証責任，終局裁決の認定基準，仲裁と訴訟の関係等内容を規定している。
14	社会保険行政争議処理弁法	労働と社会保障部令（第13号）	2001年5月27日	中華人民共和国労働と社会保障部	主に，社会保険争議と取扱い機構の定義，本弁法の適用範囲，社会保険争議の処理等内容を規定している。

（出所）吉田・石井（2011）

が発展していなくても，現地人材に関わる何らかの課題に直面していたということである。例えば，現地人材の定着率の悪さ，学習能力の問題，仕事に対するモチベーションやモラルの低さなどは，インタビューを受けてくれた中小企業のほぼすべてが口にした共通する課題であった。それでは，まずは法的な措置を含め，法律事務所に実際に相談を行った案件について整理をし，傾向を俯瞰してみたい。

表8-6からわかるように，最も回答数が多かった経営課題はG類型の「中国当局の行政手続き」であった。主なものは立退き問題であり，近隣地域の区画整理や公共道路の拡張等に関わる補償問題である。この問題の特徴は，揉めた場合，経営存続に関わる問題となっている。これら立退きを求められている中小企業にとっては，会社の本来の会社業務とは別に，新たな工場用地を探し出す手間や，移転に伴う諸般の手間に追われることになる。さらには，親企業との取引コスト（輸送費や情報のやりとり等）を引き上げることにも繋がる。そのうえ移転補償金は，十分な支払金額ではなく経営基盤の脆弱な日本中小企業にとって，経営存続の危機にまで発展する重大な問題を引き起こしかねない(18)。

続いて回答数が多かったものが，E類型（労働契約解除に関する紛争・従業

---

(18) G類型（立退き・移転問題及び新規会社設立及び営業拠点の増設）に関して以下の回答があった。「弊社では，8年前から地方政府に現在の工場用地から立退きを求められています。弊社では50年間の土地賃貸借契約を結んでいますが，現在15年使用したところで，残りの35年分の賃貸借料等を立ち退き補償金として支払うから今の工場用地から出て行ってくれと政府から言われました。立退きを求められている理由は，現在使用している用地の前の産業道路を拡張工事する予定があるためです。しかし，弊社もまだ代替の工場用地も用意されていないうちに出て行く事は出来ませんし，立退き補償金額も安過ぎます。次の移転先での操業が軌道に乗らないうちに，今提示されている立退き料を受け取っても不十分ですし，弊社の経営にとっては死活問題です。」また，余談ではあるが当該日本中小企業では，以前に中国語で「もう少しで取り壊し，立退く」という事を意味するマーク「拆迁（chaiqian）」を工場壁面にスプレーで落書きされる嫌がらせを受けた事が有る。当該企業ではこうした嫌がらせや交渉に8年程前から悩まされている。その他にも，天津の日本中小企業の中には意図的に工場の電気や水道を止められた等の被害を受けるケースを頻繁に耳にする。天津市東麗区R社I氏インタビュー（立退き問題）（ヒアリング資料に基づく）。

【表8-6】天津地域の日系企業が直面する労働実務問題

項目	A類型	B類型	C類型	D類型	E類型
法律問題の類型	大規模ストライキの発生	賃上げ要求によるサボタージュ	残業時間オーバーに関する紛争	従業員就業規則の制定及び改定・工会設立に関する問題	労働契約解除に関する紛争・従業員退職時に関する紛争
問題要因	①低賃金，長時間労働等劣悪な労働条件に対する労働者の改善要求。②他社のスト成功に触発されて。	①低賃金，長時間労働等劣悪な労働条件に対する労働者の改善要求。②他社の成功事例に触発されて。	法定労働時間を超過した長時間労働。	①従業員による就業規則の違反，規則に規定している以外の行為等により問題発生。②社員の不正行為を契機に規則制定。③工会未設立。	①不当解雇申立。②産休期間。③社員の不正行為による解雇等。
解決手段	①地方労働当局，法律事務所，ストライキ指揮者，及び従業員代表と交渉。②労働条件改善など。	①地方労働当局，法律事務所，サボタージュ指揮者，及び従業員代表との話し合い。②労働条件改善など。	①地方労働当局，訴え出た者及び従業員代表との話し合い。②残業時間の短縮。③残業代支払い。	①法律事務所に相談したうえで新たに従業員規則を制定。②新たに工会設立。	①訴え出た者との話し合い。②経済補償金支払い。③裁判及び労働仲裁による。
解決の可否及びその会社数（全44社中）	解決： 4社中4社	解決： 2社中2社	解決： 3社中3社	解決： 6社中4社 未解決： 6社中2社	解決： 9社中8社 未解決： 9社中3社
残された課題	①解決後も，他の社員が成功事に触発されて再度発生する危険性あり。②日常の予防措置講じる。	①解決後も，他の社員が成功事に触発されて再度発生する危険性あり。②日常の予防措置講じる。	①未だ法定労働時間の基準が守られていない。②残業代を収入源にする従業員が残業を無くす事に反対している。③残業代が支払えない。	①未だ従業員規則を制定していない。②本社が工会を設立しない方針，従業員が反対等の理由で未だ工会を設立していない。③就業規則制定後も従業員が遵守しない。	①退職勧告したが，未だ退職せず。②未だ産休期間を享受したまま。
回答数の多かった順位	5	7	6	3	2

（出所）筆者作成

F類型	G類型	H類型	I類型	J類型	K類型
労働災害に関する紛争	立退き・移転問題及び新規会社設立及び営業拠点の増設	会社間取引における契約書審査	債権回収に関する紛争	特許侵害に関する紛争及び対策	社員の不正行為に関するトラブル
①危険な作業，出退勤時間の事故等により発生。②労災見舞金目当てに労災を偽装。	①地方政府の道路拡張や都市再開発計画による。②新規開設手続の煩雑さによる。	①契約条項の内容通りに契約が履行されない。②契約内容は一応履行されたが不完全。	①債務者自身の債務不履行。②第三債務者の債務不履行による債務者の不履行。	①他の中国企業が日系企業の知的財産権を侵害する。②中国における知的財産権保護制度の未整備。	①労働条件等に不満を持つ社員により発生。②金銭等の不正授受等社員の不正行為が常態化している等の中国特有の労働事情。
①社員との話し合いにより②裁判及び労働仲裁による。③社員への職業訓練の徹底。④任意保険加入の義務化。	①地方政府との立退き交渉による。②法律事務所や地方当局との話し合いによる。	①双方契約当事者による話し合いによる。②法律事務所へ相談。③裁判及び仲裁による。	①債権者と債務者との話し合いによる。②法律事務所へ相談。③裁判及び仲裁による。	①地方政府当局，法律事務所及び侵害相手との交渉。②模造品製造現場へ踏査。③裁判等手段の活用。④特許権等出願。	①社内規則の整備。②日常的な社内法令遵守体制の強化及び監視体制強化。③社員への教育体制強化。④裁判等への出訴。⑤不正行為した社員への懲罰及び解雇。
解決： 2社中2社	解決： 13社中11社 未解決： 13社中2社	解決： 5社中4社 未解決： 5社中1社	解決： 2社中0社 未解決： 2社中2社	解決： 1社中0社 未解決： 1社中1社	解決： 4社中4社
①解決後も，他の社員が成功事例に触発されて再度発生する危険性あり。	①未だ立ち退き料等条件面で一致しない。②未だ設立手続等為されていない。	①契約条件の内容等への見解の不一致により紛争再発生の危険あり。②未だ契約通りに履行されない。	①債務者の資金不足等により契約内容通り履行できない。②相手方債務者のみならず，第三債務者も債務者に支払いが出来ない。	①地財権侵害相手の発見が困難。②模造品製造現場への踏査が困難。③裁判等に勝訴しても，未だ地財権侵害が続いている。④地方政府当局が出願を受理しない。	①成功事例に触発された他の社員による再発生の危険性残る。②社内体制強化後も潜脱する社員が存在。③中国特有の労働事情を変えられない。④裁判等に敗訴。
7	1	4	7	8	5

員退職時に関する紛争）で，その内容は，(1) 従業員が退職時に在職中働いた残業代を請求する，(2) 従業員が退職時に地方労働局に残業時間オーバーの実態を告発する等であった(19)。インタビュー調査から，天津に進出する多くの日本中小企業の労務の実態では，実際には慣習化(20) されていた規定（いわゆるローカル・ルール）を適用し，従業員から告発されてトラブルになるケースが少なからず存在することが明らかになった(21)。また，E類型に付随して発生する問題として「女性従業員の妊娠による労働契約の延長」の問題を複数の企業が指摘した。

3番目に多かった回答は，D類型（従業員就業規則の制定及び改定・工会設立に関する問題）に関するもので，以降，概ね労働実務に関わる課題となる。インタビュー調査からは，社員の不正行為に関するトラブルなどが起こってから，規則の制定や組合の設立に至るケースがほとんどであることが明らかになった(22)。

---

(19) E類型（労働契約解除に関する紛争・従業員退職時に関する紛争）に関して以下の回答があった。「昨年，弊社では人員整理をして従業員を40名から20名に減らしましたが，その際被削減人員のうちの一人が経済補償金以外にも今まで残業した分の未払い残業代を支払って欲しいと言ってきました。そこで，経済補償金以外にも残業代を少し多く払って解決しました。」天津市華苑産業区N社S氏インタビュー（残業時間オーバーに関する紛争及び労働働契約解除に関する紛争・従業員退職時に関する紛争）（ヒアリング資料に基づく）。

(20) 天津の日本中小企業の横のつながりから得られる情報をもとに慣習化するケースは多いという。

(21)「弊社では以前から法定労働時間36時間を超過して72時間になっていたことを，内部通報制度（密告制度）を利用して，退職した社員から区の公安当局に通報されたことが有りました。以前から同じ地区にある日系企業もみんな法定労働時間をオーバーして残業させているのは噂で聞いていましたが，当社だけが摘発されるのは不公平に感じます。中国では従業員も正規の給料だけでは生活費を賄えないから，残業を沢山して得た残業代で生活をまかなっているのが当然になってます。労働局に事情聴取で呼ばれた時にも担当者にそう言いました。」天津市西青区J社O氏インタビュー（残業時間オーバーに関する紛争及び労働働契約解除に関する紛争・従業員退職時に関する紛争）（ヒアリング資料に基づく）。

(22)「弊社の工場が完成して操業し始めた時に人材募集をしました。採用担当者の匙加減一つで人材採用が決まっていたんです。優秀な人材を採るよりも縁故採用が多かったんです。そこで調べたところ，財産管理部と経理部と材料調達部の3人が親戚続いて回答の多かったのはA類型（大規模ストライキの発生）及びB類型（賃上げ要求によるサボタージュ）であった。これらの類型に共通しているのは，仮に発生した場合，法律事務所のほか地元政府や地元警察などが介入するケースに発展するなど，問題解決に困難を極める傾向があるということである。

このほか労働実務とは直接関係のない，J類型（特許侵害に関する紛争及び対策）及びI類型（債権回収に関する紛争）を回答した中小企業は，それぞれ1社と最も少数であった。ヒアリング調査では，現状，中国において模倣品被害を受ける日本企業は増加基調にあるが，中小企業の場合，裁判費用の負担，情報収集や対策の難しさに加え，1社摘発したところできりがないなどの理由から，法的措置や訴訟に至るケースは圧倒的に少ないことが明らかになった。債権回収に関わる紛争は，実際，日系企業間同士における取引間関係が多く日系企業を相手とするケースはあまりこの手の問題は起こりにくいとの話だった。回収のトラブルがあったケースは数少ない現地企業との取引において発生していた。

このように，ここで発生していた法律相談のほとんどは，労働実務上の課題であることが傾向としてうかがえた。また，賃金や不正をめぐる現地人材の労務問題の発生率が高い傾向がある。そして，こうした問題が起きてから，規則や組合を整備する実態がある。現地企業家コミュニティから得られる情報を参考に，慣習化されたローカル・ルールに従う中小企業も多いが，その後何らかのトラブルに巻き込まれるケースがある。他方で，スト，特許侵害などは比較的発生率が少ないが，一度発生すると経営に多大なダメージを与える傾向がみられる。以上，相談内容の傾向を俯瞰してきたが，事前のリスク管理の重要性

関係に有ったことがわかりました。これでは親戚同士で結託して何か不正行為をされる恐れがあったため配置転換して対処しました。その後は，社員の採用の基準についても日本語検定一級を条件にする等を就業規則で定めました。」天津市西青経済開発区K社N氏インタビュー（社員の不正行為に関するトラブル）（ヒアリング資料に基づく）。

が浮き彫りになったであろう。

6. 要因分析とリスク管理対策

(1) 労働実務問題の発生要因と問題の所在

以上の傾向を踏まえ，ここでは労働実務問題に焦点を当て，その要因とリスク対策を検討していく。

近年の天津における法制度の動向として，2010年9月1日に「天津市企業給与集団条例」が施行され，集団労働争議の件数も2007年の6,610件から，2008年には16,912件と急増した[23]。それに伴って各種類型の法律問題発生を増加させている。

本インタビュー調査によれば，A類型（大規模ストライキの発生）およびB類型（賃上げ要求によるサボタージュ）の発生要因として，第一に，低賃金，長時間労働等劣悪な労働条件に対する労働者の改善要求が，第二に，他社の成功体験に触発されるケースがあるという。A・B類型における円滑な解決の難しさの背景には，企業側が予想し得ないタイミングで問題が発生する場合が多く，その結果，問題発生後に事態収拾がしづらいとの意見があった。そこには，「工会（日本でいう「労働組合)」の不備がその問題を紐解く一つの説明となりえる。しかし，工会設立を容易に行えない実態も同時に存在する。

D類型（従業員就業規則の制定及び改定・工会設立に関する問題）に関する発生要因は，①従業員による就業規則の違反，規則に規定している以外の不法行為，②工会未設立などが挙げられる。とりわけ，「工会」設立をめぐっての課題は根が深い。日本の労働組合との相違点は，工会と従業員代表が並存して設立することが可能であること，工会のメンバーは従業員代表と兼任が可能であること，が挙げられる[24]。労務担当者へのインタビューから明らかになった

---

(23) 天津市統計局・前掲（2009）参照。

(24) 中国の工会は主に，①全国総工会，②地方工会，③産業工会，及び④企業（基層）工会の各階層に分類される。工会は法定の組織であり，従業員代表は法定の組織

ことは，①工会機能の効果自体に疑問を感じるため，②日本側本社がなるべく工会を作らない方針である，③従業員が設立に反対している，等の理由からそもそも工会の設立をすべきかどうか法律事務所に相談するケースが増えている，ということである(25)。日系企業側の①②の主張からは，中国への生産コスト重視の進出目的が見え隠れする。本インタビュー調査から，実際に問題発生後に工会が労使間の意見調整をしないことが分かった。すなわち，日本企業側は，労使交渉による長期雇用を重視していないとも伺えてしまう点が気になる。一方で，工会がないことは「ガス抜き」を行っていないということでもある。「交渉」を行わないことで不満の「原発」がみえづらくなるうえに，交渉相手も見えてこない。そのうえ，従業員側の不満は大きくなっていき，問題は深刻化していくという実態上の問題点がある。こうした要因が積み重なり，上掲で指摘した企業側が予想し得ないタイミングで問題が発生することに繋がっている。

続いて，就業規則の違反や規則に規定している以外の不法行為に関わる問題発生要因については，そもそも現地の日本中小企業では「就業規則不備」が多

ではない。

(25)「弊社では現在でも工会を設立していません。その理由は今社内で工会を作ろうとは検討していますが，作ったら効果があるか疑問に思うし，他の地区と違ってこの地区の区政府はあまり積極的に工会を作れと指導していません。それに本来工会を設立するよう要求するはずの社員達も，実はあまり工会を作る事に賛成していません。なぜなら工会を作るには自分達の給料（実質賃金総額）から2%，及び職工文化教育費で1.5%（工会法第24条2項）天引きされるのに，いざ工会を作ってみると肝心の工会は上部組織が資金吸い上げるための組織で，設立した効果もあまり期待できないと社員達も思っているからです。中国人社員にとっては自分達の手元に入って来るお金が全てと思っている節が有ります。現在弊社も同じ地区の日系企業全10社のうち4社と情報交換していますが，その中で工会設立してないところも有るようです。特に弊社のような中小企業はなおさら工会を作らないようです。それに例えば，以前社内でも給与額についての話し合いが工会と済んでいたんですが，社員の中の誰かが賃上げしろと怒り始めて，そこに群がるようにして騒ぎが起こって，工場がストップしてしまった事が有りました。その時に工会も止めに入ろうとしなかったし，その時には会社側も一体従業員側の誰と交渉したらいいか解らなかったことがあったんです。そのため，工会を作っても本当に意味があるか疑問に思います。」天津市新技術産業苑区N社N氏インタビュー（工会の設立）（ヒアリング資料に基づく）。

いことが分かった。その理由としては，労務担当者らからは，①「中小企業であるために，未だ社内に就業規則制定に対する知見と経験が不足している」，②「今まで問題発生していなかったため，整備の必要を感じなかった」等の意見があった。例えば，労務担当者に対するインタビュー調査の中で「社員の通勤途中の自動車事故に対して未だ就業規則を未整備である」という話があったが，こうした現状は次に述べる労災の課題にも直結する。本事例が象徴するように，中小企業の労務問題対策は後手に回っていることがうかがえる。

F類型（労働災害に関する紛争）が発生する要因として，第一に，危険な作業，出退勤時間中の事故により発生する，第二に，労災見舞金目当てに労災を偽装する，が挙げられる(26)。実務上では，社員の出退勤時間中の交通事故の際の労災の取扱について特に問題となる。工場での作業時に社員が労災事件を引き起こす可能性が高い実情がある中，中小企業では社内カメラの設置や従業員を監視する管理システム等，工場の隅々にまで目が行き届かない実態がある。このため，仮に偽装申告があったとして，それを立証することは難しいといった課題がある。

K類型（社員の不正行為に関するトラブル）の発生要因については，中小企業であるがゆえに低賃金であることや各種厚生制度等に何らかの不満を持つ社員により引き起こされるケースが多い。以前より中国の労働者の低賃金が問題視されているが，その背景には日本中小企業の経営逼迫を原因とした労働コス

(26) F類型（労働災害に関する紛争）について以下の回答があった。「以前に弊社の社員が勤務時間中に工場内の誰も見ていない場所で首を怪我したと言い出したことがあります。この社員が言うには，首に昔痛めた古傷があってまた痛めたとのことです。しかし周囲の状況やその事を主張するまでの経緯から，会社側はこの主張が明らかに怪しいと感じました。そこで費用は会社が払って，怪我の検査を病院で受けさせたら，怪我であると診断書が出てしまって，納得が行かないため労働仲裁に持ち込みました。そこでも労災認定されてしまいました。もしも労災認定されなければ検査費用は自己負担になりますが，認定されたので検査費用や労災の補償費は全額会社持ちになりました。これも会社にとっては損です。首の辺りは検査しづらいし，やはり本人が痛いといったら痛いという事になってしまいますから。」①天津市西青経済開発区K社N氏インタビュー（労働災害）（ヒアリング資料に基づく）。

ト削減を求める実態が無関係ではない。また，社員の不正行為（担当者の取引先からの金銭等授受，社員による会社物品の窃盗など）が常態化している中国の労働慣習によるところも大きい。

E類型（労働契約解除に関する紛争・従業員退職時に関する紛争）の発生要因に関しては，第一に，不当解雇申立，第二に，産休期間，第三に，従業員の不正行為による解雇等が挙げられる(27)。

本インタビュー調査から明らかになった法的経営課題の特徴は，異文化・考え方の違い，商慣習の違いなどの理由から，日本では考えられないような要因で労働問題が生じている。また，中国の労働問題は，他の労働問題と同時に複合的に発生する傾向がある。いずれも，日本側も中国側も長期雇用を前提としない関係性が本質的な問題となっていることが指摘できる。逆に，長期雇用を前提として，現地人材を育てることで，定着率を高め企業の優位性を生み出していく仕組み作りがリスク対策上，重要なポイントとなろう。

(2) リスク管理体制と対策の分析

これまでみてきた労働実務上の諸問題の発生を未然に防ぐために，日系企業は様々な対策を講じている。まず，人材確保対策やストライキ防止対策など労務管理の観点から対策をみていく(28)。

中国沿岸部の大都市では「出稼ぎ労働者」が多く存在した。しかし，冒頭でも示したとおり中国の近年における内需政策転換により内陸部の開発が進み，

(27)「女性社員の産休期間の問題ですが，中国では女性社員の妊娠の事実が判明した時点で通常労働契約を締結しないのが通例になっています。しかし，日系企業はそんな非人道的な事はしないというので弊社でも労働契約を更新しました。そうしたところ現在その女性社員はあまり会社に来ていません。法律では三つの期間（妊娠期間・産休育児期間・授乳期間）のあいだ基本給の全額を補償しなければならないため，会社にとっては負担になっています（労働法第7条)。」天津市西青経済開発区K社N氏インタビュー（女性社員の産休)（ヒアリング資料に基づく)。

(28) このほか，地元労働当局や公安当局と頻繁に連絡を取り合う，従業員との日常的なコミュニケーションを図って社内の状況把握に努めるなど，日系企業の様々な企業努力の意見を聞くことができた。

出稼ぎ労働者の相対的人数が減り慢性的な（良質な低賃金労働者の）人手不足に陥っている傾向がある。さらに，不動産価格の高騰を背景に，低賃金で働く従業員にとって住宅費の捻出は大きな負担となっている。このため，社員寮を建設することで，都市部へ出稼ぎに来た農民工の働きやすい環境（福利厚生）を整備する事が良質な労働力確保に繋っている(29)。逆に，遠隔地からの単身赴任者に対しては，長期の帰省休暇を認めねばならない。このため，生産計画に影響を及ぼしている実態も否定できない。また，社会が成熟化し格差が広がる中で，遠隔地から出てくる単純・未熟練工労働者が貧困から脱却できずに，低賃金のうえ劣悪な労働条件が続くことは従業員の感情的な反発を生み，社内の不正行為やストライキを発生させる引き金となり悪循環を作り出すリスクをはらむことになっている(30)。

産業集積活用の観点からの今後の対策としては，地域内の優秀な労働力を積極的に活用していく，生産性向上を意識した経営管理と経営戦略の視点が求められる(31)。

地域内における工場の従業員らの間では近隣の同業種の日系企業の賃金や社内事情の情報が日常的に共有されており，他社のストライキ事情を熟知している実態がある。産業集積における距離の近接性は，フェイス・トゥー・フェイ

(29) 中国沿海側都市部の物価高騰の影響は，労働者のエンゲル係数を引き上げている。このため，社員食堂の設備を充実することや工場の設立を極力物価の高い地域を避けるなどの従業員の福利厚生向上を図ることで，人材確保対策を講じている。

(30) 不正行為に対して公安当局へ被害届を提出しようとしても，①証拠の提示を要求される，②公安当局担当者が起訴できなかった場合を懸念する等の理由により受理されにくい傾向があるという別の問題も同時に存在する。

(31)「今弊社の生産ラインのワーカーの半分は派遣社員の農民工で，正社員の事務職員の大半は同じ区の人を採用しているため，正社員の離職率が低いんです。」天津市新技術産業苑区N社N氏インタビュー（同地区居住者の採用）（筆者ヒアリング資料に基づく）。また，地元の優秀な人材を確保するため，人材募集会社を活用するなどの工夫もみられる。「弊社では工場のワーカーを募集する際は同地区の労働局へ，事務職員は日系の人材募集会社へそれぞれ委託しています。」天津市東麗区S社H氏インタビュー（人材募集の工夫・社員募集のアウトソーシング）（ヒアリング資料に基づく）。

スの情報交換を可能とする。これは，ポジティブな側面として，地域内に情報伝達をもたらすばかりでなく，知識伝播を引き起こす，いわゆる「暗黙知」による学習効果に期待ができる。一方で，ネガティブな側面としては，経営者や企業にとって都合の悪い情報をも共有・共感し，ストライキと化すリスクも指摘できる。このため，現地の日本中小企業は近隣の同業種，他の日系企業，及び親請の大企業と従業員の待遇に関わる情報を共有し他社と足並みを揃えることで，未然に不満をできる限り抑えようとする対策を講じている。しかし，これは持続的な成長戦略とはなりえない。なぜならば，集積の高度化は人材の流動性と相関するからだ。

逆に，攻めの姿勢で，他の日系企業や同業種の企業より少し高い賃金を支払うことで，自社のストライキを避けることができている中小企業も存在した。こうした企業は，優秀な人材を確保するために高い賃金を提示することで，結果的にストライキを回避できている。成長する産業集積に組み込まれる競争力を持った優秀な熟練工や管理職等が増えてくれば，よりよい条件を提示する企業へと容易に転職を行うようになる。より高い技術力や管理能力を持つ労働者はよりよい労働環境と条件を企業に求めるようになり，こうした人材の流動性は高まると地域の平均賃金単価は上昇する。しかし，生産性をあげることなく，高い賃金は支払い続ければ中小企業はすぐに倒産してしまう。自社の中で優秀な人材を育て，賃金を上げていくことが有効なリスク管理となる。人を育てることで，イノベーション活動の中で現地人材を活用し，生産性を上げていく戦略的視点が重要になろう。すなわち，企業への長期定着を意識した人材育成対策，福利厚生対策を併せて講じていくことがリスク管理上不可欠となる。

同時に，イノベーション活動が活発になれば，I類型（債権回収に関する紛争）に関しての対策の必要性が出てくるだろう。現地集積の活用の観点からは，今後のリスク管理と人材育成による対策が有効となる。実態上，中国企業を相手とした裁判や仲裁に勝訴して強制執行を行っても，中国企業側に債務支払い能力が無い，あるいは強制執行妨害される等の原因により債権回収率が悪くなるという問題がある。一方では，現地発イノベーションを起こすためには，近年における現地地場企業の技術力の向上を受けて現地企業等との共同開発や取引関係を増やすリスクを取ることも戦略上必要となる。ここで重要になるのが，現地人材の活用である。債権回収率を高めるためには，現地地場企業の信用調査を行ったり債権保全措置を講じることのできる現地人材を育成したりすることは，こうした事態に備える効果的な対策となる。

また，J類型に対する対策の必要性も出てくるであろう。そこでは，模倣品対策を意識した権利取得が考えられる。具体的には，①ブランドの漢字表記，②英語表記，社章マークなどを商標登録することで権利を主張でき，侵害を受けたとき現地当局に取り締まりを求めることができる。仮に模倣品で侵害を受けたときには，地元調査会社を活用し，商品流通ルートのネットワークを全容解明し，最終的には摘発を行う戦略的姿勢も必要である。このような課題に対処できる現地人材を育成することも中長期的なリスク対策となろう。

最後に，F類型（労働災害に関する紛争）について対策をみていく。ここでは具体的に「社員の交通事故時の労災認定」に焦点をあてて検討していく。天津市においては，「労災認定問題に関する通知」（2004年4月10日施行）が発せられるなど，近年急速に当該分野に関わる法体制の整備がなされている。労災保険条例第14条（6）（2004年1月1日施行）において，通勤途中の社員の交通事故について規定している。当規定では，基本的に通勤途中の社員の交通事故に対して労災認定すると規定している。非合理な路線，時間における負傷及び無免許運転またはナンバープレートの無い自動車を運転中に負傷した場合は，労災対象外として除外している。ちなみに2009年7月に行われた「国務院の『労災保険条例』の改訂に関する決定」（国務院法制局）のなかでは，上述の場合を認定範囲から削除している。このように，現地の新たな法整度を活用するとともに，自社の中においても社内規定を制定しておくことが望まれる。しかし，D類型（従業員就業規則の制定及び改定・工会設立に関する問題）における「就業規則に関する問題」のように，新たに就業規則を制定しても，従業員がそれを遵守しない実態が経営者を悩ませている。ここでは規定制定とともに，日常的な就業規則に対する社員教育の徹底や社内監視体制の強化，企業理念の浸透等を併せて図っていくなどの対応が必要になる。

(3) 高橋 (2018b) のリスク管理対策の検証

① リスク管理体制の基本方針の周知徹底

高橋（2018b）は，「日本の親会社が存在していれば，親会社が企業集団の内部統制システムの観点から，独立系の外国会社であれば独自にリスク管理体制として相応しい基本方針を策定し，日本人役職員のみならず，現地役職員にも理解を徹底させることが重要である。」として，現地の役職員への本国親会社のリスク管理体制の方針説明の必要性を強調している。

これについては，本事例の発生要因の分析から明らかなように，現地の文化・商慣習等に合わせてリスク管理体制を構築することで，ある程度事前に発生をコントロールできる可能性が高い。したがって，本項目は事例検証からも支持されるものと思われる。事例検証からこの点に示唆されたことは，現地人材の定着の観点から，リスク管理体制を構築することが肝となることである。

② 法令遵守状況を評価項目に入れること

高橋（2018b）は，「不正会計処理も含めた法令違反を犯した役職員については，懲戒解雇も含めて（中略）予め契約書や就業規則に明記しておくこと」の社内規程等の整備の必要性を論じている。そのうえで，「法令遵守やリスク管理の向上の積極的な提案をした場合，昇給・昇格に反映させる仕組み」にすることで，業績評価にコンプライアンスの観点を盛り込むことが有効になるとしている。

これについては，本事例の発生要因の分析からも，進出時に労務管理に関わる就業規則の社内規程を整備していなかったことで，労務問題が深刻化していたことが明らかにされた。逆に，進出後の比較的早い段階で社内規程を整備できていた中小企業は，労務問題が深刻化していなかった。また，仕事上の業績を評価し昇給・昇格に反映する仕組みを取り入れている中小企業自体その数は少ないが，それらの企業は，コンプライアンス上（例えば業務に直接かかわらない掃除当番のルール化など）の改善提案を人事評価の際に加点するなどの取り組みを行っていた。したがって，本項目は事例検証からも支持されるものと思われる。

③ 外国会社の役職員への定期的な法令遵守教育

高橋（2018b）は，「社員教育プログラムを策定した上で，定期的に法令遵守教育を実施していくことが重要である」と主張している。そのうえで，「とくに，知的財産情報の流出，贈賄等，当該国特有のリスクの高いと思われる事項については，法令の理解にとどまらず，具体的な対応について，行動規範やマニュアルに落とし込んで，周知徹底させるように役員クラスは心掛けるべきである」と論じている。

これについては，現地人材の法令遵守教育のプログラムを取り入れ実施している事例は見当らなかった。実態上は，意識の高い中小企業経営者においてもOJTの中で，肌感覚的に習得させていると話すケースくらいしかいなかった。しかしながら，本事例の発生要因の分析から明らかにされたように，発生している法的課題の原点は，法令遵守の意識そのものの欠如や法令を破ったときに生じる罰則の重みに対する知識不足から生じている問題ばかりだったといっても過言ではない。中小企業の場合，現実的な優先順位として，なかなかコンプライアンス教育をプログラムとして取り入れる余力のある中小企業は少ないが，今後はリスク管理上，取り入れるべき重要な対策と考える。

④ 現地の外部専門家の活用

高橋（2018b）は，「現地の会計士・弁護士をはじめとした職業的専門家との連携強化である。」とし，「当該国に海外拠点として初めて会社を設立する場合には，既に進出している日系企業からの情報を参考にしつつ，慎重に外部専門家の起用を考えるべきである。」と論じている。また，「日本国内では同業他社としてライバル関係にあっても，海外では，同じ日系企業として，情報交換を含めて相互に連携することも多い。」として，現地企業家コミュニティの活用の有効性を訴えている。加えて，「現地の法令や商慣習に精通した当該国の有能なスタッフを採用したり，合弁形態を採用している場合には，現地職員を含めた管理を基本的に合弁会社のパートナー会社の管理部門にある程度任せる方法もあり得る。」と現地人材の活用を強調している。

これについては，本調査結果から明らかであるように，多くの中小企業が（今回の情報源となっている）現地の有力法律事務所に（問題発生後に）相談を寄せている実態がある。今回のヒアリング調査に応じてくれた多くの企業が，進出前にジェトロや地元自治体，あるいは融資先銀行などから情報提供を受けている。現地で問題発生直後は，現地の日系企業家コミュニティの仲間に相談するケースがほとんどだった。その後，最終手段として現地の法律事務所等の外部専門家を介して対処にあたる，といった流れである。したがって，本項目はまさしく実態と符合しているといえる。本事例調査から示唆される点としては，問題発生のブレーキとなる現地人材の実践的な育成方法である。やはり，企業内部に現地の法令や商慣習に精通した現地人材が育ち定着することで，未然に（特に労働法務関連の）問題を防ぐことができていた。そうした人材育成には，コンプライアンス教育も大事であるが，親会社のビジョナリー（経営理念）教育を行うことで，当該企業に対して芽生えた誇りや愛着が問題発生のブレーキになっていた。これは社長と従業員の距離が近い中小企業に有利に働く対策といえよう。

⑤ リスク発生のおそれや発生した際の情報伝達体制の整備

高橋（2018b）は，「不正や不祥事のおそれ，または発生した際に，日本の親会社または外国会社内で情報が適切に伝達されることによって，未然の防止や損害の拡大を防止することが可能となる。」と論じている。その際，「リスク管理のための情報伝達体制については，会社内の属人性に任せることとはしないで，体制として整備することが重要である。」と論じている。情報伝達体制の仕組みとしては，「内部通報制度や現地役職員に対する匿名のアンケートの実施が効果的である。」としている。

これについては，本事例の調査の限りでは，情報伝達体制の整備を十分に行えている日本中小企業はほとんどなかった。ただやはり，深刻な問題を発生させてしまった企業は，その後に規程や社内教育体制を整備するとともに，情報を下から吸い上げる定例会や個別面談の機会などを設けていた。その場で，事前に「リスク」に対する報告や相談が上がるケースも存在していた。したがって，本項目は事例検証からも支持されるものと思われる。事例調査からの示唆される点としては，現地従業員から現地人責任者に伝達される方法と，現地従業員から直接日本人責任者へと伝達される方法とが確認できたが，いずれも直接面談によって対話形式で行われるものであった。異文化地域であっても，このようなコミュニケーション手段が誤解を生まない有効な手段といえるのかもしれない。

7. 小括

本章では，中国天津において海外展開を行った日本中小企業44社を対象に，海外進出の際に直面する法的リスクの実態を調査し，イノベーション活動を円滑に推進するための労働実務に関する法的課題に焦点を当てて，リスク管理対策を分析した。具体的には，海外の産業集積の形成が進む中国天津の現地人材の労働問題を取り上げ，日本中小企業が直面する問題とその要因，現地の関連法規を確認した。まず，異文化・考え方の違い，商慣習の違いなどの理由から，日本では考えられないような要因で労働問題を生じさせている分析結果を提示した。こうした要因の傾向は，現地人材の長期雇用を前提としない労使関係が共通する根本的課題となって引き起こされているという事実発見は，注目に値する。そして，中国天津における検討・分析による示唆は，他の海外諸国に進出している日系中小企業においても，そのまま当てはまるものと考えられる。それゆえ，長期的雇用関係を前提とした現地人材の育成は，イノベーション活動の要となる人材を積極的に活用する（アクセルの）側面と，そうした人材のリスクを管理する（ブレーキの）側面の両面において，有効な対策となりえることが確認できた。これについては，例えば，現地人材と日本の責任あるポジションの人材との直接的なコミュニケーション・チャネルを設け，理念教育を含め，会社の考え方について理解をさせるとともに会社に対する忠誠心や愛着を涵養させることが有効な手段となることを指摘した。こうしたコンプライアンス対策と併用する形で，モチベーションと高めるための評価システムを取り入れていくことが効果的となりえることも指摘した。結論としては，海外展開の際には，事前に現地の文化・商慣習・法制度をよく調べたうえで，これらの対策をあらかじめ盛り込んだリスク管理の基本方針を策定し，それを現地人材育成の研修プログラムの中に取り込んで浸透させていくことが有効な対策となる。こうした中国の事例分析から明らかにされた課題は，中小製造業と海外市場の特性から，他の新興国へ進出する中小製造業にも一般的に起こり得る事象であるゆえ，参考になるであろう。

第9章 分析・結論・含意

本章では，各事例章の分析内容を理論編で述べた分析方法・分析視角から簡潔に整理し・総括することによって，本研究のリサーチクエスチョンに対して応え，結論づけていくことにしたい。

第1節では，各事例で取り上げられた中小企業の海外展開事例のポイントを整理し，各事例のポイントの比較を踏まえて，現地発イノベーションを引き起こす要因の整理を行う。

第2節では，整理した要因の分析を行い，産業集積と企業家ネットワークへの「埋め込み」の重要性を確認するとともに，4つの事例の共通点から導出する現地発イノベーションのメカニズム，および日本中小企業のリバース・イノベーションの拡張可能性とその有効性を示す。

第3節では，以上の議論を踏まえ，理論編で掲げたリサーチクエスチョンに対し応える形で，包括的な結論を導く。

第4節では，本研究の理論的・政策的な含意を示す。最後に，第5節では数多く残された課題のうち筆者が特に重要だと考える課題について述べる。

1. 現地発イノベーションを引き起こす要因

本研究は，グローバルな事業活動を展開する日本中小企業の海外拠点における現地発イノベーション活動による成長戦略とそれに伴う組織の国際化に着目し，各事例から定性的にその実態と有効性の解明を試みてきた。本研究の出発点における議論で示してきたように，従来の国際経営論における先行研究では，「本国親会社の優位性」を前提とした本社中心の階層構造から，本国本社と海外拠点すべてが互いに連結し合うネットワーク組織構造（Transnational）や，グローバルな効率追求と現地適応を同時に追求する戦略（Metanational）の有効性を示す，いわば本国本社と海外拠点との「中心のないネットワーク」による大企業の国際化戦略への転換が強調されてきた。これに対し本研究では，本国本社―海外拠点―第三国拠点という統合的紐帯の中で「海外拠点」が中心軸となり現地で独自の優位性を構築し，それがグローバルに発展していく「海外拠点主導のイノベーション活動」の重要性を強調した。本研究では，従来の本国本社（日本）の主力製品・サービスのみならず，中核となるビジネスモデルや組織までも抜本的に「変革」「進化」させてしまうような日本中小企業のLocal for Glocalによる国際化の有効性に着目し，事例における実態の解明を試みた。

すなわち，規模的に競争劣位の日本中小企業が海外展開を機に従来のしがらみから脱却し，進出国先の拠点が主導し，新たな価値基準を持つ産業集積と企業家ネットワークへの参加のもとで，現地発イノベーションを起こし，組織の持続的成長につなげる，そんなLocal for Globalな成長を描けるための理論的枠組みと実践的手順を明かにすることを目的として，各事例の分析を進めてきた。

本節では，こうした各章の事例分析から，それぞれ現地発イノベーションを引き起こす要因から共通項をみていくことにする。

【進出国で実現されたイノベーション】

分析の比較軸（変数）を「起きた変化」をもとに以下のイノベーション類型に分類し，議論のポイントを絞りこんだうえで，各章の整理を進めていく。大枠は，海外進出によって起きたイノベーションを「タイプ1」（ビジネスモデルのイノベーション）と「タイプ2」（組織のイノベーション）に分類した。さらにこれらの類型を，それぞれ（a）～（f）の6分類の分析軸に細分化した。すなわち，各事例の共通項の抽出を行うために，第5章タイの事例で明らかにされた現地発イノベーション要素の一つ一つを他の事例にも当てはめて再整理を行う。

【タイプ1】ビジネスモデルのイノベーション
(a) 販売先・顧客, (b) 生産品目/サービス内容, (c) 製造方法/サービス生産方法, (d) 現地拠点の機能, (e) 流通経路, (f) 提供価値の変化

【タイプ2】組織のイノベーション
(a) 現地人材の活用, (b) 人材育成, (c) 現地主導 (権限移譲),
(d) 学習の機会 (社外), (e) 実践の機会, (f) 人事評価

以上をマトリクス表にまとめたものが表9-1および表9-2である。一般的には，タイプ1の構成要素を総じてビジネスモデルと定義されるため，「ビジネスモデルのイノベーション」と呼ぶ。同様に，タイプ2の構成要素を総じて組織と定義し，「組織のイノベーション」とここでは呼ぶことにする。すなわち，これらの構成要素がセットとなり，タイプ1「ビジネスモデルのイノベーション」やタイプ2「組織のイノベーション」を創出するものと捉え分析を進めていく。

2. 現地発イノベーションの要因分析

上掲で述べてきたタイプ1・2のイノベーションを引き起こすのに，どのような要因が条件として確認できるのだろうか。ここで挙げた事例企業の分析の共通項からは，(i) 技術とマーケティングが現地での優位性を再構築し，(ii) 人材育成とアントレプレナーシップがこれらの優位性再構築の推進要素となっていることが指摘できる。以下に一つ一つ具体的に詳しくみていく。

【表9-1】ビジネスモデルのイノベーション

タイプ1		実際に現地拠点で起きた「ビジネスモデルのイノベーション」			実際に現地拠点で起きた「ビジネスモデルのイノベーション」		
イノベーション要素		顧客/販売先	生産品目/サービス内容	製造方法/サービス生産方法	現地拠点機能	流通経路	提供価値
ハワイC社（第4章）	効力	マーケ/アントレ/集積	アントレ/マーケ/技術	技術/人材育成	アントレ/集積	マーケティング/技術	all
	変化/優位性	グローバル企業，ローカル企業，日系企業，アジア系企業，ハワイ政府系機関，ローカルNPO，ローカル地場零細企業	ブランドコンセプト，ビジュアルアイデンティティ，タッチポイントデザインのトータルサービスを提供，地域活性化プロジェクトを主導	カスタムメイド（コンサル形式），デザイナーに権限委譲，ローカル異業種コラボ	デザイン，コンサル，情報発信機能，地場産業活性化プロジェクトのプラットフォーム機能	受注制作，懸賞応募，口コミ，外資・ローカル・日系へ多様化，企業のみならず行政やNPOと多様化	ロゴ・デザインの枠組みを超えたコンセプトからタッチポイント，ブランド戦略を提供するワンストップサービスへ抜本的に変化
タイM社（第5章）	効力	マーケティング	技術	アントレ/人材育成	技術	集積	all
	変化/優位性	大手日系メーカーに加えて欧米の大企業およびタイの中小サプライヤーへ展開	技術を活用し，メンテナンス，試作品の提供，技術コンサル，技術指導学校の運営へサービス業務に特化	タイの地場サプライヤーや日系異業種と連携体制でワンストップサービス化	技術力を武器に，販路開拓機能+技術者養成，コンサル機能へ特化	外資・日系の自動車製造の産業用機械のメンテナンス，地場サプライヤーへのファブレス化へ多様化	自社が日本で培ってきた技術知識を強みとした提案型ワンストップサービスへ抜本的に変化
イタリアF社（第6章）	効力	マーケティング	技術/マーケティング	アントレ/人材育成	アントレ/集積	アントレ	all
	変化/優位性	国内外の富裕層，ファッションインテリア分野，高齢者まで展開	ARTE・NERO・TEWAZA，機能性陶磁器の開発	産学連携の導入，産地の活用，製造工程の簡素化	展示機能+情報収集・情報発信機能・新商品開発機能	国内外展示会，コンセプトショップ，ネット販売，産地の新規顧客へ多様化	手頃で美しい機能的なインテリア感覚，ライフスタイルの提案・共創も抜本的に変化
フィリピンG社（第7章）	効力	マーケ/アントレ	人材育成/アントレ	技術/人材育成	人材育成/集積	アントレ	all
	変化/優位性	B to C→+B to B+海外展開する日系中小企業，オフショア開発を導入する日系中小企業	EC事業→+BPO，人材派遣，コールセンター業務，コンサル事業へサービスの多角化	オフショア開発，コールセンターのアウトバウンドで営業，現地人材を育成し活用	オフショア開発機能→+コールセンター機能，人材バンク機能，コンサルサービス機能	世界中の個人および企業にネット販売→+直接サービスを提供	人材と技術をセットでビジネスノウハウとして売り込むトータル・ソリューションの提案・提供に抜本的に変化

※「all」は，技術，マーケティング，人材育成，アントレプレナーシップ，産業集積のすべてを含む。
※「変化/優位性」は原則，進出後に起きた変化/再構築された優位性である。
※記載情報は取材当時のものである。
（出所）筆者作成

【表9-2】組織のイノベーション

タイプ2	実際に現地拠点で起きた「組織のイノベーション」			実際に現地拠点で起きた「組織のイノベーション」		
イノベーション要素	現地人材の活用	人材の育成	現地主導/権限移譲	学習の機会（社外）	実践の機会	人事評価
ハワイC社（第4章）2005年 海外拠点第二創業	集積を活用			集積を活用		
	9割以上が現地人材（大卒，院卒，経験者中途採用）	定例会議，パワーランチ，勉強会，人事面談，マニュアル作成	各プロジェクトに責任者を張り付け権限移譲，各プロジェクトに予算配分	盛和会に参加，専門研修，展示会，各種デザインセミナーに参加	定例会議で提案し，採用されたものは予算化・運用開始	人事評価を導入・制度化,年に2回社長面談，結果を昇給・昇進などに反映
タイM社（第5章）2014年 海外拠点設立	集積を活用			集積を活用	集積を活用	
	9割以上が現地人材（大学新卒採用，経験者中途採用）	社長自らOJT指導，定期的なミーティング，委員会・勉強会，経営理念教育，目標設定，日本研修を制度化・実施，技術学校の設立	社長自ら現地駐在し営業・人材教育・地域連携を実施，現地責任者を育て権限移譲を行う，年度計画のボトムアップ化，現地人材がマネジャー	地場のサプライヤーとの連携，日系同業異業種との研究会，試作品の共同開発，大手メーカーにむけた共同受注体制の構築	委員会制度による企画から予算執行までの実践，どぶ板営業の実践，定例会議での業務改善の提案	人事評価を導入・制度化，年に2回面談形式で相互評価，結果を昇給・昇進などに反映
イタリアF社（第6章）2005年 海外拠点設立	集積を活用			集積を活用	集積を活用	
	現地人材のみ，現地の大学院を修了し現地に永住権を持つ日本人従業員を活用	定期的にメール・電話の他Face to Faceで本社の社長やブランド責任者と意見交換の機会を設けている，日本の職人を現地に派遣し育成	現地主導のイベントの開催，情報収集・分析した結果を本社にフィードバックし改善点を提案，現地採用日本人が責任者	インスタレーションや実演会などを通じて現地顧客・陶磁器ファンとともに新商品を検討するなど，共創の場を設けている	イベントの結果を本国にフィードバック，現地から提案された意見が社長・デザイナー・伝統工芸士へと伝えられ新商品化	導入検討中
フィリピンG社（第7章）2002年 海外拠点設立	集積を活用			集積を活用	集積を活用	
	7割以上が現地人材（大学新卒採用，経験者中途採用）	OJT，プロジェクトマネジメント，目標設定，目標管理，自己評価，社員交流会	原則現地主導，グローバル人事評価制度によって責任者となった現地人材は管理職として権限移譲を行う	オフショア開発に関する自社に足りない機能は他社と連携して実施，日系企業家コミュニティとの連携・情報交換	社内プロジェクトによるOJT，社外プロジェクトへの人材派遣	グローバル人事評価システムを導入・制度化，年に1回面談形式で相互評価，結果を昇進・昇給に反映

※「集積を活用」は，イノベーション要素に産業集積の活用が直接的影響を及ぼしていたものに記載。
※記載情報は取材当時のものである。
（出所）筆者作成

(1) 技術とマーケティング

① ポイントの整理

事例企業に共通していたことは，「技術」と「マーケティング」の活用である。共通点の一つめは，日本から技術を現地に持ち込み現地の技術や現地資源と組み合わせたり，応用したり，補完したりしながら行き着いた「技術革新」による，Local for Globalの新製品・新サービスをもたらしたことである。これを実現するための条件は，日本から移転できる技術基盤（特定分野の技術・技能）を有していること，そして，それを実現するためのサプライヤーあるいは技術人材が存在していることが指摘できる。共通点の二つめは，現地でのマーケティング活動を展開しながら，現地のニーズ/商習慣/課題に応じて新たな製品/サービスを生み出し，日系およびローカルの新たな販路開拓をしていたことである。そのプロセスに共通していたのは，「技術の埋め込み」と「マーケティング」を連動させたローカル企業や日系企業との共同開発/アライアンスによる製品/サービス開発である。これらを実現する共通の条件は，日本から持ち込む技術的な強みがあること，しがらみのないマーケットが存在し，（自己流であっても）現地におけるニーズ/商習慣/課題などを突き止め自社の事業機会を探り当てるためのマーケティング調査ができること，必要な資源を現地資源から調達・補完することができること，必要に応じて現地企業と共同開発/アライアンスを行うことができること，が指摘できる。

現地発イノベーション創出４つの条件（内２つ）

技術 条件
優位性となる生産技術，生産管理技術，品質管理技術，技術知識（技能），関連サプライヤー（人材）の存在。 ⇒日本から移転できる現地の優位性となる「技術・技能」を保有している。現地の資源を活用してその技術を定着・進化させることができる。それを実現する関連サプライヤー（人材）が存在する。
マーケティング 条件
新規日系顧客開拓，ローカル顧客開拓，優位性となる現地発のビジネスモデルの構築。 ⇒しがらみのない新たなマーケットが存在する。新たなマーケット（とりわけローカル顧客・ローカル市場）に対して「価値共有」「共創」の観点から販路開拓を行うことができる。顧客・流通・生産方法の抜本的な変化に適応・標準化できる。この変化に必要な資源を現地集積から獲得し，自らを埋め込める。

② 要因分析

【技術】

分析視角で示したように，海外進出先でイノベーションを創出するためには，本国から何らかの優位性の一部が持ち込まれ，現地のニーズ・文化に合わせて現地で優位性の再構築が行われなくてはならない。しかし，経営資源の少ない中小企業が，海外に優位性を移転させることは容易ではない。事例企業は，共通して「技術」という「強み」を現地に持ち込んでいたが，「技術」それだけでは商売にはならない。商売にするには，技術を活用し（現地ネットワークに技術を売り込み），何らかの形で製品化，あるいはサービス化する必要がある。事例企業は，必ずしも進出前から明確な「戦略」があったわけではない。国内の事業環境は厳しく，そして海外への憧れもあって，光をもとめて船出をした経緯が実態である。ただ，事例企業に共通していたことは，現地進出後に生き残りのために行った「マーケティング活動」には，相当の労力と時間がかけられ，そのプロセスにおいて現地ネットワークに参加し（埋め込み），強みとなる技術力を武器に対等な関係を築き，そこから得られた情報と知識が十分に活用され，結果的として現地でイノベーションを起こし，業績を伸ばした事実である。つまり，事例企業の実態は，現地での入念なマーケティング活動のすえ，「技術」あるいは「技能」が現地の課題解決の糸口に埋め込まれ，現地で調達する資源と補い合って，新商品・新サービスへと結実していったのである。

事例企業は，共通して「工場移転」という形ではなく，「技術移転」という形をとって，現地に進出（あるいは現地で創業）している。つまり，経営者ないし日本人幹部社員あるいは職人が現地に「技術」「技能」という強みを持ち込み，現地におけるマーケティング活動によって，現地から得られた「情報（例えばニーズなど）」や「知識（例えば風習・文化を踏まえた使い方・発想など）」を汲み取る形で，日本で培ってきた技術力の「売り込み」（現地資源と掛け合わせることで新たな製品・サービス化）と，現地ネットワークへの「埋め込み」（信頼関係と水平的関係の構築）を図っていた。コスト節約の観点から中小企業は不足する資源を，可能な限り現地から調達しようとするが，調達する資源は，原料に限らない。現地調達資源には，例えば，現地人材に加え，現地の「技術」「情報」「人脈」などの無形資源も含まれる。事例中小企業におけるこうした現地資源は，いずれの事例企業もオープン・イノベーションシステムによるアライアンス（提携）や共同開発（連携），あるいは合併・買収などの手段によって調達する方法が採用されていた（表9-3参照）。これらの動員を可能としたのは，現地に根を張り，十分な信頼関係と水平的関係を築けていたからである。技術力は，これらの新たな関係性を構築する武器となっている。同じ技術でも，新たな関係性のもとで，新たな資源との掛け合わせによって，日本で販売していたものとは全く異なる新商品や新サービスが，創出されていた。つまり，現地に根を張ることで，日本国内とは異なる価値基準を持つ企業家ネットワークへの参加を可能とし，そこでの信頼関係を築けて，はじめて有用となる資源の動員が行われるのである。そのとき「技術」は，この信頼関係と水平的関係の再構築を図るための，突破口になる。

【マーケティング】

このような抜本的な変化をもたらす背景には，マーケティング活動が契機となり，共同開発などの地域資源の活用を能動的に行いながら，技術力という強みをそこで得られたニーズ，情報や知識の集積するネットワークに埋め込むために，ビジネスモデルや組織を変革させざる得ない中小企業の実態がある。例えば，C社のブランディング戦略にしても，M社のファブレス化にしても，F社のオープン・イノベーション化にしても，G社のビジネスプロセスアウトソーシングにしても，マーケティングや共同開発によって現地資源から得られる情報と知識，人脈がなければ，そもそもビジネスモデルの変化は起こらなかったであろう。

井原（2009）は，大企業の国際化を前提として「ある企業の競争優位の特定はその企業の本国での活動をみることによって可能であるが，競争優位が現地で発揮されたのかどうかを明確にするためには，現地でのマーケティングに踏み込んだ分析が有効となる」と述べているが，中小企業の実態から再考すると，少し事情が異なってくるのかもしれない。つまり，「日本中小企業の競争優位の特定は日本での活動をみることによって可能ではあるが，資源に乏しい日本中小企業が競争優位をそのまま現地に持ち込みそれを発揮することは困難であるため，現地で競争劣位を補う活動の末に競争優位が再構築されたのかどうかを明確にするためには，現地でのマーケティングに踏み込んだ分析が有効となる」。

ただ，いずれも共通して言えることは，「現地でのマーケティングに踏み込んだ分析」によって，現地での優位性の分析が有効となる。現地資源に高く依存する形でマーケティング活動が展開される日本中小企業の海外展開の背景には，現地資源を能動的に活用する（取り入れていかなければならない）プロセスの中で，現地ネットワークとの新たな関係性が構築され，そこで生き残るための試行錯誤の取り組みの末に，優位性が結果的に再構築されていく実態がある。すなわち，マーケティング経験がほとんどなかった日本中小企業が，しがらみのない海外市場で，現地の産業集積にネットワークを張り巡らすことで，何を創るべきかを発見し，その創るべきものを成し遂げるために，必要となる資源をネットワーク内から獲得し，新たな関係性を構築する。そのプロセスの中で，自らが変幻自在に変化していく「競争劣位ゆえの存立の術」が，海外市場で生き残る日本中小企業の実態となっている。換言すれば，大企業が既存の優位を活かすために海外展開を行うのに対して，日本中小企業は，競争劣位を補う形で国際化（海外進出）をしている[1]，といえよう。

したがって，資源の少ない中小企業が国際化する際には，生産体制から流通に至るまでのシステムやネットワークを，現地の資源に相当程度を依存する形で，進出することになる。つまり，現地企業や多国籍企業，関連支援産業，消費者，政府機関など現地の産業集積にネットワークを張り巡らせ，その内部の関係性に自らを埋め込んでいくことが重要となる。そのため，母国で培ったビジネスモデルや組織文化を抜本的に変化する必要もある。このような現地に根を張り，新たな関係性の中で，優位性を再構築していくことが日本中小企業の国際化を成功させる条件となる。「しがらみのない環境」である海外市場において，国内ではチャレンジすることのなかったマーケティング活動や技術の新しい方向への活用は，やり方次第で大きな事業機会を生み出す可能性がある。

良くも悪くも，長年の日本的経営の「しがらみ」の中で発展してきた日本中小企業の「技術力の強み」と「マーケティングと経営管理は親企業にお任せ気質」は，硬直化されたルーティンを生み出す。この硬直化された関係性から「解放」される海外で，「自らの埋め込み」によって，マーケティングの重要性に気づきを与え，自らの優位性の本質を再認識することに結び付いている点は，重要な事実発見といえよう。なぜならば，問屋制，系列やQCD管理などのしがらみは，技術力を育ててきたことは間違いないが，それを自らの力でマーケットの変化に応じて，変幻自在に応用する力は育ててこなかった弱点を内包する。この新たなネットワークへの「埋め込み」のプロセスが，日本中小企業の自立心を育み，アントレプレナーシップに揺さぶりをかけるのである。

---

(1) Luo, Y. and Tung, R.L. (2007)参照。

ここに，日本中小企業の現地に根を張った「マーケティング」と「技術の活用」の重要性を指摘できよう（表9-3参照）。

（2）人材育成とアントレプレナーシップ

① ポイントの整理

次に事例企業に共通していたことは，「人材育成」を取り入れていたことと，「アントレプレナーシップ」を発揮していたことである。人材育成における共通点の一つめは，現地人材の定着化を図るための仕組みを取り入れている（制度化している）こと，二つめは，現地人材と日本人材（本国本社を含む）との，Face to Faceのコミュニケーション・チャネルを設置していること，三つめは，ボトムアップされた提案を実践する機会を取り入れていること，であった。これらを実現するためには，コミュニケーション・チャネルが用意できること，日本人材の優位性と現地人材の優位性を融合するためのナレッジマネジメントができること，融合された知識を実践の場に移行できること，人事評価システムを導入できること，リスク管理をしっかり行うこと，が指摘できる。

アントレプレナーシップにおける共通点の一つめはチャレンジ精神がある，二つめはネットワーク構想力がある，三つめは，事業構想力がある，四つめは機動力がある，五つめは，コミュニケーション力があることであった。これらを実現する条件は，特化すべき専門分野を見極め，事業機会を発見し，事業を構想化することができること，現地での適切な市場にアプローチでき，迅速に現地に適したビジネスモデルを構築できること，必要な資源を現地から能動的に獲得できること，人材ネットワークを形成し，その関係性の中から学習ができること，夢や自己実現への思いが強く失敗してもそこから学び再チャレンジできること，進出国に対する深い愛情や高い関心があること，が指摘できる。

現地発イノベーション創出４つの条件（内残り２つ）

アントレプレナーシップ 条件

チャレンジ精神，ネットワーク力，吸収能力，事業構想力，機動力，コミュニケーション能力。

⇒特化すべき専門分野を見極めることができる。事業機会を見つけ出すことができる。事業を構想化し，市場にアプローチできる。その過程において，迅速に現地に適したビジネスモデルを構築できる。必要な資源をローカルから能動的に補完・獲得できる。そのための人的ネットワークを形成し，その関係性の中から学習できる。失敗から学ぶことができる。

人材育成 条件

新たな技術や市場を予知する能力，新たな技術や市場に関するナレッジを入手する能力，入手したナレッジを本国・第三国に移転する能力（日本人材からローカル人材に共同化），新たなナレッジをイノベーションに向けて融合する能力（ローカル人材と日本人材との表出化・連結化），新たに創造されたナレッジを日常のオペレーションに変換する能力（連結化），新たに創出されたイノベーションを活用する能力（内面化）。

⇒新たな市場で既存の優位性を発見・適応できる。日本人材の持つ優位性（技術・日本的経営）とローカル人材の持つ優位性（ローカル市場に関するナレッジ・商慣習）との融合ができる。融合された知識を実践的に提案・改善できる。コミュニケーション・チャネルと失敗を許容する場が用意されている。

② 要因分析

【人材育成】

分析視角で示したように，現地の資源を有効活用し，現地主導のイノベーション活動を行うためには，ローカル市場の特殊なニーズに対応する即応性が不可欠となり，それを担う人材の役割というものが極めて重要となる（朴，2018）。ここでは事例の共通項から，現地発イノベーション活動の担い手となる現地人材の育成の仕掛けと仕組みを整理すると，上掲の「技術」の移転プロセスが人材育成と連動し，その巧拙が日本中小企業の国際化に大きな影響を与える要素となっていたことを確認できた。具体的には，日本人材から現地人材の「知識移転」と現地人材の「学習」と「モチベーションを高める」仕組みづくりが，現地におけるイノベーション活動を促進させる要因となっている。例えば，日本からの長期出張者や日本人駐在員あるいは日本人社長が，現地人材に直接「知識移転・吸収・定着」させるために，マニュアル化による形式知の伝播はもちろんのこと，OJTによる暗黙知の伝播を重視していることが確認できた。いずれも，Face to Faceの直接対話による「コミュニケーション・チャネル」をつくり，コミュニケーションを制度・義務化していたことが特徴として指摘できる。コミュニケーション・チャネルは，日本人材から現地人材への一方向的な「指導」の場としてのみ機能するのではなく，双方向的な「情報共有」「知識共有」の場として，技術指導やOJTが行われていた。それは同時に，現地人材からの提案や気づきから，日本人材が新たな発想を得る機会にもなっていた。その結果，日本と現地の双方の風習・文化を取り入れた「ハイブリッド経営」のスタイルが定着されていた点は，極めて重要な成功ポイントである。また，吸収能力を高めるために，モチベーション向上の仕掛けづくりに取り組む姿が，事例企業に共通してみられた。モチベーション向上の仕掛けづくりに共通していたことは，古きよき日本の中小企業にはよく見かけられた光景でもある「社員旅行」や「飲みにケーション」，「会社との家族ぐるみの付き合い」など日本的経営の手法が現地スタイル流にアレンジされながら導入されていった点である。例えば，社員の家族を会社のイベントに招く仕組みを取り入れた，フィリピンのG社やタイのM社の社員のモチベーションは高まり，提案の数が増えたり，ノルマ達成率が高まったりと，吸収能力が向上していた。ハワイのC社の社長が定期的に非公式の食事会や恒例クリスマスイベントを開催し，業務時間外において信頼関係を築き上げるような，日本的コミュニケーション・チャネルを取り入れてから現地人材の定着率が高まっている。このような地道な泥臭い取り組みは，一見稚拙に感じるかもしれないが，一人一人の役割に大きく依存せざる得ない中小企業にとって，大企業以上に切実であり，現実的な課題である。定着率を高め，時間をかけてマネージャークラスの現地人材を社内で育てることは，中小企業にとって極めて重要な課題であり，イノベーション活動の基本でもある。人材の定着率とモチベーションを高める「吸収能力」を育成するこの仕組みは，知識移転を機能させ「定着」させるうえで重要な弁体となっているのである。このような日本では当たり前である「すぐに辞めない」「ちゃんと仕事を覚える」状況の上に，はじめて定期的に現地人材の仕事上の提案などを聞き取ったり，技術指導を行ったりするコミュニケーション・チャネルが機能する。つまり，知識移転と人材育成は両輪のごとく連動するものである。コミュニケーション・チャネルは，吸収能力を高めるためのチャネルと，技術や知識を定着させるためのチャネルの，2つを用意する必要がある。このようなチャネルは，規模が小さく，信頼関係や互酬性の規範を築きやすい中小企業の方が，有利に機能する可能性は高い。現地発イノベーションの創出という観点からいえば，権限移譲のもと，現地人材が現地主導で現地人材を活用していくやり方が，共通する重要な機能として説明できる。なぜならば，現地に精通した人間が現地のニーズを吸収しそれを社内にフィードバックさせ，実験と実践を繰り返すことで新たなビジネスモデルを創出しているからである。例えば，イタリアのF社の現地採用人材は，現地拠点を使ってイベントを幾度となく企画・開催し，実際に現地の消費者に自社の商品を使ってもらい改善点を探った。その改善点を繰り返し社長やブランドマネージャーに伝達することで，まったく新しいコンセプトの商品が完成しヒット商品となった。タイのM社は，人事育成と人事評価を制度化し現地マネージャーを社内で育て，数々の重要な提案と決定に関わらせたことで，新しい素材と生産方法から新商品（自動車部品）を生み出し，同社の主力商品となった。ここで同時に重要な要因として指し示すことができるのが，人材育成と人事評価を現地人材の昇給・昇進に反映する仕組みを制度化することである。例えば，タイのM社もフィリピンのG社も，ハワイのC社も人材育成と評価を制度化してから離職率は確実に減少し，現地人材のモチベーションを高め飛躍的に業績を上げることに成功した。そして，事例企業に共通していたのは，現地人材から得られる「声」（あるいは現地人材を介して聞こえてくる現地の「足音（ニーズ）」）に期待していたことであろう。海外市場から聞こえてくるニーズやそこから垣間見ることのできるビジネスチャンスを期待していたがゆえに，人材育成の制度が機能しやすかったとも捉えることができる（表9-3参照）。

現地人材の育成で忘れてはならないのが「リスク管理」である。第8章の中国の事例で示したように，海外進出日系企業にとって法務の視点からのリスク管理も企業の持続的発展のために重要となる。とりわけ，「労働法務」は日々の企業活動に直結する重要な問題であり，中小（製造）企業が進出国で最初に直面する課題の多くは労働法務であった。その労働法務は，「人材の労務管理と育成」に関わる分野が中心となっていた。経営資源が乏しい中小企業にとって，海外展開後にこうした問題に直面して初めて対処を強いられる実態が数多く存在する。中国の事例分析から明らかにされた課題は，中小製造業と海外市場の特性から，他の新興国へ進出する中小製造業にも一般的に起こり得る事象であり，労働法務における課題への「対策（リスク管理）」は，事前に対策をしておくことが，海外進出を成功させるための重要な鍵となることであった。現地発イノベーションを実現するためには，現地人材への権限移譲と現地人材の育成に関わる組織体制（土台づくり）における法的リスク管理の視点が不可欠となる。

このように，中小企業の現場から見えてくる具体的方法から，現地人材からの提案を新たなビジネスモデルの構築につなげていくためには，現地人材に責任と権限を与え，評価をフィードバックすることで定着率を上げるとともに，提案と実践の機会を与える（制度化する）こと，そしてリスク管理が重要となることを指摘できる。

【アントレプレナーシップ】

分析視角でも示したように，人材育成と同時に検討いなくてはならないのは，アントレプレナーシップである。なぜならば，イノベーション活動を実現するためには「アントレプレナーシップ」の発揮が必要条件となるからである(Drucker, 1985)。そこで，事例分析から，一般に困難とされる事業機会を探るプロセスで「気づき」や「アイデア」を市場性と採算性のバランスのある事業構想に落とし込む作業をどのように実現しているのか，という視点からアントレプレナーシップの共通項を整理する。

通常以上に外部環境が激変する海外市場において，「適応力」「現地に根を下ろす力」は，変化に向けた出発点に備えるべき能力となっている。海外経験がない中小企業にとって，海外市場は前例のない新たな取り組みを要する場面が連続する。こうした不確実性が高い状況下において，怯むことなく，果敢に実践と実験に繰り返し挑戦する，タフなアントレプレナーシップが求められる。闇雲に場数で勝負するようなことではなく，試行錯誤の経験の中で知識を吸収し，習得して進化するための吸収能力が必要となる。日本と現地を行き来する社長や企業幹部（技術責任者など）が吸収能力を発揮することで，国境を乗り越えて，日本側の強みが現地に知識移転されるとともに，現地で習得した「重要度の認識」と「体験知」がイノベーションへと醸造される。そして，現地で共同化された知識が，再び日本や海外拠点へと人の移動を通じてループする。したがって，知識伝播できる立場の人材が頻繁に日本と現地を行き来する必要がある。受け手側である現地人材が吸収能力を発揮することで，現地での能動的なイノベーション活動の機会が増えることになる。吸収能力を発揮し，イノベーション活動につなげていくためには，「実践の機会」が重要な役割を果たすため，企業内部のOJTの場にその機会を設けることはもちろんのこと，社外での勉強会や研究会など，外部の地域資源の活用が重要な課題となる。例えば，自分の問題意識やミッションを共有できる場であり，その問題解決の方法を何の制約に囚われることなく議論・実践することのできる，「学習の場」である。こうした実践可能なコミュニティにアクセスしたり，自ら形成したりするネットワーク力は，現地で行うイノベーション活動の基盤づくりにおいて重要な能力となる。

最終的には，実践したことが結果として利益を生み出さなくてはいけない。そのためには，市場調査できる能力，アイデアを提示できる提案力，採算を分析できる財務分析力など，実験の結果を製品やサービスに反映させることができる事業構想力が求められる。イノベーションは単独プレーがもたらす発明ではない。チームプレーが生む学習の産物である。以上の一連のプロセスには，チームを動かす機動力，協働して動けるコミュニケーション力が不可欠となる。事例企業に共通していたのは，現地のコミュニティ（日系およびローカル

【表9-3】現地発イノベーション創出の要因分

	現地発イノベーションの要因分析	
イノベーション要素	技術〈生産方法・生産管理〉	マーケティング〈販路開拓・ビジネスモデル〉
ハワイC社	・日本の大手デザイナー事務所で培ったデザイン力とマーケティング力を応用 ・コンセプトをデザインに落とし込む方法を採り入れた ・クライアントの価値を引き出す（ブランディング）ために，デザインの技術を活用した ・新ビジネスモデルに対応するため，ロゴデザイン技術以外の新たな技術を習得 ・ローカルコミュニティの学習を通じて継続的に技術のスキルアップを図っている	・ブランディング戦略を軸とした販路開拓による課題解決型のビジネスモデルを構築 ・ローカル人材を活用し，ローカルマーケットの開拓 ・日本人としての感性を武器に，日系マーケットの開拓 ・ワンストップサービスを武器に幅広い業種や地域の企業からの受注に成功 ・Webでの情報発信と口コミにより，営業は行わない完全受注生産型に転換 ・ローカルコミュニティからの情報収集
タイM社	・国内で培った技術力（知識基盤）を応用 ・現地市場のニーズを見極め，地場のサプライヤーの技術を組み合わせて委託生産する仕組みに転換 ・発注の幅を広げるために技術学校を設立 ・技術学校で技術者を養成し，サプライヤーに斡旋就職	・脱下請を図るために，自らが提案元/発注元となるべく新たな顧客（現地，日系，欧米企業）を開拓 ・現地のニッチ市場（たとえば生産ラインの設計・製造ニーズ）を探し当て，自社の優位性（技術の目利き）を最大限活かした提案製品（産業機械・試作品）とサービス（コンサル・メンテナンス）を企画/生産/販売 ・ローカル企業とコラボし，ローカル企業向けの試作品を開発
イタリアF社	・欧州好みのシンプルな一色に「型落ち」製法を導入 ・工程を簡素化し，短納期と量産化の生産管理システムを構築 ・産学連携による研究開発で高機能性+低価格の商品開発にチャレンジ	・現地での展示会を開催 ・インスタレーション，体験イベントから現地顧客のニーズを吸い上げた ・コンセプトショップからの欧州への情報発信によって現地顧客への認知浸透をした ・現地企業とコラボすることで現地のブランド構築につなげた
フィリピンG社	・Webページ制作等のオフショア開発により，マニュアルに基づき現地の優秀な現地エンジニアスタッフ（大卒）が基本的な設計を担当し，細かなデザインを日本人スタッフが補助する形で，国際標準の技術が社内に定着 ・コールセンターの海外移管により，日本語英語双方での対応技術が蓄積 ・日本人スタッフと現地スタッフのダブルチェック体制での日本語・英語双方での翻訳業務のノウハウが蓄積	・電子商取引の商品購入を目的とした一般顧客から，電子商取引ビジネスを行う企業顧客，Webページ制作を必要とする企業顧客（一般顧客含）を獲得 ・コールセンターによるクレーム対応を求める企業から海外へ商品の売り込みをしたい企業へとビジネスプロセスアウトソーシング受注による新たな販路開拓

（出所）筆者作成

現地発イノベーションの要因分析	
人材育成 〈橋渡しバランス能力・イノベーション能力〉	アントレプレナーシップ 〈企業家能力・企業家機能〉
・ハイブリット経営（定量評価と定性評価の併用）を取り入れた ・社長と社員との知識移転/共有/定着の取り組みを行った（定例会議，勉強会，研修，イベントなど） ・ローカルコミュニティにおける学習の機会を積極的に取り入れた ・そこから得られた提案を実践させフィードバック（評価）を繰り返す人事評価制度（上掲）を導入 ・ハワイ盛和塾の学びを実践した ・権限移譲を行い，プロジェクトごとに責任と予算配分を行った	・新たな市場開拓に次々とチャレンジした ・新たに人材育成制度を創設し取りれた ・ハワイ盛和塾で学んだ「経営哲学」を実践した ・111HawaiiProjectを立ち上げネットワークを広げた ・日本から持ち込んだ強み（技術や感性やマーケティング力など）を現地で最大限活かそうとした ・経験と人脈からビジネスアイデア，新たな取引先の開拓といった事業構想の実現につなげた
・現地責任者に実践の場（現地営業等）で獲得した知識を社内にフィードバックする場（コミュニケーション・チャネルである定例会議・勉強会等）を提供した ・日本人材の優位性（技術・技能・日本的経営）と現地人材の優位性（ローカルマーケット特性）とを擦り合わせた ・日本人材と現地人材の互いの意識ギャップを埋める機会を設けた（提案会議） ・成果を人事評価制度から昇給昇格へフィードバックしている（教える側の日本人材も学習し気づきを得ている）	・現地ニッチ市場の発見，事業機会を新たな事業構想へと結び付ける創造力/機動力を発揮 ・非連続性へのチャレンジ精神，現地適応への前向きな対応 ・技術学校を設立し「教えること」の自己実現，夢を叶えた ・反対を押し切り海外展開でファブレス化を導入する強い意志 ・新たなビジネスモデルの構築に必要な資源（現地サプライヤー）を現地から能動的に獲得 ・足りない資源を日系企業家コミュニティに働きかけコラボで工場生産ラインを完成させた
・社長/職人/デザイナーが現地を定期的に訪問し，現地で直接ニーズや現地の感性を学んだ ・現地マネジャーが定期的に現地の情報を本社幹部に伝達，企画を考案した ・現地マネジャーが本社からのフィードバックを現地で調整のうえ実践した ・繰り返し，本社社長/職人/デザイナーと現地マネジャーのコミュニケーションが行われた	・社長は率先して古い体質から脱却し新しいやり方を抜本的に取り入れていった ・ブランディングデザイナーの欧州への強いこだわり，現地マネジャーの調整能力が実現を後押し ・社長や現地マネジャーは新しいやり方に反対する職人を粘り強く説得した ・現地マネジャーは，現地ニーズを吸い上げ同社の強みである工藝技術との接点を探った
・フィリピン発世界標準の優位性を構築するためのハイブリット経営（日本的経営の強みと現地化の強みの両立）を図るためにローカル人材を対象とした知識移転/共有/定着の研修の場を設けた（共同作業，プロジェクトによるOJT） ・トップマネジメントと現地責任者は，日本と現地そして第三国を頻繁に行き来し常に世界標準のニーズと，現地フィリピンの優位性との融合を試行錯誤 ・そのためのコミュニケーションチャネルを設けた（社内旅行，イベント，会議，人事評価）	・日本的経営（社員旅行）の導入と現地流経営（家族も招待）の現地適応でスタッフの定着率を高めた ・自社のオフショア開発等の経験を「商品」として新たな顧客獲得（それに伴うビジネスモデルの抜本的な転換） ・自ら能動的に構築した人的ネットワークとその知識基盤をもとに人材の獲得 ・ビジネスアイデア，新たな取引先の開拓といった事業構想の実現につなげている ・必要な資源は日本人コミュニティとローカルコミュニティを能動的に活用することで獲得

の双方）とのネットワークに介入し，関係性を築いていることである。自社の強みと専門領域を見極め，価値基準を共有できるネットワークに介入できるかどうかは，現地発イノベーションを成功させる基本的なアントレプレナーシップといえる（表9-3参照）。

以上みてきたように，各事例の共通点から浮かび上がってくる現地発イノベーションで起こるイノベーションには，ビジネスモデルのイノベーションと，それを支えるために変化する組織のイノベーションがある。このビジネスモデルのイノベーションと組織のイノベーションそれぞれを構成する要素がどのように変化したのか，を明らかにしたうえで，その要素の変化を起こす要因を示した。

(3) 産業集積への「埋め込み」の重要性

事例企業で挙げた中小企業の現地発イノベーションの実現を可能としていた極めて重要となる要因の一つが，進出国における産業集積への「埋め込み」であると考える。なぜならば，ここで挙げてきた成功企業の聞き取り調査からは，現地ネットワークに参加し，原料，顧客，ニーズ情報，サプライヤー，人材，人脈など多くの現地の地域資源を活用することで，新たなビジネスモデルの構築や組織イノベーションを実現していることが明らかにされたからである。とりわけ資源に乏しい中小企業にとってはこうしたシナジー効果を狙った戦略は有効となる。

事例企業の実態から見えてくるのは，安価な労働力や原料との距離，取引コストなど単なるコストパフォーマンスによる古典経済学派が主張する外部経済を必ずしも主目的とした産業集積の活用ではなかった。すなわち，産業集積における企業家ネットワークでは，Face to Faceの実践を通じた学習（人的能力開発）の場として活用されていた。ここでいう実践を通じた学習の場とは，自らの関心や問題意識を共有し何らかの具体的な解決法を共創する場である。

例えば，日系の同業他社（日本人現地責任者）と販路開拓の課題を非公式の勉強会組織を立ち上げ，共有する中で，新製品の共同開発に成功している。このように社内に限らず，利害関係のないローカルコミュニティとの関わりが学習のきっかけとなり，能力開発が行われている。その成果として，斬新なアイデアを創出したり新たな販路開拓につなげていたりすることが指摘できる。例えばタイのM社やフィリピンのG社，ハワイのC社は，日本人駐在員が現地人材の離職問題や育成の課題などについて日系企業家コミュニティの仲間たちと非公式に共有し，アイデアを出し合うことで改善点を模索し，新たな人材評価制度の構築に成功した。タイのM社については，日系の同業他社（日本人現地責任者）と非公式の勉強会を立ち上げ，販路開拓の課題を共有し議論する中で，日系企業の新たな工場生産ラインの共同開発に成功している。フィリピンのG社は，進出国の日系コミュニティとの交流の中で知り得た課題（ニーズ）から，自社のノウハウを使ってそれを解決するビジネスアイデアを思い付き，その解決を目的とした新事業が成功した。ハワイのC社は，ハワイ盛和塾から理念教育のノウハウなどを学び，それを積極的に社内に取り入れ，社員のモチベーション向上に繋げた。このように日系コミュニティが利害関係のない学習の場がきっかけとなり，日本人駐在員や日本人社長自身の能力開発が行われている。その成果として，斬新なアイデアを創出したり，新たな販路開拓につなげたりすることが指摘できる。ローカル・コミュニティは日系だけではない。例えば，ハワイのC社は，ローカル企業との共同開発（111HAWAII-PROJECT）からローカル市場の認知浸透に成功していた。イタリアのF社もローカル高級ブランドとの共同開発からローカルにおけるブランド力向上に繋げていた。

このようにこうした効果は，日系コミュニティに限らず，ローカル・コミュニティを含む「産業集積」との関わりにおいても指摘できるが，これこそがLocal for Globalな現地発イノベーションの実現において重要な意味を持つものと思われる。権限移譲を受けた現地人材にとって，産業集積内の取引先やサプライヤーへの営業や商談，関連会社とのFace to Faceによる情報交換などは日常業務の一つとなる。そこで得た「知識」「文脈」を日本人責任者や駐在員とFace to Faceの伝達方法によって知識の共同化が行われている。なぜならば，現地人材だからこそ知り得る文脈を，自社に持ち帰り日本人駐在員や技術者に伝達するからである。日本人駐在員や技術者から現地人材に再び何らかの知識のフィードバックが行われるが，このプロセスにはマニュアルでは伝えられない経験に根差した主観的な知識が蓄積されていく。この蓄積された知識が，新たな生産品目の開発や流通経路の開拓に実践を通じて応用され，図面やマニュアルなどの形式知で再び目に見える形で表出しているのである。

事例企業では現地人材の実践の機会が設けられているが，こうした実践の機会は，集積という場があってはじめてFace to Faceによる文脈の知識を生み出している。現地で起こるイノベーションの背景には，この文脈の知識である「暗黙知」が知識移転されることによって実現している。海外に不慣れで言葉や異文化に壁を感じがちな日系中小企業では，過去の経験において，よほど現地に精通していない限り，日本人経営者や責任者がこの現場に飛び込みダイレクトにニーズを吸収していくことは難しい現実がある。また，ニッチな領域の専門化を強みとする日系中小企業にとって，その高い専門性をダイレクトに市場ニーズに適応しようとしても，消費者の認知能力や市場ニーズとの間に大きなギャップが邪魔をして簡単には市場まで，その強みが届かないことも現実である。現地調査から見えてきた重要な示唆は，そうしたギャップを埋める文脈を，「伝える」こと（そして，それが「伝わる」こと）を抜きにして知識移転は起こりえない，ということである。この意味で，言葉のみならず文脈を含み，適切な「通訳」を行える「トランスレーター」の果たす役割は大きい。これこそが現地ネットワークへの「埋め込み」の突破口である。いうまでもなく，受け取り側の社長や日本人駐在員，出張者の幹部などの吸収能力がここで試されている。産業集積は，現地人材を通じて，そのギャップを埋める触媒の側面を持つのである。Govindarajan（2012）は，大企業のリバース・イノベーションにおいて富裕国と途上国におけるニーズのギャップを認知する重要性を説いているが，その具体的方法論までは描けていなかった。このように，中小企業の現地発イノベーションの実態からは，産業集積への埋め込みは，能力開発のツールとして，知識移転の触媒としての役割を果たすバリューネットワーク（Cristensen, 1997）となり，イノベーション創出の要因となっていることが指摘できる。ここでいうバリューネットワークは，実践コミュニティ[2]の概念とも符合する。実践コミュニティとは「あるテーマに関する関心や問題，熱意などを共有し，その分野の知識や技能を，持続的な相互交流を通じて深めていく人々の集団」と定義され，暗黙知と形式知を結び合わせることを可能とする知識を体系化する役目を担うことに特徴を見出すことができる。

(4) 4つの事例の共通点から導出する現地発イノベーションのメカニズム

ここで主張したい最も重要なロジックは，しがらみからの脱却と新たなバリューネットワークへの埋め込みによって，新たなイノベーションへとつながる可能性がある，ということである。それを4つの事例から共通項でみてきた。ここでいうしがらみとは，先行研究で示した通り，何らかの束縛された意識の束を意味する。タイの事例は，確かに，脱下請けから現地サプライチェーンを活用した，新たなビジネスモデルの展開という形で，従属的関係による見えない束縛意識が想像しやすいが，他の3つの事例も，同様に，何らかの束縛された意識の束から解放され，そして，また新たな企業家コミュニティのバリューネットワークとの関係性の中で，現地発イノベーションを生み出している。例えば，ハワイの事例は，社長のY氏が日本の大手デザイン会社でデザイナーをしていて，当時の業界には細かい分業構造とヒエラルキー（垂直構造）がもたらす商習慣（従属関係）が根付くよく残っていた。Y氏は，そもそも，この硬直的な構造がもたらす仕事のルーティンに対して物足りなさを感じ，不満を抱いていた。ハワイC社のワンストップサービスとなるブランディングサービスは，こうした反動から生まれた発想とも理解できる。また，イタリアF社の事例は，国内産地の分業のしがらみが，そもそも嫌で社内内製化を進めてきたが，「有田焼とはこうあるべきだ」「このデザインこそが有田の文化・伝統だ」との束縛された意識の束（固定概念）が職人たちの間に根強く残っていた。伝

（2）Wenger et al. (2002), pp.33-40参照。

統工芸士である職人たちは，地元産地の有田の同業者からの転職組であったゆえに，内製化しても，結局，地域のしがらみからは本当の意味では脱け出せていなかったのである。しかし，イタリア現地でのインスタレーションや体験工房の職人たちの経験から，結果として，彼ら自身がこの意識の束から解放される格好になった。具体的なニーズに触れ，新たな価値基準でデザインを見直され，技術が新たなデザインを具現化したことで，技術こそが伝統文化で，デザインを思い切って変えていく必要性に気付いたのである。製品イノベーションは，その結果としての表出化である。フィリピンG社についても，企業概要で紹介したように，もともとは埼玉八潮のCAD技術を強みとする町工場で，その技術基盤を用いて，電子商取引分野に参入している。そして，国内で生産規模を拡大しようとするが，国内では新規事業のイメージ（ITといっても金型工場を改装した作業場）・立地条件（八潮）などの要因から，結局よい人材を確保できなかった。そこで，大卒エンジニアでも賃金が安く優秀な人材を確保できるフィリピンで人材を確保・活用することになった。多くの応募者から厳選した人材をさらに社内で育て上げることで，ビジネスの幅を広げるとともに，最終的には人材バンクとしてのイノベーションを起こす結果となっている。このように，すべての事例が，何らかの束縛された意識の束（硬直化されたルーティン）から解放され，海外市場（新たなネットワークにおける関係性）に埋め込まれることで，本来持っていた「強み」を違った形で活かし，新たな成果（新製品や新サービス）を開発することに成功しているのである。

そして，4社とも，共通して持ち合わせていたのが，1.アントレプレナーシップ，2.人材育成，3.マーケティング，4.技術，の4要素である。ここでのポイントは，すべて4の要素が最初から優れている必要はないが，一つの要素の突出した「強み」があれば，集積あるいは現地ネットワークへの参加によって，他の能力を補完し，高めることができる，ということである。例えば，タイのM社の技術はもともと優れていたが，マーケティング活動は，日本で経験がなかった。しかし，手探りで見様見真似のマーケティング活動を展開し，やがて市場の課題を明確に把握できるようにまでなった。高い技術力をその課題解決にピンポイントで用いることで，現地サプライヤーとの販路開拓に繋がっていったのである。また，マーケティング活動から，そのマーケット開拓に必要となる現地人材の技術力を高める必要性にも気づき，現地人材育成のための技術学校を設立し，技術指導を行った。その結果，現地人材の技術力の向上が，現在のM社の特徴であるファブレス型のビジネスモデルの優位性を支えている。初代である父親は，国内では脱下請には反対であった。引退し会長職に就くまで，あくまで「技術者集団としての町工場であるべきだ」とのスタンスを変えることはなかった。二代目の現A社長がこれらのアントレプレナーシップを発揮・実践しやすかったのは，下請からの脱却によるリスクからの「しがらみ」を抱える創業社不在の海外拠点だったからとの見方も可能である。イタリアF社は，産地衰退に伴う売り上げ減少，取引先減少の中で，自らの革新と新たな販路開拓の必要性を感じ，海外販路開拓に乗り出し，どのように革新をすべきか，どのような顧客をターゲットにするのかなどの新製品開発，新市場開拓の情報を得るために，マーケティング目的でイタリア・ミラノにコンセプトショップを開店した。現地に根を張り，現地顧客や現地企業との間に踏み込んだマーケティング（例えば，現地拠点での体験工房や現地企業と共同開発など）から，新たなニーズの発見を発見し，新たな技術の用途・新たな生産体制の確立につなげている。もちろん，この背景には，職人の説得や新たな製法など数々の苦難の末，新製品開発と新たなビジネスモデルの構築へと辿り着いた訳であるが，マーケティングで得た情報・知識をもとに，この技術の新たな使い道や販路開拓の具体的方法を組織一丸となって取り組むプロセスに，それぞれの「学習」「気づき」をもたらしていたのである。職人や現地人材の能力開発はこのプロセスで行われているが，現地と日本を行き来していた社長とブランドマネージャー（管理職）も同様に，現地の重要度を本人たちが認識することで，組織を変革するアントレプレナーシップ（事業創造活動とそれに伴う企業家精神）を推進・発揮するようになっていた。フィリピンG社は，事業拡大に伴い人材の確保が困難になったことから，Webページのオフショア開発とコールセンターの設置のために海外進出に至ったが，現地での人員確保と定着のための人材育成と制度構築に取り組み，技術移転など，この人材育成の仕組みの中で育てられた人材そのものが（技術やサービスの）優位性を引き上げ，新たな販路開拓やビジネスモデルの構築に結び付いている。これを実行するトップマネジメントの面々は，風通しの良いベンチャー企業の社風の中で，それぞれが拠点を行き来する中で，重要度を認識し，試行錯誤実践を繰り返す中で，前職（金属加工社長や大企業サラリーマン）などでは取らなかった行動（前のめりな新規事業開発や前例のない研修プログラムの開発など）を積極的に推し進めるように変化していった。

ハワイC社は，第二創業時から，現地の企業家ネットワークに能動的に参加し，関係性を築くことで，非公式の勉強会やローカルのネットワークに踏み込んだプロジェクトが実現している。この関係性を構築したり，そこから学習したり，ローカルマーケットの開拓に繋げていけるアントレプレナーシップ（起業活動・企業家精神）は，成功要因の強みであることは間違いないが，この関係性のもとで，Y氏の積極的な情報収集活動も功を奏して，技術力を十分に活用した，新たなビジネスモデルの構築へと展開されていた。人材育成・能力開発についても，他の事例同様に，社長自身が，ネットワーク内における勉強会の場で学習することで，新たなアイデアの着想につながり，それを自ら仕事で実践することで明らかに成長している。現地人材に対しても，自身が習得したことで成長を確信した「ビジョナリー教育」や「ハイブリッド経営」を徹底して，社員教員に取り入れ実践させたことで，プロジェクトを任せられる人材が育ち，現地人材が同社の成長を支えている。

C社に限らず他3つの事例にも共通していたのは，各要素の効力は現地資源（現地ネットワーク）に埋め込まれることで発揮される，ということである。例えば，各社とも現地企業との共同開発によって新商品開発に成功した共通点があったが，各社とも社長や現地責任者がローカルのコミュニティとのネットワークにおける関係性を構築し，それを活用することで共同開発・勉強会・分業などへの参加に至っている。この共同開発などから得られる「気づき」が，学習効果を生み，新製品/サービスに繋がっている。すなわち，各事例の共通点からみえてくるのは，各条件のメリハリを利かせた連動は，そこに介する人材の「学習」を促し，イノベーション力を高めるメカニズムとなる，ということである。ここで指摘できることは，諸要素一つ一つの微細な変化よりむしろ重要となるのは，集合体として起こる学習プロセスがもたらすシナジー効果であり，試行錯誤のすえ抜本的変革に耐え抜いた，結果として生み出される変化への耐性の強い盤石な組織体質にある。これらの基盤の下に，企業家ネットワークへの緩やかな埋め込みの関係性を構築した上で，4つの条件（技術・マーケティング・人材育成・アントレプレナーシップ）のメリハリを利かしたコントロールを行うことで，現地発イノベーションが誘発される，といえそうである。

(5) 現地発イノベーション戦略の有効性とリバース・イノベーションへの拡張可能性

既に序論で示したとおり，本研究では「現地発イノベーション」の発展形として「リバース・イノベーション」論を捉えている。つまり，成長戦略としての海外展開には，海外の現地市場でイノベーションを起こす，そのうえで，本国や第三国にその優位性を発展させる，Local for Globalという考え方である。本節では，現地発イノベーションの有効性とその発展形リバース・イノベーション（Local for Globalイノベーション）への拡張可能性を示す。

これまでの分析を踏まえ導出できる現地発イノベーションの有効性は，第一に，自国優位性から脱却し，現地事情やニーズに合わせて新たな生産品目を新たな生産方法によって生産するために営業機能が強化され，販路開拓が行われることにある。第二に，自国優位性からの脱却による販路開拓活動は，自社の強みの再確認と現地市場ニーズとのマッチングを経て，現地化されたシステムによる新製品や新製法を生み出すことにある。そのため，現地拠点機能は本国ではなかなか抜け出せなくなっていた前例主義や主要取引先とのしがらみなどから，完全に解き放たれた形で変幻自在に「現地化」が推進される。第三に，日本のしがらみによって構築された優位性（高い技術力）を日本よりも条件

（インフラや競争環境等）の厳しい現地課題の解決に応用されることで，学習が相まって，「現地化」の枠組みをこえて他国・他地域でも通用する水準のイノベーションに育つ可能性がある。この一連の実践の中で，社長や日本人責任者および現地人材の能力開発が行われている。事例企業の多くは，日本人責任者は日本に帰国したときに，この能力が移転されることで，本社のインフルエンサーとなっている。やがて責任あるポジションに就いた現地人材は，吸収された知識と実践経験による自信から自律性を持つようになり，現地での不確実性に対応できるイノベーターとなっている。特筆すべきは，この人材の移動・異動が知識移転にもなっているということである。どんなに情報技術が普及しようとも，優位性の構築（ここではLocal for Global）に繋がる知識の国際間の移転は（暗黙知であるがゆえに），人の移動を介して実現する。

この現地発イノベーションは，リバース・イノベーションへと発展させなくても，十分な成長を遂げるケースがあることに留意する必要がある。技術やノウハウ，設備など日本本社に優位性が存在するとき，日本本社に変化を導入する動機が少なくリバース・イノベーションを知っていても敢えて狙わないケースもあろう。また，日本国内拠点と海外拠点とで，生産品目の分業体制が構築されているとき，リバース・イノベーション戦略を導入しないケースもある。企業によってポジショニングもサプライチェーン・マネジメントも重要な戦略であり，リバース・イノベーションにまで発展させることが万能な戦略なわけではない。いうまでもなく，本国や移転先にそのニーズがなければ，そもそもリバース・イノベーションに意味はない。

ここで強調すべきは，日本の中小企業の場合，本国の「前例主義」や「系列関係」がイノベーション活動の障壁となっている場合が多いため，そうした「しがらみ」から脱却し，現地の産業集積にネットワークを張り巡らせることで，まったく新しい販路が切り拓ける可能性が広がるということである。新たな販路開拓は，人材の能力開発につながる。もともと経営資源が少ない中小企業は，従業員一人一人に与えられる職務における裁量と実践の機会は多く，能力を発揮しやすい。重要な決断や新しい取り組みに対する意思決定も早く，変化への対応には優位性がある。現地発イノベーション戦略の有効性は，ここにある。すなわち，海外展開を機に，グローバル規模で自社の強みと弱み，マインドセットを見直し，グローバル水準のイノベーション活動にチャレンジすることで，能力開発が進むとともに，本来持つ優位性が最大限発揮され，成長の機会となる。もちろん，これには多大なリスクもある。しかし，不確実性の高い時代は，変化しないことそのものが大きなリスクにもなる。変化のための豊富で適切な材料（イノベーションの源泉）は，いまや世界中に散りばめられている。自社が本国で培ってきた強みを基盤として，適切な材料が豊富なロケーションで，時代に通用する新しい価値を生み出すことは有効な成長の源になる。国境を乗り越え，本国にその新たに得た知識を移転させ，有効活用を図ることは，持続的成長に有効な戦略となりえる。中小企業論のみならずナレッジマネジメント論の先行研究の潮流が示すように，知識の源泉は，人と人とのコミュニケーションにある。人と人とのコミュニケーションに，いかにITやIOT，ナノ，ロボットなどの技術革新を取り入れていくかが重要な視点となる。ときには，視角の反転で，ニーズに合わせて技術のレベルを落とす発想も重要になる。この意味で，リバース・イノベーション戦略は有効となるであろう。そこに，人と人とのコミュニケーションから伝わる情報と知識による判断が肝要になる点も，重要な示唆といえよう。

翻って，本書の事例としては取り上げていないが，現地発イノベーションないしその発展形のリバース・イノベーションに至らなかった日本中小企業のヒアリング調査から明らかにされたのは，本国本社と現地拠点との間に知識移転のためのコミュニケーション・チャネルが確立されていなかったり，そもそも現地拠点からイノベーションの足音が聞こえてくるはずがないといったような本国本社の期待値が低かったり（認識不足）などの理由から，課題や失敗を乗り越えるための試行錯誤のプロセスまで至らないことが多かったことである。知識移転のための活発なコミュニケーションなくして新しい価値が生み出されることはない。中小企業は，大企業に比べ，フットワークが軽く，社内や拠点間においてインタラクティブなコミュニケーションが取りやすいため，知識移転のためのツールを意図的に仕掛けやすい強みを持つ。しかし，それだけで，イノベーション活動それ自体が有利という訳ではない。重要なポイントは，現地のネットワークないし産業集積への埋め込みの「条件」など，一定のハードルを満たす中小企業にして，はじめて中小企業は現地発イノベーションやリバース・イノベーションの実現可能性が高くなるということである。

3. 結論

既述の通り，理論編で，これまでの「リバース・イノベーション」研究では，ローカルからグローバルへの展開をなぜ可能としたのか，についての説明が十分ではないことを論じた。すなわち，成長戦略として創出する「リバース・イノベーション」は「グローバル水準」でなくてはならず，その起点となる「現地発イノベーション」の生成メカニズムに対する解が不十分との指摘である。Govindarajanのリバース・イノベーション論の貢献は，現地で新たに結成されるLGTが主体となることで，現地のゼロベースからの開発（現地発イノベーション）の有効性とマインドセットの転換の必要性を示したが，その実行性の問題を指摘した。つまり，グローバル活動を展開する企業（とりわけ本国で成功した多国籍企業）にとって，そもそもLGTのようなローカル組織のイノベーション活動そのものが難しく，さらにその子会社発の意見やアウトプットの本国本社（または他の海外子会社）への共有化が通常困難とされる中で，いかにしてそれを可能とするのか，いかにして国境を跨ぐ「場所，対面，暗黙知の共有化をするのか」，という本質的な疑問である。

現地発イノベーションを起こし，それをグローバル水準に展開し育てていくためには，この本質的な問いに対する解が必要になる。すなわち，現地発イノベーションを起こすために，LGTのような機能を果たす子会社組織の構成員がどのように，現地資源を獲得・活用し，暗黙知の共同化を図っていくのか。それをグローバル水準に発展させるために，どのような仕組みのもと，どのような能力を発揮し，どのような知識の共同化の末に，グローバル・イノベーションへと発展させることを可能とするのか，に対する解である。ここでは，事例分析の事実発見からこのメカニズムに至る説明を明らかにして結論に代えたい。

【リサーチクエスチョン1】

Local for Globalなイノベーション活動を，いかにして中小企業が実現できたのか。

このリサーチクエスチョンに対する結論は以下の通りである。

・大企業が困難とされた現地の重要度の認識は，中小企業は重要人物の移動を通じて，重要度の認識（暗黙知の共同化）が行われる。
・重要度の認識をクリアすることで，中小企業の規模的優位性ならではの迅速な意思決定，柔軟な対応がスムーズに行われる。
・日本から高度な技術力（暗黙知）が，海外市場のより難しい課題解決の道具として持ち込まれることで，付加価値の高いブレークスルーが起きる。

序論でも論じたように，Local for Globalなイノベーションを起こすには，グローバルに通用する現地発イノベーションの創出が必要になる。フルーガル・イノベーションと最も大きな違いは，先進国（本国）市場でも通用するグローバル水準なものかどうかにある。

本研究の事例分析の事実発見からは，現地発イノベーションがグローバルに通用か否かの決め手は，現地の困難な課題や条件を乗り越えるブレークスルーを導く際に用いる，先進国から持ち込む知識（暗黙知）の活用によることが明らかにされた。例えば，M社は，国内の大企業とのQCD管理のもとで培ってきた高度な技術・技能を，タイ現地の市場課題を解決する形で活用し，そこで形成されたビジネスモデルが本国にも還流している。F社は，国内の産地で培ってきた技術・技能を，イタリア現地のインテリア業界における世界最高峰レベルのニーズを満たす形で活用し，そこで開発された製品・サービスが本国及びヨーロッパ各国にも還流している。G社は，国内製造業のときに培った技術を，フィリピン現地市場の人材の優位性を活かしつつITオフショア開発に活用していった。この開発プロセスによって，出来上がった新たなビジネスモデル（サービス）が，本国やシンガポールなどにも還流していた。C社は，日本の大手デザイン会社で培ったデザイン技術をハワイ市場に持ち込み，この技術力と日本人としての感性を武器に，現地市場の課題解決につながる新ビジネスモデル（ワンストップでコンセプトからタッチポイントまで提供）といった新たなサービスを創出し，文化も商慣習も全く異なるハワイ市場で通用するグローバル水準のグラフィックデザイン会社となった。事例分析から明らかにできたことは，日本中小企業は，技術優位性を持ち込み，現地の暗黙知と掛け合わせる（共同化させる）ことで，新たな製品・サービスを開発（表出化）させていた。特筆すべき点は，すべて現地資源を活用した訳ではないということである。事例企業が「現地の技術」を主として活用し，製品・サービス化していたら，グローバル水準には育たなかったかもしれない。「本国（先進国）から高度な技術力（暗黙知）」が，海外市場のより難しい課題解決の道具として持ち込まれたからこそ，付加価値の高いブレークスルーが起きる。そのとき，本国とは異なる対応の必要性に直面する。事例企業もそうであったように，顧客や製品が変わるだけでなく，生産品目，製造方法，流通，提供価値，組織の機能に至るまでの抜本的な変化への対応が求められる。これらを，現場レベルで，柔軟に，迅速に，タフに変幻自在に対応するプロセスで，ブレークスルーは起きていた。抜本的な変化への臨機応変な対応を迅速に行うことは，現地の重要度の認識が十分に行われていない限り難しい。

このような暗黙知の移転は，技術などの優位性に限らず，現地市場の「重要度」の認識もあてはまる。浅川（2015）は，多国籍企業（大企業）の多くが，現地発イノベーションを起こすための組織（LGT）を実際には機能できない要因として，現地市場の「重要度」の認識ギャップを埋める根拠が得られないことにあると指摘する。現地から本社に伝える重要度に関する情報や知識が「感性（暗黙知）」であるために，本社に適切に伝わらない。重要視するための根拠（確証）を得られない，本社の事業責任者やトップマネジメントが，リスクはとれないという問題である。これに対する本研究からの事実発見としては，中小企業は，拠点を構える前から，社長および社内の重要人物が当該国を何度も訪問するところから始まるケースが一般的であるため，暗黙知（重要度の認識）が人の移動とともに移転する。このため，海外拠点を必然的に重要視することになる。海外拠点を設立後は，事業に対する意思決定権を持つ社内の重要人物が，物理的に現地拠点と本国本社を頻繁に行き来していた。重要な事は，海外拠点の重要度を認知する機会が用意できることである。4社すべての事例企業がそうだったように，進出目的はそれぞれであるにせよ，中小企業にとって海外展開そのものが，社運をかける重要な位置づけになることが少なくない。それゆえ，現地拠点に重要人物（場合によっては社長自身が）赴任することもめずらしくない。事例企業にあっては，トップマネジメントが現地を頻繁に訪問することはもちろん（イタリアF社），必要に応じて，社長自身が現地を主要滞在拠点としていた（タイM社，フィリピンG社）。また，国内で培った技術基盤をもとに海外市場で第二創業し，そこで日系企業のみならずローカル企業やグローバル企業の案件を獲得していくケースもあった（ハワイC社）。社内の重要人物自身が，現地の重要度に関する情報や知識を得たのちに，その感性（暗黙知）を地域・国境を跨いで社内に共有できていた。この意味で，中小企業は，自らの必要性から能動的に，暗黙知の共同化を図ろうとするゆえに，重要度の意識ギャップは，中小企業においては起こりにくいことが指摘できる。ただし，中小企業の重要人物が吸収能力を持ち合わせていないと，そもそも，その重要度に気付けず，共有化まで至らない。

先行研究で論じたように，グローバルな効率追求と現地発イノベーションを同時に追求する戦略が有効とされる中で，暗黙知の共同化が実行の鍵を握る。浅川（2015）も指摘するように，大企業には，現実的にこのような暗黙知の共同化が難しいが，事例中小企業の実態からは，重要人物の移動を介して（移動する重要人物に吸収能力が備わっていて），暗黙知の共同化が行われていたことが理解できる。綿密な開発計画が進出前，あるいは進出当初から準備され，それに基づきイノベーションを意図して起こすわけではなく，暗黙知の共同化が起こることで，迅速な意思決定も相まって，現地課題発の対応の中で新たなビジネスモデルの開発に繋がっていた，というのが成功事例の実態である。この実態から，中小企業ゆえのLocal for Globalイノベーション活動に対する強みが理解できる。

【リサーチクエスチョン2】

日本中小企業の現地発イノベーションの仕組みは，いかにして構築されるのか。

このリサーチクエスチョンに対する結論は以下のとおりである。

・国内の「しがらみ」から脱却することで，現地の価値基準を持つネットワーク（バリューネットワーク）の影響を受けて，マインドセットがリセットされる。既存の優位性（技術力など）が異なる形で活かされることで，国内とは違ったイノベーション活動がはじまる。

・新たな関係の中では，既に保有している技術力等の強みをどのように活かしていくか，を見極めるため試行錯誤しながらマーケティングを行うことになる。マーケティングのプロセスで得られる知識は，技術優位性の再確認とその優位性の新たな使い道を切り拓く能力を磨く暗黙知となる。

・この暗黙知を生み出すネットワーク（実践コミュニティ）は，現地拠点に蓄積し，企業家ネットワークとの共同開発や分業のもと，一からの製品・サービス開発の着想・着手へと展開される，いわばLGTと同様の機能を持つ。

Christensenは，企業は，既存顧客，サプライヤー，流通事業者などからなる「バリューネットワーク」の中で存立・存続するために，能力・組織・プロセス・コスト構造・企業文化などの「価値基準」が，このネットワークによって確立されると論じている。つまり，製品やサービスに求められる性能や品質の水準は，その企業が，どのバリューネットワークに属しているかによって決まる，とされる。これに対する事実発見としては，中小企業にとっては，「LGT」の機能を（組織の中に設置するのではなく）現地で新たに参加し，自らを埋め込むバリューネットワークが担っている。加えて，このバリューネットワークは，人材育成，つまり能力開発としての意味を持つ，ということであった。

イノベーション活動のための資源を現地資源（企業家ネットワークと現地マーケット）から積極的に動員しようとしていた（すべての）事例企業は，現地市場の重要度の認識とともに，現地でしか得られない暗黙知を習得し，この学習プロセスを経て，ビジネスモデルと組織が変化していた。つまり，国外の異なる価値基準を持つ「バリューネットワーク」の影響を受けて，異なる形で既存の優位性（技術力）が活かされる形で，国内とは違ったイノベーションが起こっていたことが理解できる。ポイントは，国内と決定的に異なるのは，海外市場で自ら開拓した「しがらみのないネットワーク」であり，このネットワーク内における新たな価値基準のもとで，「自らの存在を現地ネットワークに埋め込み」起こったイノベーションであるということである。そして，ここには，国内で培った「優位性」が存在したことである。国内の「しがらみ」は，先行研究のくだりで述べたように，技術優位性のイノベーション（技術革新）のプラス面と，組織の硬直化のマイナス面を生み出すものであった。海外のネットワークは，新たな価値基準を持つ，緩やかな紐帯を持つもので，自らの強みを補強する情報・知識・資源の獲得を可能とするプラス面を生み出すものであった。

結果として，海外市場における技術優位性を活かした市場ニーズ先行型の現地資源の獲得は，脱下請・水平的関係に基づく新たな「関係性」をもたらしていた。国内のしがらみのある（従属的関係のもとでの請負に限られた）価値基準のもとでは，「改善」に徹することで技術・技能が磨かれていったが，この水平的関係の中では，既に保有している技術力等の強みをどのように活かしていくか，といったマーケティング能力が試された。新たな価値基準のもとで得られる知識は，技術優位性の再確認とその優位性の新たな使い道を切り拓く能力を磨く暗黙知となっていた。この暗黙知は，現地拠点に蓄積し，企業家ネットワークとの共同開発や分業のもと，一からの製品・サービス開発の着想・着手へと展開されていた。すなわち，現地の新たな価値基準を持つ企業家ネットワークとの，組織を越えた水平的関係性が，現地主導のLGTのような役割を担い，現地発イノベーション活動の母体となっていたといえる。「産業集積への埋め込み」のくだりで詳しく述べたように，LGTとほぼ同様（しかし緩やかな関係性）の機能とみなせるこのネットワークには，コミュニケーション・チャネルを介在する現地人材が重要な役割を果たす。これは情報の粘着性を克服するための作業においても，暗黙知を伝える文脈の「トランスレーター」としての現地人材の役割は大きい。同時に，日本人材の吸収能力の役割も大きい。それゆえ，現地人材の育成と日本人材の能力構築が重要となる。そして，このバリューネットワークは，人材育成・能力構築としての機能も担っている。つまり，現地の新たな価値基準を持つ企業家ネットワークとの組織を越えた水平的関係性が，中小企業の資源の限界を克服しつつ，現地発イノベーション活動の母体となって機能している。こうした水平的関係性のもとで，知識の共有化を通じて，能力構築がもたらされるのである。

【リサーチクエスチョン3】

日本中小企業は，いかにして海外市場に介入し，現地発イノベーションを起こすのか。

このリサーチクエスチョンに対する結論は以下の通りである。

・強みとなっている技術情報などの内部情報をオープンに示し，自社の開発力・優位性を積極的に営業することが，事実上のマーケティング活動となり，企業家コミュニティへの入り口となる。

・信頼関係に基づく緩やかな関係性のもと，企業内で展開する知識創造プロセスの範囲が組織の境界線を越えて，バリューネットワークの内において，「暗黙知の共有」が行われる。

・自らが身を置くネットワーク内の資源の補完・共有・供給を行うプロセスにおいて，バリューネットワークの構成員同士のインタラクティブな関係性が構築され，知識の吸収や「気づき」を得て，イノベーションが誘発される。

紺野・野中（1995）は，「暗黙知」と「形式知」の2つは通底しているが，アナログとデジタル，経験と言語というような対照的な性格を持つので，そこにダイナミクスが起こることになり，暗黙知と形式知を絶えずスパイラルアップさせることが知の源泉，知の創造プロセスの基本（SECIモデル）になる，と説明する。すなわち，イノベーションは，Face to Faceの関係性をベースとして，この2つの対照的ともいえる暗黙知と形式知が繰り返し相互に結合していくプロセスの中で学習が促されことで生じるものである。4つの事例企業からは，知識創造プロセスの中で新たなアイデアが生まれたり，そのアイデアを具現化するビジネスモデルが生まれたりする事実発見があった。ここでのポイントは，Nonaka & Takeuchi（1995）の知識創造プロセスは，組織内における暗黙知と形式知の「スパイラルアップ」の重要性を論じているが，事例企業における知識創造プロセスは，企業内で展開するこの知識創造プロセスの範囲を組織の領域を越えて，地域（集積・コミュニティ）に範囲を広げる形で，「暗黙知の共有」が行われていた。そして，形式知から暗黙知への内面化に至るプロセスにおいては，組織の重要人物（あるいはローカル人材の）の移動・異動を介して，本国ないし他地域拠点に横展開されていた。この事実発見は，野中が提唱したSECIモデルの拡張可能性を内包している。そもそも地理的近接性のある地域では，Face to Faceのコミュニケーションは物理的に容易であり，暗黙知の共同化が図りやすくイノベーション活動に繋がりやすい。とりわけ海外の日本人の企業家コミュニティや，海外のしがらみの少ない環境は，狭い地域コミュニティであるほど緩やかな紐帯は心理的にも形成しやすい実態となっている。オープン・イノベーションの概念になぞらえてみると，自らが身を置くネットワーク内の資源の補完・共有・供給を行うプロセスにおいて，その構成員同士のインタラクティブな関係性が構築され，この関係性から知識の吸収や学習が促されることで，イノベーションが誘発されていくことになる。大企業にあっては，機密情報の漏洩のリスクから，オープン・イノベーションへの躊躇がみられる一方で，中小企業にはこの躊躇があまり見られない。その理由に，大企業に比べ失うものが少ないことは言うまでもない。これに加え，「特定分野の」それも模倣されにくい「専門化された暗黙知（技能や開発力）」が強みとなっているからである。何より，これらの情報は流出しても，簡単に真似できるものではない。積極的にその開発力をオープンのすることで，「組み合わせ」の仕事が増えるメリットがある。本研究で取り上げたケースでは，むしろ，強みとなっている技術情報をオープンに示し，現地企業との共同開発や分業のもとで，一から試作品や新商品・サービスを開発することで，自社の開発力を積極的にアピールしていた。互いがオープンに情報と課題を示すことで，ニーズやシーズが明確になるとともに，共同開発のメリットも鮮明になる。このような「営業」が事実上の「マーケティング活動」となり，企業家コミュニティへの入り口となり，現地資源の動員と暗黙知の共同化に結び付いている。もちろん，海外における日本人コミュニティについては，娯楽等のイベントを介して関わることが多く，企業規模の壁を越えて日本国内よりもはるかに付き合いやすい（入り口として入りやすい）傾向がある。

【リサーチクエスチョン4】

日本中小企業は，いかにして必要となる資源を現地で動員し，イノベーション活動に結び付けるのか。

このリサーチクエスチョンに対する結論は以下の通りである。

・実践コミュニティ（公式な商談のほかに，非公式な勉強会など）がコミュニケーション・チャネルとなり，「情報の粘着性」を薄める機能をはたす。

・現地のニーズは，国内よりも複雑で難しいものも多いが，そこでは，必ずしも新しい複雑な技術の開発を必要とせず，顧客や市場の直接的な課題解決や利便性の向上をもたらす新しいアイデア（用途・機能やサービス）を実現することのブレークスルーを発見する場として，機能する。
・こうした情報の粘着性を乗り越えるプロセスが，企業（開発者・企業家）の学習を促し，新たな事業機会の発見やアイデア，簡単には模倣できない知識（新結合）へと結びつける。

前掲の営業の積極性を後押ししているのが，海外市場の環境にある。長年の取引関係から積極的な営業をしてこなかったが，しがらみのない解放感のある海外市場では躊躇なく，新たな市場開拓ができる。国内のしがらみの中では，営業を躊躇していた取引先（異なる大手系列企業など）でも，何の躊躇もなく営業ができるケースが多く，実際に新たな販路開拓に繋がるケースも少なくない。特に，「無名」の中小企業であっても，海外市場では日本の技術や開発力，働き方は尊敬されている。ドブ板営業は，どの国においても大変には違いないが，しがらみがないゆえの営業や新たなチャレンジのしやすさもある。ここでのポイントは，単に，しがらみからの脱却し，営業やマーケティングを積極的に行うという単純な話ではなく，「情報の粘着性」をどう乗り越えるかが重要な鍵を握る。これは，日本人コミュニティに対してのみならず，地場の企業家コミュニティや現地市場に対しても同様に効果的といえる。海外市場の現場の情報（顧客ニーズ）が重要となるが，現実には両者を繋ぐ仕組みは単純ではない。開発側の日本中小企業は特定分野の情報・技術・サービスに精通しているが，現場（ユーザー）の情報・顧客ニーズには疎い。また，ユーザー側は現場の情報（ニーズ・課題）などに精通しているが，日本中小企業の情報・技術・サービスには疎い。そのため，これらのニーズと情報・技術・サービスを直接的につなぎ合わせイノベーションを創出するためには，現場と現場の緻密なコミュニケーションに基づいた共同作業が不可欠となる。しかし，通常，企業は企業内部の垣根を越えるコミュニケーションや企業間ネットワークのしがらみを越えるコミュニケーションそのものが容易ではない。事例企業は，現場との緻密なコミュニケーションの手段として，公式な商談や共同開発のほかに，非公式な勉強会やコミュニケーション・チャネルを設けていた。例えば，イタリアのF社は，展示会，インスタレーションや体験工房の開催などの場を設けていた。タイのM社の事例では，技術学校や異業種研究会の場を設けていた。フィリピンのG社は，非公式のゴルフ会や勉強会などがあった。ハワイのC社は，ハワイ盛和塾やローカル企業家コミュニティとの食事会/飲み会などの非公式の場があった。公式/非公式問わず，こうした場がコミュニケーション・チャネルとなり，情報の粘着性を薄める機能をはたしていた。現場のニーズは，国内よりも複雑で難しいものも多い。しかしそこでは，必ずしも新しい複雑な技術の開発を必要とせず，顧客や市場の直接的な課題解決や利便性の向上をもたらす新しいアイデア（用途・機能やサービス）を実現することのブレークスルーを発見する場として，機能していた。なぜならば，この場における共通の目的は，技術の革新ではなく何か具体的な課題解決であり，そこには必ずしも高度な技術を用いらずとも解決できるからである。こうした現場の課題は，グローバルに通じる場合も少なくない。このように，情報の粘着性を乗り越えるプロセスが，企業（開発者・企業家）の学習を促し，新たな事業機会の発見やアイデア，簡単には模倣できない知識（新結合）へと結びついていたのが，事例企業からの発見事実である。このメカニズムが現地発イノベーションを起こす源泉といえそうである。

以上の分析から概ね本研究のリサーチクエスチョンに対する解に応えられたのではないかと考える。

事例分析の結果から，事実，海外進出先において中小企業は競争劣位の実態から外部資源に高く依存する形で現地資源を獲得し，自社の強みとの補完・結合を図り，結果的に海外展開を機に劇的な変化を起こしていたことを確認できた。生き残りのために，市場のニーズはもちろんのこと，現地の経済社会性への適応を余儀なくされる実態の中で，試行錯誤が繰り返されるアントレプレナーシップの発揮と現地人材の育成が，日本では創出されなかったイノベーション活動を創出するのである。事例企業においては，このプロセスに，日本中小企業ならではの（1）迅速な意思決定，（2）機動性，（3）特定分野の専門性，(4) 非階層性組織構造，などの強みがいかんなく発揮されていた。すなわち，日本中小企業の現地発イノベーション戦略は，（リスクは前提としつつも）抜本的な変化を生み出すという意味での，海外展開における成長戦略の有効性が確認できた。これらの強みを戦略的に使って，現地資源を能動的に活用し，現地発のマーケティング活動を行えば，競争劣位を補うばかりでなく新たな優位性を再構築できる。

上掲の分析でも確認してきたとおり，中小企業にとって現地資源（産業集積）にネットワークを張り巡らせることは，必要条件となる。中小企業・起業家は，巧みに地域内コミュニティに自らを埋め込み，「学習」を促進させ，知識創造に結び付けていけるかが発展条件となる。その集積は国内に限らずグローバルに選択可能となっている。それゆえ，日本中小企業がグローバルな事業展開をする中で，国内と進出先との「分業と棲み分け」「産業集積における地域資源」を巧みに有効利用することで，自らの経営資源の限界を克服する。加えて，しらがみから脱却し，新たな水平的かつ緩やかな，風通しの良い関係性を再構築し，その関係性の中から情報・資源を動員し，学習を繰り返すことで，新たな優位性を再構築することが可能となり，競争力のある知識創造企業へと成長できるのである（図9-1）。

翻って，海外拠点でイノベーション活動それ自体を展開できていない日本中小企業があまりにも多い実態は，日本での「関係性」をそのまま海外に持ち込む，あるいは日本で培ったビジネスモデルを移植する，もしくは，現地の状況に合わせて「適応」させるレベルにとどまるものが多く，いかに現地にネットワークを張り巡らせ，そのネットワークに自社を埋め込み，現地との関係性を新たに築けている中小企業が少ないかを物語っている。現地との関係性を重視し，現地にネットワークを張り巡らせ，資源を動員するための関係性を構築する（埋め込む）ことが，現地発イノベーションにむけた第一歩といえよう。すなわち，現地のネットワークないし産業集積への埋め込みの「条件」など，一定のハードルを満たす中小企業にして，はじめて現地発イノベーションの実現可能性が高くなるのである。

【図9-1】日本中小企業の現地発イノベーション概念化モデル

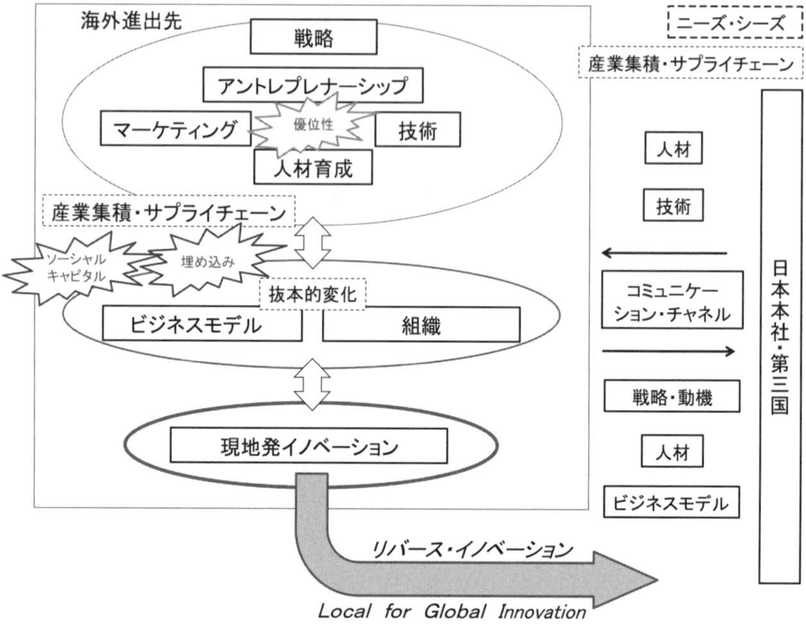

（出所）筆者作成

このように，海外拠点を起点として「競争劣位」を補う形で，現地にネットワークを張り巡らせ，関係性を構築し，日本から持ち込む何か突出した強みと現地資源との掛け合わせによって，優位性を再構築することが，海外展開を行う日本中小企業の有効な成長戦略となるだろう。すなわち，マーケティングによって，現地課題解決のための資源を，現地集積から能動的に獲得し，日本から持ち込む強み（技術・経営管理等）と戦略的に融合することで，現地からイノベーションを起こしていくことが基本構造となる。この戦略モデルの実現には，ビジネスモデルと組織の抜本的な変革を厭わないアントレプレナーシップ能力の構築（あるいは前提条件として持ち合わせていること）が強く求められる。

4. インプリケーション

（1）理論的含意

以上の研究結果から次の3つの理論的インプリケーションを示す。一つ目は，重要度の認識ギャップを埋めるための暗黙知の共同化プロセスが重要となることを示す。二つ目は，現地の困難な課題を解決するのに先進国から持ち込む高い優位性を用いることで，他の能力を引き上げ，グローバルに発展するイノベーションに育つ可能性があることを示す。三つ目は，一つの秀でた能力が他の能力を引き上げるには，既存のしがらみからの脱却と，信頼関係に基づく緩やかな紐帯による関係性を構築しつつ，現地ネットワークへ自らの存在を能動的に埋め込んでいくことが不可欠になることを示す。

既に論じてきたように，Govindarajanのリバース・イノベーション論の貢献は，現地で新たに結成されるLGTが主体となることで，現地のゼロベースからの開発の有効性とマインドセットの転換の必要性を示したことにある。

一方で，現地発イノベーションを起こすために，LGTのような機能を果たす子会社組織の構成員がどのように，現地資源を獲得・活用し，暗黙知の共同化を図っていくのか。それをグローバルに（発展）移転させるために，どのような仕組みのもと，どのような能力を発揮し，どのような知識の共同化の末に，グローバル・イノベーションへと発展させることを可能とするのか，その説明が十分ではなかった。この解を求めて，本研究では，企業の国際化のプロセスに「産業集積の概念」と，日本中小企業を分析対象として「しがらみ」からの脱却と，新たなネットワークへの「埋め込み・関係性の構築の概念」，さらには人の物理的移動に伴う「知識移転の概念」を持ち込むことで，現地拠点が現地発イノベーションを起こす具体的なメカニズムを探った。単純に，こうしたソーシャル・キャピタル論・埋め込み論・知識移転論を持ち込むのではなく，イノベーションを起こすプロセスで障壁となる「情報の粘着性」や「重要度の認識ギャップ」などを克服するための知識移転のあり方を探るために，

SECIモデルの組織・国境を越えるために，企業家がネットワークをどのように活用していくのかを明らかにした。日本中小企業がこれを可能とした説明に「バリューネットワーク」の「移籍」の概念を持ち込んだ。

本来，イノベーションは「市場の課題」「社会課題」を解決することで社会・経済を発展させるものであり，リバース・イノベーション論もそうであるように，市場における現場の課題を発見し，それを解決していく機会を見出し，その方法を開発するところからすべてがはじまる。それゆえ本研究では，この原理原則に立ち返り，「現地発イノベーション」（Local for Globalのイノベーション）の仕組み（メカニズム）に着目した。

リバース・イノベーション論では，「現地発イノベーション」を起こすためにLGTの設置とそれへの権限移譲の重要性を説いている。その重要性については，本研究も支持する立場を取っているが，むしろそれ以上に本研究は，リバース・イノベーションの実現には，「暗黙知の共同化（重要度の認識ギャップを埋める）」プロセスが重要であることを強調したい。新興国で，技術を落とすイノベーション活動となる場合，この認識ギャップの解消は，より一層重要になる。技術は，先進国本社のR&D部門の開発者にとって，本来「技術」は「進化」させるもので「後退」させるものではないと考えられているからである。課題解決のために後退した技術の活用が有効だとしても，通常，そこにインセンティブは，本国の開発者には働かない。他方で，本来，イノベーションの命題は，市場の課題を解決することにある。そして，市場の重要度の認識は，課題認識の程度によって規定される。そこに，LGTの設置が求められることを示したのがリバース・イノベーション論である。しかし，そもそも現実的には，現地発イノベーションの重要度（必要性）を十分に認識されない段階でLGTの設置自体難しく，仮に設置に至ってもLGTを機能させることは現実的に容易ではない。これに対し，本研究では，重要人物（本国の意思決定権を持つトップマネジメントと技術者）が，自ら本国と現地を行き来し，現地の企業家ネットワークに埋め込まれることで「暗黙知の共同化」を図る必要性を示した。それも，現地の企業家ネットワーク（つまり，バリューネットワーク）

の，本国とは異なる価値基準のもとで共同化を図ることで，重要度の認識とマインドセットの更新が効率的に進められることを明らかにした。

また，Govindarajanが強調するように，現地発イノベーションの出発点が「現地主導の活動」にあることに間違いないが，「現地発」「ゼロベースからの開発」には現実的には限界がある。現地資源と現地の知識だけでは，フルーガル・イノベーションを起こせても，それをグローバルに通用する水準まで育てることは難しいからである。これに対し，本研究では，現地での優位性の再構築には，本国（先進国）から何らかの優位性の持ち込みが必要となることを示した。そして，Govindarajanのリバース・イノベーションは，フルーガル・イノベーションからリバース・イノベーションに発展していく明確な要因について，「悪条件を乗り越えるブレークスルー」以上の解を示せていない。これに対して，本研究では，現場課題の問題解決に，本国から持ち込む「技術や開発力」といった「暗黙知」と，「現地人材の知識などの現地資源との掛け合わせるプロセス」が，ゼロベースから開発する「現地発イノベーション」活動を，国際的に競争力のあるイノベーションに育て上げる起点となる具体性を示した。すなわち，マーケティングによって明らかになった本国から持ち込むべき暗黙知を，進出国の暗黙知と共同化していくプロセスがLocal for Globalのイノベーションを創り出す起点となることを示した。この共同化と，そののちに製品・サービスが開発として表出化されるプロセスには，現地人材による「文脈」の「通訳」が必要となり，それゆえ，現地人材と日本人材双方の学習プロセスが重要になることを強調した。そこには，日本中小企業とこの一連のプロセスを共有する「ネットワーク」との「水平的補完関係」が不可欠で，このネットワークが持つ「価値基準」によって自社の優位性の活かし方もアウトプットも変わるゆえに，これを「選択」「埋め込み」できる「アントレプレナーシップ」が，現地発イノベーションの巧拙を規定することを示した。このように，本研究では，Local for Globalのイノベーションを起こすために，イノベーション活動の担い手となる企業家（日本中小企業）の，資源獲得から実現までのプロセスと要因に着目しながら，反転のイノベーションの観点から，現地発イノベーションの発生メカニズムを明らかにした。この発生メカニズムについての示唆は，リバース・イノベーション論を発展に新たな知見を与えているものと考える。

最後に，なぜ日本中小企業がLocal for Globalのイノベーションを起こすことができたのかに対する理論的含意を示唆しておきたい。Local for Globalのイノベーションを起こすには，情報の粘着性と重要度の認識ギャップを克服すべく，(1) 本国と現地の活発なコミュニケーション，(2) 現地の企業家ネットワークとの活発なコミュニケーション，(3) インセンティブ（あるいはモチベーション）と評価，(4) 国境を跨ぐ暗黙知の共有化，が必要になる。一般に，規模的特性の違いによる優位性からして，これらは大企業よりも中小企業の方が対応しやすい。実際に，事例企業の中小企業もそうであった。日本中小企業は，しがらみから脱却し，現地の産業集積にネットワークを張り巡らせ，新たなバリューネットワークに参加することで，これらへの対応能力が，より自律的に発展向上していく。もともと保有している「技術力」という暗黙知の使い道を，マーケティングによって認知することによって，ゼロベースからの開発がはじまる。この開発成果（アウトプット）を目標（あるいはモチベーション）として，必要な資源の獲得と組織体制の再構築が行われる。事例企業から明らかにされたのは，この再構築のプロセスに，本国重要人物と現地拠点重要人物が当事者として関わり，現地と本社を行き来し，コミュニケーション・チャネルに介在することで，上掲の4つの必要条件が一つ一つクリアされていった実態である。本研究では，このような日本中小企業におけるしがらみからの脱却と，新たなバリューネットワークへの参入がもたらす意味を示し，現地発イノベーションを起こす組織と国境を跨ぐ知識移転の実態を実証的に明らかにすることで，些かなりともリバース・イノベーションに関連する先行研究に新たな知見を加えているものと考える。

(2) 政策的含意

本研究の結論から導出できる政策的含意として，日本中小企業の海外展開におけるイノベーション活動に対する政策支援拡充の必要性が指摘できる。具体的には，①事前準備におけるマーケティング能力と人材育成制度の構築支援，②進出後の進出国におけるマーケティング活動支援，③進出後の法的リスク管理支援への支援拡充の3点が指摘できる。

まず，①事前準備については，本研究では，国内における何らかの強みを海外進出先に持ち込み，それを海外市場で発見する資源と掛け合わせることで，優位性を再構築することの重要性を明らかにした。同時に，現地発の企業活動には，日本人材から現地人材への知識移転やリスク管理，マネジメント・コントロールなど新たな取り組みに対応できる人材の育成が不可欠となることを明らかにした。しかしながら，多くの（とりわけ製造業に関わる）日本中小企業が，日本国内市場のしがらみや独特の文化・風習によって，そうした「マーケティング活動」に関わる能力が育っていないことを忘れてはならない。各事例で見てきたように，国内市場では業界特有の「分業」や「しがらみ」のもとにある暗黙のルールの中で，特段，積極的なマーケティング活動を行わなくても存立できた時代があった。その分，技術・技能の習得に集中できたり，一方的な厳しい要求に応えてきたりしたことが，日本中小企業の技術力や適応力を高めてきたことも事実であろう。重要なことは，そうした日本中小企業が海外市場に進出してはじめてマーケティング活動やそうした能力を育てるための新たな組織基盤の必要性に直面している事実である。こうした点を踏まえると，事前準備段階でのマーケティング活動や組織基盤の再構築（とりわけ現地人材の育成制度）についての重要性を周知するとともに，そうした取り組みの国内での研修支援を強化していくことが期待される。

次に，②進出国でのマーケティング活動については，本事例分析では海外進出後のイノベーション創出には，ビジネスモデルが抜本的に変化していくほどに，様々な要素に変化を起こしていく活動が展開されていくことを指摘した。具体的には，顧客，製品・サービス，流通，場合によっては提供価値そのものまでもが国内とは全く異なる形として変化を起こしていくことを明らかにした。しかしながら，多くの日本中小企業が事例分析で示したイノベーション創出要素をセットで実現できていない。例えば，個々の要素であれば，新たな顧客の開拓を実現できている企業は多くても，流通や製造方法，提供価値までセットで変化できている企業は少ない。現状，海外販路開拓に成功している日本中小企業の多くが現地展示会やバイヤーとの商談会を活用しているケースが多く確認できるが，持続的成長を視野に入れた海外展開では，単に商品・サービスを海外で売るためだけではなく現地で「イノベーション創出」につなげるためのマッチングの機会が必要とされている。すなわち，現地資源活用に向けたネットワーク構築の支援であり，そのネットワークを活用した現地でのマーケティング活動の実行支援を強化していくことが重要と考える。

最後に，③法的リスク管理支援については，本研究の事例分析（第8章）では，イノベーション活動におけるアクセルとブレーキの両輪の機能が不可欠となることを指摘した。日本中小企業の海外でのイノベーション活動において重要なのが，現地人材のリスク管理に失敗すると，その失敗が本国本社や第三国拠点へも大きく影響を及ぼすということである。こうした事態は避けなくてはならない。逆に，事例分析で明らかにしてきたように，海外でのイノベーション活動には，現地人材の育成と知識移転が大きく関係している。このマネジメントがうまくいけば，イノベーション活動は軌道に乗り，そこで再構築されたシステムは，本国本社や第三国拠点へよい影響を及ぼす。この流れを創り出すためにも，法的リスク管理のための研修支援の拡充が急がれる。

5. 残された課題

ここまで，日本中小企業における海外進出後のイノベーション活動の実態を明かにするために，現地発のマーケティング，技術を活用した現地優位性の再構築，アントレプレナーシップ，人材育成といったイノベーション活動の各実現要素のメカニズムについて，各種統計データやアンケート調査，事例研究を通じて分析を行ってきた。本研究は，これまであまり日本中小企業の現地拠点をイノベーションの視点から議論されることがなかったことに対し，その実態を明かにできたことは些かなりとも貢献があったと自負している。また，リバース・イノベーション論そのものを発展させるための僅かながらの示唆を与えることができたものと自負しいている。一方で，多くの課題が残されているのも事実である。ここでは，主に，今後の研究課題について述べたい。

第一に，中小企業の海外進出先におけるイノベーション活動による成長戦略についてより多方面から分析し，その実態を明らかにする必要がある。中小企業が現地で展開する成長戦略のあり方は，本研究で採り上げたビジネスモデルや組織の抜本的な変革だけではない。現地での異文化マネジメントへの取り組みや，M&A・アライアンスの強化，現地に進出する欧米系メーカーの開拓など，様々なあり方が考えられる。こうした動きは，進出国や業種，国内での優位性によって異なることが想定される。こうした視点から深掘りすることで，中小企業の海外進出先におけるイノベーション活動による成長戦略についてより多面的に明らかになるだろう。そのためには，例えば，異文化多彩な地域に長期にわたって存続する海外拠点を分析対象として，多文化地域における現地発イノベーションと異文化マネジメントとの関係性を分析することなどが想定される。

第二に，日本的経営と技術優位性の関係性にかかわる分析視角を，先行する研究史の中から位置付ける作業を今後も引き続き掘り下げる必要がある。本研究では，日本中小企業がグローバルな事業活動を展開する中で，諸外国の産業集積の構成要員として，国際化における現地拠点でのイノベーション活動の実態を明らかにすることを重視した。そのため，海外進出後の「優位性再構築」に焦点を当てた分析視角となったが，海外日系企業論や技術移転論などの「日本企業研究」の先行研究を多面的に加えるとともに，例えば，日本から海外にわたって創業した「移住起業家」の実態との関連も絡めて分析を行うことで学際的発展の可能性が広がるものと思われる。

第三に，中小企業の国際化に関わる政策支援の有効性と限界について更なる具体的検証作業の必要がある。現在，日本中小企業の国際化の活発化と連動して，中小企業を対象とした国際化のための行政支援がより一層充実化してきている。新たな支援策の拡充については，上掲の政策的含意で述べてきたとおりであるが，現在支援されている中小企業の国際化支援の「評価」について充分な検証がなされていない。このような支援サービスが政策支援としてどの程度効果が期待できるのか，その限界がどこにあるのか，企業努力で注力すべき領域と有効となる支援策との領域の線引きをどこですべきか，支援を有効に活用できている中小企業とそうでない中小企業との違いはどこにあるのかなどを明らかにすることで，政策的含意の実効性を高めることができる。例えば，ジェトロなどの行政支援では，ジェトロのプロパーとは別に専門家を新たに採用しその専門家を要望のある中小企業にはりつけ，マッチングや研修等のソフト面における国外での支援をはじめたが，こうした行政支援の評価を分析することなどが想定される。

最後に，日本の中小企業の現地発イノベーションの概念を一般化していくためには，現地発イノベーションと時間軸との関係，中堅企業・大企業との比較，業種別の比較軸を加え精緻化していく必要もあるものと思われる。特に，海外拠点が主導するイノベーション活動に取り組む中小企業はいまだ少なく，こうした企業の戦略が長期的にも通用するのかといった点までは十分に議論できなかった。国際化する中小企業を短期的視点でとらえるだけでなく，長期的視点からも分析することで，中小企業の海外展開における成長戦略を理論化していくことが求められている。時間の経過に伴って，現地発イノベーション活動に取り組むも成果が出ない企業の数も増えてくる。こうした企業の「失敗要因」を分析することも，本研究の理論の蓋然性を高める重要な視点となるであろう。なお，本研究では日本中小企業の現地発イノベーションと人事評価や社外（バリューネットワーク）での学習の機会との関係に十分な定性的調査におけるサンプル数を確保することができなかった。現地人材のバリューネットワークの活用とイノベーション創出の関係性については更なるフォローアップ調査が必要となる。とりわけ日系コミュニティのみならず地場企業ならびに外資系企業との関係性にまで対象を広げた調査を行うことで本研究の提言をより意義深いものにするだろう。以上のように，本研究には，多くの残された研究課題がある。今後引き続き，これらの残された課題に問題意識を強く持ち，課題解決にむけ本研究の蓋然性を高める一層の努力をしていきたい。

※本書は，拙稿・吉田（2018）をもとに大幅な加筆・修正をしたうえでまとめた博士論文（埼玉大学学位請求論文：博第人社甲第17号）に更なる大幅な加筆・修正を施し，作成したものである。

謝辞

今回，改めて単著をまとめる際に痛感したのは，横浜国大の恩師である三井逸友先生（横浜国立大学名誉教授）の存在の大きさと感謝の思いである。修正を繰り返す中で，幾度となく「独創性」と「理論」の整合性における壁にぶつかったが，思考の極限でいつも頭に浮かんだのは，三井先生の「中小企業の実態の解明」に向き合うブレないスタンスと姿勢であった。その背中から学ばせて頂いたことの大きさを痛感した次第である。当時，厳しくも温かい気持ちで，ご指導頂いた記憶が支えとなり，自分なりに，現場に寄り添う立場から「独創性」と「理論」に向き合うことができたのではないかと思う。心から感謝の意を伝えたい。

今回の単著のベースとなっているのは，筆者の「博士論文」である。本論文審査の主査をお引き受け頂いた井原基先生（埼玉大学大学院人文社会科学研究科教授）には，本研究の入口から出口までを丁寧に導いてもらった。時に応じて，研究の厳しさを幾度となく教えていただき，迷走する筆者に常に的確な助言をくださった。心から感謝を申し上げたい。井原先生のほか，審査には，石瑾先生（埼玉大学大学院人文社会科学研究科准教授），宇田川元一先生（埼玉大学社会科学研究科准教授）及び外部専門家に入って頂いた。審査員の先生方は，本研究分野における国際的視野からの助言を下さり，独創的な発想の大切さに気づかされた。周りからの貴重なコメントとご指導がなければ，本研究を完成させることはできなかった。心より深謝申し上げたい。

本研究で取り上げている事例調査では，忙しい時間を割いて，何度も快くインタビュー調査にご協力いただいた。それにもかかわらず，本論文の完成まで，長い時間を待たせてしまった。中でも，本論文の事例に挙げさせていただいた4社のタイM社のA社長，イタリアF社のF社長およびF部長，フィリピンG社のH社長およびK取締役ならびにBセブ支店長，ハワイC社のY社長には，本研究の開始以来，何年も定点観測のように幾度となくインタビュー調査にお付き合いしていただいた。現地のコミュニティをご紹介までしていただき，関係者へのインタビューの機会まで頂戴した。おかげさまで限られた時間での海外調査をより充実させることができた。インタビューに応じてくださったすべての関係者に対して，お礼を申し上げたい。

なお，本研究は科学研究費助成事業・基盤研究（B）海外学術調査（課題番号：26301025）「日本中小企業のアジア域内における分業構造とリバース・イノベーションとの関係性」及び，2019年度（財）産業構造調査研究事業助成事業「日本中小企業の海外展開における産業集積（ローカルコミュニティ）の活用と現地適応化のイノベーション創出による成長戦略に関する研究」の助成を受けている。記して感謝申し上げたい。これらの研究会において，議論に付き合ってくれた研究会の仲間であるロンドン大学SOASの篠沢義勝先生，獨協大学の高橋均先生，横浜市立大学の中山健先生，法政大学の丹下英明先生，立正大学の藤井博義先生，高橋俊一先生，日本政策金融公庫総合研究所の藤井辰紀様，日本貿易振興機構の相原君俊様に感謝の意を表したい。川邉信雄先生（早稲田大学名誉教授）には，現地調査の方法論に関する助言を賜り，精密さと分析の視点が改善され，本研究の完成度を高めることができた。同僚の長山宗広先生（駒澤大学経済学部教授）には，深夜遅くまで議論にお付き合い頂き，研究における「ディフェンス」の重要性をご指導頂いた。吉田敬一先生（駒澤大学経済学部教授）には論文の細部にまで目を通して頂き，貴重なコメントをくださった。厚く御礼申し上げたい。

また，ロンドン大学のHelen Macnaughtan先生，そして，ハワイ大学マノア校のKem Lowry先生，Makena Coffman先生，ハワイパシフィック大学Vince Okada先生，Peter J. Mataira先生方からは，本研究の方向性について多くのヒントを頂けた。JETROおよび日本政策金融公庫には，毎度無理なお願いばかりしているにもかかわらず，いつも快く情報や資料を提供して頂き頭が上がらない。厚く御礼申し上げたい。

本書の編集・出版には，同友館の佐藤文彦氏の労に負っている。この場を借りてお礼を申し上げたい。申し上げるまでもなく，本書における一切の誤りは筆者の責任に帰すものである。このほか，実に多くの同僚，諸先輩先生方から激励と建設的なコメントや批判をいただだいた。ここにすべての方や関係機関のお名前をここにあげることはできないが，その面々にも感謝の意を表したい。引き続き一層の努力のもとに研究教育成果を出し続けることで報いたい。最後に，ずっと応援し続けてくれた家族や友人，吉田ゼミのゼミ生諸君に，言葉に言い尽くせないほど心から感謝を申し上げたい。

みなさま，本当にありがとうございました。

2020年　恵風の世田谷駒沢にて　著者

参考文献

青葉ビジネスコンサルティング（2009）『日本企業のための中国労働法』蒼蒼社。
有賀敏之（2010）「グレーター天津日系企業の産業集積」名古屋学院大学論集 47（2），pp.65-102.
有田焼創業400年事業実行委員会（2013）「日本磁器誕生・有田焼創業400年事業基本構想」佐賀県。
アジア太平洋局地域政策課（2016）「目でみるASEAN—ASEAN経済統計基礎資料」外務省。
浅川和宏（2006）「メタナショナル経営論からみた日本企業の課題：グローバルR&D戦略を中心に」RIETI Discussion Paper Series06-J-030，経済産業研究所。
——（2007）「メタナショナル経営とグローバル・イノベーション：論点整理と問題提起」RIETI政策シンポジウム（2007年3月14日）。
——（2009）「メタナショナル経営の実証研究をめぐる課題」立教ビジネスレビュー2，『21世紀の重要な国際経営論の研究課題は何か』立教大学。
——（2011）『グローバルR&Dマネジメント』慶應義塾大学出版会。
——（2015）「グローバル・イノベーション経営の理論と実践」KBS特別講座第2回，慶應義塾大学経営管理研究科，pp.1-20。
芦塚格（2017）「アントレプレナーシップとエスニック・マイノリティ（第13章）」山田幸三・江島慶由裕編『1からのアントレプレナーシップ』中央経済社，pp.190-209.
天野倫文・新宅純一郎・中川功一・大木清弘（2015）『新興国市場戦略論—拡大する中間層市場へ・日本企業の新戦略』有斐閣。
井原基（2009）『日本合成洗剤工業のアジア進出—マーケティングと経営移転』ミネルヴァ書房。
植田浩史（2004）『戦時期日本の下請工業』ミネルヴァ書房。
馬成三（2000）『中国進出企業の労働問題—日米欧企業の比較による検証』ジェトロ。
大木裕子（2009）『クレモナのヴァイオリン工房 北イタリアの産業クラスターにおける技術継承とイノベーション』文眞堂。
小川進（2000）『イノベーションの発生論理—メーカー主導の開発体制を越えて』白桃書房。
金子秀（2006）『研究開発戦略と組織能力』白桃書房。
加藤秀雄（2003）『地域中小企業と産業集積—海外生産から国内回帰に向けて』新評社。

――（2011）『日本産業と中小企業―海外生産と国内生産の行方』新評社。
川上義明（2011）「中小企業の連携・連鎖と融合イノベーション―アジア大フルセット型産業構造構築化パラダイムにおいて：試論」福岡大学研究部論集，pp.5-16.
清成忠男（1970）『日本中小企業の構造変動』新評社。
――（1972）『現代中小企業の新展開』日本経済新聞社。
朽木昭文（2007）『アジア産業クラスター論 フローチャートアプローチの可能性』書籍工房早山，2007年6月。
グロービス経営大学院（2008）『グロービスMBAマネジメントブック』ダイヤモンド社。
玄場公規（2010）『イノベーションと研究開発の戦略』芙蓉書房出版。
――（2018）『ファミリー・ビジネスのイノベーション』白桃書房。
児玉文雄（1991）『ハイテク技術のパラダイム：マクロ技術学の体系』中央公論社。
後藤明・松原好次・塩谷亨編著（2004）『ハワイ研究への招待』関西学院大学出版会。
駒形哲哉（2005）『移行期 中国の中小企業論』税務経理協会，2005年7月。
――（2016）「第3章　中国進出日本中小企業の現状と課題」『東アジアの地域経済の発展と中小企業』晃洋書房。
紺野登・野中郁次郎（1995）『知力経営 ダイナミックな競争力を創る』日本経済新聞社。
佐賀新聞（2012）「深川製磁が抗菌食器 光触媒と釉薬を融合」2012年12月14日付。
――（2012）「深川製磁　阪急本店に関西の客層開拓狙う」2012年12月26日付。
――（2013）「有田焼400年　佐賀県が事業プラン発表」2013年9月3日付。
――（2013）「抗菌食器を陶芸市で販売 深川製磁」2013年4月19日付。
――（2014）「有田焼共販14年売上高，2年ぶり増19億6300万円」2015年6月20日付。
榊原清則（2012）「リバース（反転）イノベーションというイノベーション」国際ビジネス研究4（2），国際ビジネス研究学会，pp.19-27。
佐々木信彰（2010）『構造転換期の中国経済（世界思想ゼミナール）』世界思想社。
ジェトロ（2010a）「天津市の概況と投資環境」ジェトロ北京センター。
――（2010b）『ジェトロ世界貿易投資報告2010年度版』日本貿易振興機構。
――（2015）「タイ日系企業進出動向調査2014年」ジェトロバンコクセンター。
――（2017）「ホノルルスタイル」日本貿易振興機構。
――（2018）「在タイ日系企業の投資動向」ジェトロバンコクセンター。
――（2019）「2018年度日本企業の海外事業展開に関するアンケート調査～JETRO

海外ビジネス調査～」日本貿易振興機構。
城川俊一（2008）「知の創造プロセスとSECIモデル：オープン・イノベーションによる知識創造の視点から（阿部照男教 授退職記念号）」経済論集，第33巻第2号，東洋大学，pp.27-37.
スコット・ギャロウェイ（2018）『the four GAFA 四騎士が創り変えた世界』東洋経済新報社。
清晌一郎・遠山恭司・伊藤誠悟・菊池航・西岡正・目代武史・木村弘・田村豊・青木克生・折橋伸哉・小林英夫・金英善（2016）『日本自動車産業グローバル化の新段階と自動車部品・関連中小企業』社会評論社
瀬口清之（2010）「中国の経済発展方式の転換と産業集積の形成」『証券アナリストジャーナル』証券アナリスト協会，pp.50-59.
総務省統計局編（2016）「世界の統計」バンコク週報，第1762号。
髙橋美樹（2012）「イノベーションと中小企業の企業成長（第9章）」小川正博/西岡正（編）『中小企業のイノベーションと新事業創出』同友館，pp.212-232.
髙橋俊一（2018a）「知識移転の観点からの日本中小企業のリバース・イノベーション実現の条件（第3章）」『中小企業のリバース・イノベーション』同友館，pp.24-43.
髙橋均（2018b）「中小企業の海外展開における法的視点からのリスク管理（第12章）」『中小企業のリバース・イノベーション』同友館，pp.263-275.
丹下英明・金子昌弘（2015）「中小企業による海外撤退の実態」日本公庫総研レポート，日本政策金融公庫，pp.15-24.
丹下英明（2016）『中小企業の国際経営：市場開拓と撤退にみる海外事業の変革』同友館。
中小企業庁（2005）『中小企業白書2005年版』ぎょうせい。
――（2010）『中小企業白書2010年版』ぎょうせい。
――（2011）『中小企業白書 2011年版』ぎょうせい。
――（2012）『中小企業白書 2012年版』日経印刷。
――（2014）『中小企業白書 2014年版』日経印刷。
――（2015）『中小企業白書 2015年版』日経印刷。
――（2016）『中小企業白書 2016年版』日経印刷。
――（2017）『中小企業白書 2017年版』日経印刷。
――（2018）『中小企業白書 2018年版』日経印刷。
帝国データバンク（2016）「米国進出企業実態調査」。

電通報（2015）「ミラノ万博閉幕日本館はパビリオンサプライズ」2015年11月5日付。
天津市统计局（2009）「天津统计年监2009」中国统计出版社，2009年。
董和平/韩大元/李树忠（2000）『宪法学』法律出版社，2000年。
中村久人（2010）「トランスナショナル経営論以降のグローバル経営論」『経営論集』75号，東洋大学，pp.99-112.
中沢孝夫（2012）『グローバル化と中小企業』筑摩選書。
中山健（2018）「中小企業のリバース・イノベーション―海外経営戦略における新潮流の実態（第5章）」『日本中小企業のリバース・イノベーション』同友館，pp.87-108.
長山宗広（2012）『日本的スピンオフ・ベンチャー創出論―新しい産業集積と実践コミュニティを事例とする実証研究』同友館。
西澤昭夫・福嶋路（2005）『大学発ベンチャー企業とクラスター戦略―日本はオースティンを作れるか』学文社。
西澤昭夫・金井一賴他（2012）『ハイテク産業を創る地域エコシステム』有斐閣。
日本経済新聞（2014）「有田焼の中小窯元売上高が最低13年，佐賀財務事務所調べ」2014年6月25日付
日本政府観光局（2016）「JNTO訪日旅行データハンドブック（世界20市場）」日本政府観光局。
日本政策金融公庫総合研究所（2014）『海外市場に挑戦する中小サービス産業』総合出版。
博報堂コンサルティング（2014）『経営はデザインそのものである』ダイヤモンド社。
浜松翔平（2016）「顧客追従型転換行動のメカニズム―固定的取引関係に依存した中小企業の国内拠点の活動転換」赤門マネジメント・レビュー 15（9），pp.439-452.
長谷川礼（2014）「国際ビジネスの諸理論」江夏健一他『国際ビジネス入門』中央経済社，pp.41-57.
林幸治（2016a）「第8章 歴史から見た中小企業の海外進出」『中小企業のアジア展開』中央経済社，pp.99-114.
林倬史（2016b）『新興国市場の特質と新たなBOP戦略―開発経営学を目指して』文眞堂。
藤井博義（2018）「中小企業のリバース・イノベーションとマネジメント・コントロール（第4章）」『中小企業のリバース・イノベーション』同友館，pp.65-86.

藤澤武史（2015）「トランスナショナル経営論対メタナショナル経営論に関する比較考察」社会学部紀要121，関西学院大学，pp.7-17.

北京市统计局/国家统计局北京调查总队（2009）「北京统计年监2009」中国统计出版社，2009年。

丸川知雄・駒形哲哉（2012）「発展途上国のキャッチダウン型イノベーションと日本企業の対応―中国の電動自転車と唐沢製作所」RIETI Discussion Paper Series 12j-029，pp.1-19.

丸屋豊二郎・丸川知雄・大原茂樹（2005）『メイド・イン・シャンハイ 躍進中国の生産と消費』岩波書店。

三井逸友（2007）「地域イノベーションと地域の再生」『ECPR』21（えひめ地域政策研究センター），pp.3-14.

――（2011）『中小企業政策と「中小企業憲章」―日欧比較の21世紀』花伝社。

港徹雄（2011）『日本のものづくり　競争力基盤の変遷』日本経済新聞出版社。

山倉健嗣（2012）「国際経営戦略論の構成」横浜経営研究33（4），横浜国立大学，pp.93-102.

山田幸三（2017）「アントレプレナーシップの基礎理論」山田幸三・江島由裕編『1からのアントレプレナーシップ』中央経済社，pp.4-16.

矢口祐人（2002）『ハワイの歴史と文化』中公新書。

山下昇（2003）『中国労働契約法の形成』信山社，2003年3月。

山藤竜太郎（2014）「海外事業と国内事業の両立可能性：ブーメラン効果に注目して」『日本中小企業学会論集』同友館，pp.199-211.

吉田健太郎（2011）「現代中国における日系中小企業の経営課題―天津地域における労働法実務からの示唆」立正経営論集，第43巻第1-2号，立正経営学会，pp.59-106.

――（2014）『地域再生と文系産学連携』同友館。

――（2016）「中小企業の海外展開と「逆流」経営戦略―伝統地場産業の日本的リバース・イノベーションを事例として」立正経営論集，第48巻第1号，立正経営学会，pp.77-106.

――（2017）「中小企業の新たな国際経営戦略に関する予備的考察」立正経営論集，第49巻第2号，立正経営学会，pp.1-26.

――（2018）『中小企業のリバース・イノベーション』同友館。

――（2019）「日本中小企業の海外拠点における『現地適応化イノベーション』に関する一考察―タイに進出した中小製造業A社の事例」立正経営論集，第51巻第

1号，pp.53-79.
流通ニュース（2014）「三越伊勢丹HD/クールジャパン機構とマレーシアで新企画」2014年9月25日付
有価証券報告書（2015）「深川製磁株式会社（E01132）」金融庁。
渡辺深（2015）「『埋め込み概念』と組織」組織科学49（2），組織学会，pp.29-39.
渡辺幸男編（2007）『日本と東アジアの産業集積研究』同友館。
――（1997）『日本機械工業の社会的分業構造』有斐閣。

Acs, Zonltan (2005), *Regional Innovation, Knowledge and Global Change*, Routledge.
Afuah, Allen (1998), *Innovation Management: Strategies, Implementation*, and Profits, Oxford University Press.
Adner, Ron & Kapoor, Rahul (2016), "Right Tech, Wrong Time", *Harvard Business Review*, pp.60-67.
Barney, Jay (1991), "Firm Resources and Sustained Competitive Advantage", *Journal of Management*, 17(1), pp.99-120.
Bartlett, Christopher & Ghoshal, Sumantra (1989). Managing Across Borders: The Transnational Solution, Harvard Business School Press（吉原英樹監訳『地球市場時代の企業戦略』日本経済新聞社，1990年）.
―― (1990), "The Multinational Corporation as an Interorganizational Network", *Academy of Managent Review*, 15(4), pp.603-625.
Birkinshaw, Julian & Hood, Neil (2000), "Characteristics of Foreign Subsidiaries in Industry Clusters". *Journal of International Business Studies*, 31(1), pp.141-154.
Brannen, Mary & Wilson, James (1996), "Recontextualization and Internationalization: Lessons in Transcultural Materialism from the Walt Disney Company", *CEMS Business Review*, 1, pp.97-110.
Brannen, Mary (2004), "When Mickey Loses Face: Recontextualisation, Semantic Fit, and the Semiotics of Foreignness", *Academy of Management Review*, 28(4), pp.593-616.
Branscomb, Lewis (1992), *Beyond Spinoff : Military and Commercial Technologies in a Changing World*, Harvard Business School Press.
Buckley, Peter & Casson, Mark (1976), *The Future of the Multinational Enterprise*, Macmillan（清水隆雄訳『多国籍企業の将来』文眞堂，1993年）.
Cantwell, John (1989), "The Changing Form of Multinational Enterprise Expansion

in the Twentieth Century". *Historical Studies in International Corporate Business*, pp.15-28.

Chen, Chung-Jen & Huang, Jing-Wen (2009), Strategic Human Resource Practices and Innovation Performance-The Mediating Role of Knowledge Management Capacity. *Journal of Business Research*, 62(1), pp.104-114.

Chesbrough, Henry (2003), *Open Innovation: The New Imperative for Creating and Profiting from Technology*, Harvard Business School Press.

——(2006), *Open Business Models: How to Thrive in the New Innovation Landscape*, Harvard Business School Press.

——(2011), *Open Service Innovation: Rethinking Your Business to Grow and Compete in a New Era*, Jossey-Bass.（博報堂大学ヒューマンセンタード・オープンイノベーションラボ監修・監訳『オープン・サービス・イノベーション 生活者視点から，成長と競争力のあるビジネスを創造する』CCCメディアハウス，2012年）.

Chesbrough, Henry & Vanhaverbeke, Wim & West, Joel (2008), *Open Innovation: Researching a New Paradigm*, Oxford University Press.

Chini, Tina (2004), *Effective Knowledge Transfer in Multinational Corporations*, Palgrave Macmilan.

Christensen, Clayton (1997), "*The Innovator's Dilemma: When New Technologies Cause Great Firms Fail*", Harvard Business School Press.（玉田俊平太監訳・伊豆原弓訳『イノベーションのジレンマ—技術革新が巨大企業を滅ぼすとき』翔泳社，2001年）.

Christensen, Jesper & Drejer, Ina (2005). "The Strategic Importance of Location: Location Decisions and the Effects of Firm Location on Innovation and Knowledge Acquisition", *European Planning Studies*, 13(6), pp.807-814.

Cohen, Wesley & Levinthal, Daniel (1990), "Absorptive capacity: A New Perspective on Learning and Innovation", *Administrative Science Quarterly*, 35, pp.128-152.

Davenport, Thomas & Prusak, Laurence (1998), *Working Knowledge: How Organizations Manage What They Know*, Harvard Business School Press.

Doz, Yves & Asalawa, Kazuhiro & Santos, Joe & Williamson, Peter (1997), The Metanational Corporation. Working Paper, INSEAD, pp.1-32.

Doz, Yves & Williamson, Peter (2001), *From Global to Metanational: How Companies Win in the Knowledge Economy*, Harvard Business School Press.

Drucker, Peter (1985), *Innovation and Entrepreneurship*, Harper & Row Publishers（上

田惇生翻訳『イノベーションと企業家精神』ダイヤモンド社，2007年）.

Dunning, John (1980), “Towards an Eclectic Theory of International Production” *Journal of International Business Studies*, 11, pp.9-31.

——(1985), *Explaining International Production*, Unwin.

Etzkowitz, Henry (2008), The Triple Helix: University-Industry-Government Innovation in Action, Routledge（三藤利雄・堀内義秀・内田純一訳『トリプルへリックス：大学・産業界・政府のイノベーション・システム』芙蓉書房，2009年）.

Florida, Richard (1995), *Toward the Learning Region*. Future, 27(5), pp.527-536.

——(2008), *Who's Your City?: How the Creative Economy Is Making Where to Live: The Most Important Decision of Your Life*, Basic Books（井口典夫訳『クリエイティブ都市論―創造性は居心地のよい場所を求める』ダイヤモンド社，2009年）.

——(2012), *The Rise of the Creative Class, Revisited (10th Anniversary Edition)*, Basic Books（井口典夫訳『新クリエイティブ資本論―才能が経済と都市の主役となる』ダイヤモンド社，2014年）.

Govindarajan, Vijay & Trimble, Chris (2005), *Ten Rules for Strategic Innovators: From Idea to Execution*. Harvard Business School Press（酒井泰介訳『ストラテジック・イノベーション―戦略的イノベーターに捧げる10の提言』翔泳社，2013年）.

Govindarajan, Vijay, Ramamurti, Ravi (2011), Reverse Innovation, Emerging Markets, and Global Strategy, *Global Strategy Journal* 1(3-4), pp.191-205.

Govindarajan, Vijay (2012), *Reverse Innovation: Create Far From Home, Win Everywhere*, Harvard Business Review Press（渡部典子訳『リバース・イノベーション』ダイヤモンド社，2012年）.

Grant, Rovert (1996), Toward a Knowledge-Based Theory of the Firm. *Strategic Management Journal*, 17(S2), pp.109-122.

Hamel, Gary & Doz, Yves & Prahalad, Coimbatore (1989), Collaborate with Your Competitors and Win. *Harvard Business Review*, 67(1), pp.133-139.

Hedlund, Gunnar (1994), A Model of Knowledge Management and the N-form Corporation. *Strategic Management Journal*, 15(2), pp.73-90.

Hisrich, Robert & Peters, Michael (1989), *Entrepreneurship: Starting, Developing, and Managing a New Enterprise*. BPI, Irwin.

Hisrich, Robert & Peters, Michael & Shepherd, Dean (2005), *Entrepreneurship*, 6e. McGraw-Hill Irwin.

Hubbard, Nancy (2013), *Conquering Global Markets: Secrets From the World's Most Successful Multinationals*, Macmillan（KPMG FAS監訳/高橋由紀子訳『欧米・新興国・日本16か国50社のグローバル市場参入戦略：M&A，提携・合弁，グリーンフィールド投資が成功する秘密』東洋経済新報社，2013年）.

Hymer, Stephen (1976), *The International Operations of National Firms*, MIT press（宮崎義一編訳『多国籍企業論』岩波書店，1979年）.

Ihrig, Martin & MacMillan, Ian (2017), "How to Get Ecosystem Buy-in", *Harvard Business Review*, pp.102-107.

Jaegar, Alfred (1983), "The Transfer of Organizational Culture Oversea: an Approach to Control in the Multinational Corporation", *Journal of International Business Studies*, 14, pp.91-114.

Kaname Akamatsu (1961), "A Historical Pattern of Economic Growth in Developing Countries", The Institute of Asian Economic Affairs, *The Developing Economies*, Preliminary Issue No.1, March-August 1962, pp.3-25.

Katz, Ralph & Allen, Thomas (1982), "Investigating the Not Invented Here (NIH) Syndrome: A look at the Performance, Tenure, and Communication Patterns of 50 R&D Project Groups", *R&D Management*, 12(1), pp.7-19.

Kenny, Martin & von Burg, Urs (2000), "Institutions and Economies: Creating Silicon Valley", *Understanding Silicon Valley-The Anatomy of an Entrepreneurial Region*, Stanford Business Books（加藤敏春監訳・解説/小林一紀訳『シリコンバレーは死んだか』日本経済評論社，2002年）.

Kindleberger, Charles (1969), *American Business Abroad: Six Lectures on Direct Investment*, Yale University Press.

—— (1970), *The International Corporation: A symposium*. The M.I.T. Press.

Kirzner, Israel (1973), *Competition and Entrepreneurship*, University of Chicago Press.（田島義博監訳『競争と企業家精神：ベンチャーの経済理論』千倉書房，1985年）

Knickerbocker, Frederick (1973), *Oligopolistic Reaction and the Multinational Enterprise*, Harvard University Press（藤田忠訳『多国籍企業の経済理論』東洋経済新報社，1978年）.

Kogut, Bruce & Zander, Udo (1993), "Knowledge of the Firm and the Evolutionary Theory of the Multinational Corporation", *Journal of International Business Studies*, 24, pp.625-45.

Kostova, Tatiana & Roth, Kendall (2002), Adoption of an Organizational Practice by

Subsidiaries of Multinational Corporations: Institutional and Relational Effects. *Academy of Management Journal*, 45(1), pp.215-233.

Kostova, Tatiana & Zaheer, Srilata (1999a), "Organizational Legitimacy under Conditions of. Complexity: The Case of the Multinational Enterprise", *Academy of. Management Review*, 24(1), pp.64-81.

Kostova, Tatiana (1999b), "Transnational Transfer of Strategic Organizational Practices: A Contextual Perspective", *Academy of Management Review*, 24(2), pp.308-324.

Kuchiki, Akifumi & Tsuji, Masatsugu(ed.) (2008), *The Flowchart Approach to Industrial Cluster Policy*, Palgrave Macmillan Press.

Lane, Peter & Lubatkin, Michael (1998), "Relative Absorptive Capacity and Interorganizational Learning", Strategic Management Journal 19, pp.461-477.

Leonard, Drothy & Swap, Walter (2005), *Deep Smarts: How to Cultivate and Tranfer Enduring Business Wisdom*（池村千秋訳『「経験知」を伝える技術』ダイヤモンド社，2015年）.

Lin, Nan, Social Capital (2001), *A Theory of Social Structure and Action*, Cambridge University Press（筒井敦也・石田光規・桜井政成・三輪哲・土岐千賀子訳『ソーシャル・キャピタル：社会構造と行為の理論』ミネルヴァ書房，2008年）.

Luo, Yadong & Tung, Rosalie (2007), "International Expansion of Emerging Market Enterprises: A Springboard Perspective", Journal of International Business Studies, 28(4), pp.481-498.

Marshall, Alfred (1920), *Principles of Economics (8th ed.)*, Macmillan（永沢越郎訳『経済学原理』岩波ブックサービスセンター，1997年）.

Nevis, Edwin & DiBella, Anthony & Gould, Janet (1995), *Understanding Organisations as Learning Systems*, Sloan Management Review, Winter, pp.73-85.

Nonaka, Ikujiro & Takeuchi, Hirotaka (1995), *The Knowledge-creating Company: How Japanese Companies Create the Dynamics of Innovation*. Oxford University Press（梅本勝博訳『知識創造企業』東洋経済新報社，1996年）.

OECD & Eurostat (2005), *Oslo Manual: Guidelines for Collecting and Interpreting Innovation Data*, 3rd edition, OECD Paris.

Pavitt, Keith (1984), Sectoral Patterns of Technical Change: Towards a Taxonomy and a Theory, Research Policy, 13(6), December, pp.343-373.

Polanyi, Michael (1966), *The Tacit Dimension*, Routledge & Kegan Paul Ltd（伊藤敬

三訳『暗黙知の次元―言語から非言語へ』紀伊国屋書店，1980年）.

Porter, Michael (1998), *On competition*, Harvard Business School Publishing（竹内弘高訳『競争戦略論Ⅰ・Ⅱ』ダイヤモンド社，1999年）.

Porter, Michael(ed.) (1986), *Competition in Global Industries*, Harvard Business School Press（土岐坤ほか訳『グローバル企業の競争戦略』ダイヤモンド社，1989年）.

Prahalad, Coimbatore (2004), *Fortune at the Bottom of the Pyramid*, Revised and Updated 5th Anniversary Edition, The: Eradicating Poverty Through Profits Frederick（スカイライトコンサルティング訳『ネクスト・マーケット―「貧困層」を「顧客」に変える次世代ビジネス戦略』英治出版，2005年）.

Putnam, Robert (1993), *Making Democracy Work: Civic Traditions in Modern Italy*, Princeton University Press（河田潤一訳『哲学する民主主義-伝統と改革の市民的構造』NTT出版, 2001年）.

――(2006), *Bowling Alone: The Collapse and Revival of American Community*, New York（柴内康文訳『孤独なボウリング：米国コミュニティの崩壊と再生』柏書房，2006年）.

Radjou, Navi & Prabhu, Jaideep & Ahuja, Simone (2012), *Jugaad Innovation: Think Frugal, Be Flexible, Generate Breakthrough Growth*, Jossey-Bass（ナヴィ・ラジュ他「イノベーションは新興国に学べ！―カネをかけず，シンプルであるほど増大する破壊力」日本経済新聞出版社，2013年）.

Rosenberg, Nathan (1982), *Inside the Black Box: Technology and Economics*, Cambridge University Press.

Rugman, Alan (1981), *Inside the Multinationals*, Croom Helm（江夏健一ほか訳『多国籍企業と内部化理論』ミネルヴァ書房，1983年）.

Sakakibara, Kiyonori & Westney, Eleanor (1992), *Japan's Management of Global Innovation: Technology Management Crossing Borders*, Stanford University Press. pp.327-43.

Schumpeter, Joseph (1926), *The Theory of Economic Development : An Inquiry into Profits, Capital, Credit, Interest, and the Business Cycle*, Harvard University Press.（塩野谷祐一・中山伊知郎・東畑精一訳『経済発展の理論：企業者利潤・資本・信用・利子および景気の回転に関する一研究』岩波書店，1977年）.

――(1939), *Business Cycles*. McGRAW-HILL Company.

――(1942), Captalism, Socialism and Democracy. Hyper & Brother（中山伊知郎, 東

畑精一訳『資本主義・社会主義・民主主義』(上巻) 東洋経済新報社, 1962年).

Scott, Allen(ed.) (2001). *Global City-Regions: Trends, Theory, Policy*, Oxford University Press.

Simonin, Bernard (1999), "Transfer of Marketing Know-how in International Strategic Alliances: An Empirical Investigation of the Role and Antecedents of Knowledge Ambiguity", *Journal of International Business Studies*, 30(3), pp.463-490.

Simons, Rovert (1995), *Levers of Control: How Managers Use Innovative Control Systems to Drive Strategic Renewal*. Harvard University Press (中村元一・浦島史恵・黒田哲彦訳『ハーバード流「21 世紀経営」4つのコントロール・レバー』産業能率大学出版部, 1998年).

Szulanski, Gabriel (1996), "Exploring Internal Stickiness: Impediments to the Transfer of Best Practice Within the Firm", *Strategic Management Journal*, 17 (Winter Special Issue), pp.27-43.

Teece, David & Pisano, Gray & Shuen, Amy (1997), Dynamic Capabilities and Strategic Management. *Strategic Management Journal*, pp.509-533.

Timmons, Jeffry (1977), *New Venture Creation*, Richard D. Irwin, Inc (千本倖生・金井信次訳『ベンチャー創造の理論と戦略』ダイヤモンド社, 1997年).

Tushman, Michael & O'Reilly, Charles (1997), *Winning Through Innovation: A Practical Guide to Leading Organizational Change and Renewal*. Harvard Business School Press (平野和子訳『競争優位のイノベーション：組織変革と再生への実践ガイド』ダイヤモンド社, 1997年).

Tsai, Wenpin (2001), Knowledge Transfer in Intraorganizational Networks: Effects of Network Position and Absorptive Capacity on Business unit Innovation and Performance. *Academy of Management Journal*, 44(5), pp.996-1004.

Usunier, Jean-Claude & Lee, Julie Anne (2011), *Marketing Across Culutres*, Prentice Hall (小川孔輔・本間大一監訳『異文化適応のマーケティング』ピアソン桐原, 2011年)

Vernon, Raymond(1966), "International Investment and International Trade in the Product Life Cycle"., *Quarterly Journal of Economics*, 80(2), pp.190-207.

Von Hippel (1988), *The Sources of Innovation*, Oxford University Press.

Weber, Alfred (1909), *Ueber den Standort der Industrien, Erster Teil, Reine Theorie des Standorts, Tubingen*: J.C.B. Mohr (篠原泰三訳『工業立地論』(第2版の訳) 大明堂, 1986年).

Wenger, Etienne & McDermott, Richard & Snyder, William (2002). *Cultivating Communities of Practice: A Guide to Managing Knowledge*, Harvard Business School Publishing.（野村恭彦監修・野中郁次郎解説・櫻井祐子訳『コミュニティ・オブ・プラクティスナレッジ社会の新たな知識形態の実践』翔泳社，2007年）.

Wessel, Maxwell & Levie, Aaron & Siegel, Robert (2016), "The Problem with Legacy Ecosystem", *Harvard Business Review*. pp.68-75.

Wolfe, David & Gertler, Meric (2006), "Local Antecedents and Trigger Events: Policy Implications of Path Dependence for Cluster Formation" in Pontus Braunerhjelm and Maryann P. Feldman(eds.). *Cluster Genesis : Technology-Based Industrial Development*, Oxford University Press, pp.243-263.

Yin, Robert (2013), *Case Study Research: Design and Methods*, Sage.

Zahra, Shaker & George, Gerard (2002), "Absorptive Capacity: A Review, Reconceptualization, and Extension", *Academy of Management Review*, 27(2), pp.185-203.

Zander, Udo & Kogut, Bruce (1995), Knowledge and the Speed of the Transfer and Imitation of Organizational Capabilities: An Empirical Test. *Organization Science*, 6(1), pp.76-92.

Zeschky, Marco & Widenmayer, Bastian & Gassmann, Oliver (2011), "Frugal Innovation in Emerging Markets." *Research-Technology Management*, 54(4), pp.38-45.

索　引

欧文

BOP　36, 67
LGT　5, 47, 129, 130, 266, 267, 264
Local for Global　1, 8, 36, 50, 82, 266, 260, 235
Metanational　4
OJT　246, 249, 189
OLI　33
QCD　85, 51, 120, 132, 243
SECIモデル　65, 269
STP　158, 169
Transnational　4

あ行

アウトソーシング　181, 182, 193
アメーバ経営　137
アライアンス　53, 241
アントレプレナーシップ　44, 82, 86, 92, 105, 115, 244, 249, 257
暗黙知　64, 65, 68, 110, 113, 152, 169, 254
暗黙知の共同化　68, 110, 113, 262, 263, 265
暗黙知の共有化　262
移住起業　91, 94
移住起業家　280
イニシアティブ　114
イノベーション　1, 8, 23, 28, 36, 39, 42, 47, 57, 168, 274
イノベーションのジレンマ　43, 47
イノベーション能力　86, 88, 106, 138, 195
イノベーター　260
インセンティブ　189, 278
インタラクティブなコミュニケーション　135
インタラクティブな関係性　68, 69
インフルエンサー　260
埋め込み　54, 55, 56, 240, 241, 244, 252, 254, 273
埋め込み概念　52
エコシステム　45
オフショア開発　175, 179, 180, 195
オープン・イノベーション　46, 59, 67, 68, 168, 269

か行

海外子会社の役割　46
海外直接投資　33, 34
海外展開　23, 24
開発力　270, 271
外部経済　28, 61, 147, 169, 196, 252
外部資源　60, 60
学習　45, 68, 83, 85, 113, 128, 164, 249, 252, 273
学習プロセス　68, 267
学習効果　61
可視化　101
寡占モデル　33
寡占的対抗モデル　33
型落ちイノベーション　49
価値基準　45, 45, 50, 51, 57, 252, 266
還流　170
関係性　53, 55
企業家　43
企業家コミュニティ　2, 61, 62, 83, 255, 268, 269
企業家ネットワーク　252
企業家精神　28
技術　22, 44, 45, 51, 61, 67, 85, 126, 142, 146, 239, 241, 244
技術革新　39, 40, 52
技術供与　33
技術知識　44
技術的優位性　82
技術優位　280

規範　54
規模の経済　27, 147
規模的特性　22
逆流　36, 46, 67
吸収能力　197, 246, 254, 265, 268
競争と協調　61
競争優位　28, 39, 62, 66, 190, 242
競争劣位　82, 243, 272, 273, 274
共創　163, 197, 252
共同開発　53, 58, 126, 153, 162, 167, 239, 241, 268, 270
クローズド・イノベーション　57, 168
グローバル・イノベーション　275
経営資源　25, 27, 58, 67, 82, 83
経営理念　66, 102, 109, 115
形式知　64, 66, 68, 110, 165, 254
系列　50
結束型　55
権限移譲　114, 129, 247
現地ネットワーク　241
現地化　189, 260
現地資源　85, 116, 142, 273, 274
現地主導　247, 268
現地人材　190, 247, 268
現地適応化　158
現地発イノベーション　5, 7, 7, 8, 9, 29, 47, 70, 84, 87, 255, 259, 262
コア・コンピタンス　184
コア能力　7
子会社　34, 38
国際化　23
国際経営　22, 26, 32, 35, 39, 86, 87
国際経営戦略　26
互酬性の規範　54
コミュニケーション　41, 42, 45, 68, 136, 139, 261
コミュニケーション・チャネル　49, 110, 164, 196, 197, 247, 272
コミュニティ　111

さ行

サービス・イノベーション　182, 185, 190, 195
サプライチェーン　119
サプライヤー　131, 132, 138
産業集積　61, 63, 83, 83, 152, 197, 204, 242, 252, 253
しがらみ　6, 50, 52, 53, 56, 82, 83, 85, 243, 257, 259, 260, 267, 279
事業コンセプト　106
事業機会　40, 42, 87, 100, 105, 116, 239, 244
事業承継　95, 96, 98, 106, 113
資源　55
自国優位性　34, 36, 39, 87, 259
市場開拓　28, 271
持続性　43
持続的イノベーション　44
下請制　50
実践コミュニティ　255, 266
実践の機会　139, 249, 254, 260
実践の場　42
シナジー効果　252, 259
社会関係性　56
社会的ネットワーク　54
社会的分業　57
従属的関係　255, 267
従属的関係性　58
柔軟な組織　49, 114
重要度の認識　110, 113, 249, 263, 264, 267
重要度の認識ギャップ　275
情報の粘着性　41, 42, 45, 268, 271
信頼　54, 55
信頼関係　51, 56, 241, 268
新結合　40, 42, 56
新商品・新サービス　241
親会社　34
人材バンク　190, 195
人材育成　27, 86, 88, 107, 125, 129, 189, 190, 231, 244, 267
人材育成制度　175

人事評価システム　135, 175, 197
人事評価制度　107, 109, 113, 189
人的能力開発　61
垂直的構造　61
垂直統合　57
水平的ネットワーク　61
水平的関係　241
水平的関係性　268
水平的構造　61
成長戦略　28, 60, 82, 83, 204, 274
世界標準　149
セグメンテーション　159
セグメント　160
束縛　51, 56, 255
組織のイノベーション　236
組織の硬直化　50, 56
組織能力　44
組織文化　66, 243
ソーシャル・キャピタル　52, 53, 54, 55

た行

体験知　152, 249
第二創業　96, 108, 113
多角化　179, 182
多角化戦略　185
多国籍企業　22, 23
脱下請　124
地域資源　63
地域資源の活用　60
知識　42, 45, 48, 49, 56, 63, 67, 241, 253, 261, 263
知識移転　46, 65, 67, 68, 110, 110, 127, 197, 254, 260, 279
知識吸収能力　69
知識スピルオーバー　61
知識創造　60, 62, 83, 273
知識創造企業　63
知識創造プロセス　68, 268, 269
知識のスパイラルアップ　165
知識の共同化　275
知識の共有化　268
中小企業の国際化　25, 29
中長期的関係性　109
長期雇用　225
直接投資　23
強い紐帯　55, 56
強み　28, 85, 256, 266
定着　190, 196
定着率　186, 225
提供価値　133
トップダウン　137
トランスナショナル経営　38, 86, 87
トランスナショナル経営論　34, 36, 35
トランスレーター　268
取引関係　22, 51, 52

な行

内部化論　33
ナレッジマネジメント　64, 86, 87, 198
ニッチな領域　254
日本中小企業　7, 7, 52, 56, 64, 83, 120
日本中小企業の国際化　23, 25, 26
日本的経営　22, 23, 50, 109, 132, 280
ネットワーク　7, 44, 45, 53, 54, 55, 60, 69, 96, 103, 129, 242, 252, 266, 273
ネットワーク構造　35, 37
能力開発　261, 267

は行

ハイブリッド　23
ハイブリット型　190
ハイブリッド経営　109, 246, 258
破壊的イノベーション　44
橋渡しする人材　197
橋渡し型　55, 56
橋渡し人材　197
橋渡し役人材　86, 195
パラダイムシフト　35, 67
バリューチェーン　62
バリューネットワーク　8, 45, 48, 56, 255, 266, 268

反転　67
販路開拓　82, 122, 124, 144, 153, 162, 259, 271
非階層性組織構造　196
ビジネスモデル　2, 40, 41, 59, 61, 68, 99, 105, 125, 154, 267, 274
ビジネスモデルのイノベーション　236
ビジョナリー教育　114, 231, 258
ビジョナリー経営　111, 134
標準化　158, 161, 164, 170
非連続性　39
ファブレス　124, 125, 127
フィールドワーク　11
フィロソフィー　112
不確実性　25
プラットフォーム　184, 196
フルーガル・イノベーション　4, 263
ブレークスルー　272
プロセスイノベーション　43
プロダクト・サイクルモデル　33
プロダクトイノベーション　43, 162
プロダクトサイクル　2, 7
プロダクトライフサイクル　57, 67, 159
分業　145, 147, 148, 268, 273, 279
分業構造　255
文脈　253, 254, 268
変幻自在　43, 49, 264
法的リスク管理　89, 201, 248
法令遵守　230
ポジショニング　159, 260
ボトムアップ　137

ま行

マーケットイン　168
マーケティング　44, 52, 66, 85, 104, 133, 158, 180, 239, 244, 266, 274
マーケティング4P　158
マーケティング諸要素　142
マインド　266
マインドセット　128, 261, 262
マネジメント・コントロール　113, 115, 279
メタナショナル経営　38, 87
メタナショナル経営論　35, 35, 36
メリハリ　141, 259
目標管理制度　189
目標設定　189
モチベーション　105, 109, 132, 189, 194, 278

や行

優位性　45, 162, 243, 260, 261, 267
優位性の再構築　240
輸出　23
緩やかな紐帯　267, 269
弱い紐帯　55, 56

ら行

リスク管理　200, 204, 227, 279
立地優位性　196
リニアモデル　44, 45
リバース・イノベーション　3, 4, 6, 7, 9, 36, 46, 63, 70, 83, 259
ルーティン　48, 50, 51, 57, 189, 197, 243, 255, 256
労働実務　214
労働法務　248
労働問題　27
労務管理　202, 229, 248
労務問題　229
ローカル・コミュニティ　112, 115, 253
ローカル・ルール　220, 221
ローカルマーケット　100
ローカル企業　100, 239, 253
ローカル市場　23, 253
ロケーション　44, 45, 46, 47, 66, 69
ロックイン　48

わ行

ワンストップサービス　100, 133, 183, 255

⊙著者紹介

吉田 健太郎（よしだ けんたろう）

駒澤大学経済学部教授，博士（経営学）。

1976年，東京生まれ。

横浜国立大学大学院環境情報学府博士後期課程単位取得満期退学。

JETRO（日本貿易振興機構），アジア経済研究所研究員，立正大学経営学部教授を経て，現職。

この間，Center for Strategic & International Studies, Washington D.C, Visiting Fellow（米国戦略国際問題研究所 訪問研究員），University of London, SOAS, Visiting Scholar（ロンドン大学東洋アフリカ研究院 訪問研究員），University of Hawaii at Manoa, Department of Urban & Regional Planning, Visiting Professor（ハワイ大学都市地域計画学部 客員教授）を歴任。

主著書：『中小企業のリバース・イノベーション』同友館，2018年（編著）。『地域再生と文系産学連携―ソーシャル・キャピタル形成にむけた実態と検証』同友館，2014年（編著）。『持続性あるまちづくり』創風社，2013年（共著）。『21世紀中小企業の発展過程―学習・連携・承継・革新』同友館，2012年（共著）。The Flowchart Approach to Industrial Cluster Policy. Palgrave Macmillan，2008年（共著）。『一村一品運動と開発途上国―日本の地域振興はどう伝えられたか』アジア経済研究所，2006年（共著）。

2020年３月30日　初版第１刷発行

中小企業の国際化と現地発イノベーション
――アントレプレナーシップ、人材育成、マーケティング、技術の活用

Ⓒ著　者　吉田 健太郎
発行者　脇 坂 康 弘

発行所　株式会社 同友館
〒113-0033 東京都文京区本郷 3-38-1
TEL.03(3813)3966
FAX.03(3818)2774
https://www.doyukan.co.jp/

落丁・乱丁本はお取り替えいたします。
三美印刷／松村製本所
ISBN 978-4-496-05465-5
Printed in Japan